Petra Trischler

Keiner wird vergessen

Das Leben von Pater Berno Rupp

Petra Trischler

Keiner wird vergessen

Das Leben von Pater Berno Rupp

Bildnachweis:
Bildseiten 1, 6, 10, 11 und 14–16: © Winfried Kuhn;
Bildseiten 2–5 © Familie Rupp;
Bildseiten 7 und 8 © Diakon Pucher;
Bildseiten 3 und 9 ©Salvatorianer Wien

1. Auflage 2021
© Verlag Katholisches Bibelwerk GmbH, Stuttgart 2021
Alle Rechte vorbehalten

Gesamtgestaltung: Finken & Bumiller, Stuttgart

Hersteller gemäß ProdSG:
Druck und Bindung:
Finidr s.r.o., Lípová 1965, 737 01 Český Těšín, Tschechische Republik
Verlag;
Verlag Katholisches Bibelwerk GmbH, Deckerstraße 39, 70372 Stuttgart

www.bibelwerkverlag.de
ISBN 978-3-460-25554-8

Inhalt

**Folgejahre und Gründung der Stiftung –
oder: „Die Werke müssen weitergehen"**

**Die letzten Jahre – oder: „Er wird noch mit seinem Bus
zu seiner eigenen Beerdigung fahren!"**

Danksagung

Als ich im Herbst 2019 angefragt wurde, die Biografie von Pater Berno Rupp zu schreiben, war mir bewusst, dass dies in mehrerlei Hinsicht eine Herausforderung werden würde. Zum einen sollte dies mein erstes Buch als Autorin werden und zum anderen hatte Pater Berno ein so ausgefülltes Leben geführt, dass die Recherche und Verifizierung der vielen Geschichten und Anekdoten sicher nicht immer leicht werden würde.

Doch gleichzeitig bekam ich von der Pater-Berno-Stiftung, den Salvatorianern, der weitverzweigten Familie von Pater Berno und von diversen Freunden und Weggefährten jede nur erdenkliche Hilfe. Auch wenn ich nicht alle Personen erwähnen kann, die mich unterstützt haben, möchte ich zumindest einige nennen:

P. Leonhard Berchtold – Du warst immer mein erster Ansprechpartner, der mir weiterhalf, wenn mir Informationen fehlten oder eine Lücke vorhanden war. Vielen Dank insbesondere für die Transkription des Reisetagebuchs und der Studienaufzeichnungen von Steno in Druckschrift.

Marieluise Rupp – Es war für mich eine große Bereicherung, mich mit dir zu unterhalten, nicht nur, weil du als Schwester wirklich alle Lebensphasen von P. Berno miterlebt hast. Vielen Dank für deine Zeit und das viele Material, das du mir mitgegeben hast und das den Aufbau dieses Buches noch einmal komplett verändert hat.

Herbert Grün – Vielen Dank, dass du mich in Rumänien zwei Tage lang durch sämtliche Projekte geführt hast. Durch deine Erzählungen und die Geschichten der vielen Personen, die du mir vorgestellt hast, bekam ich ein sehr lebendiges Bild über die Entwicklungen nach meiner Zeit in Rumänien.

Auch allen anderen möchte ich ganz herzlich danken für eure Zeit, eure Offenheit und eure Bereitschaft, von euren Erfahrungen zu zählen, spontane Interviews zu geben und fehlende Unterlagen zu suchen. Das war für mich nie selbstverständlich, sondern stets ein Geschenk. Die Begegnungen mit euch allen haben nicht nur das Buch, sondern auch mich selbst bereichert. Dass dieses Buch zustande kam, ist nicht zuletzt auch euer Verdienst.

Vielen Dank!
Petra Trischler

Vorwort

Rechtzeitig zum Stiftungsjubiläum kommt die Biographie von Pater Berno Rupp auf den Buchmarkt. Vor zehn Jahren wurde eine Stiftung für Rumänien gegründet, die ganz gezielt seinen Namen erhielt: „Pater-Berno-Stiftung". Sein Name bürgt schließlich für Qualität und Ehrlichkeit. P. Berno setzte sich mit seinem Leben für die Menschen ein und starb am 26. September 2017 im Krankenhaus Ravensburg.

Die Autorin Petra Trischler hat das facettenreiche Leben des Salvatorianers Berno Rupp lebendig veranschaulicht. Seine vielfältigen Begabungen kamen gerade in seiner 30-jährigen Tätigkeit in Rumänien zur Geltung.

P. Berno ließ sich vom Geist des Gründers der Salvatorianer P. Franziskus Maria vom Kreuze Jordan inspirieren, von dessen Offenheit und Eifer er sich angezogen fühlte.

Die Katholische Kirche hat Franziskus Jordan am 15. Mai 2021 in Rom seliggesprochen und den Gläubigen als christliches Vorbild ans Herz gelegt. Wer die Biographie von P. Berno Rupp liest, kann die christlichen Grundlinien des neuen Seligen wiederfinden: Universalität, Spiritualität, Personalität und Solidarität, besonders mit den Armen – oder in Pater Bernos Leitspruch: „Keiner wird vergessen!"

P. Leonhard Berchtold SDS
Stiftungsratsvorsitzender der Pater-Berno-Stiftung

Einleitung –
Ein Tag im Leben
von Pater Berno

Noch ist es still in der „Strada 1 Decembrie" in Timişoara[1]. Man könnte fast meinen, die ganze Stadt sei in tiefen Schlummer versunken, wenn nicht ab und zu eine Straßenbahn durch die menschenleere Straße rattern und die Stille durchbrechen würde. Doch abgesehen davon gibt es kaum ein Anzeichen von menschlichem Leben in der sonst so betriebsamen Stadt – außer ganz oben in dem großen Kloster, wo bereits Licht in einem Fenster zu sehen ist. Dahinter verbirgt sich das Zimmer von Pater Berno, einem Salvatorianerpater aus Deutschland, der vor sieben Jahren nach Rumänien gekommen ist, um dieses Kloster nach der Revolution wieder in Besitz zu nehmen. Damals hatte es hier allerdings noch ganz anders ausgesehen. 44 Jahre Verstaatlichung sowie die Plünderungen nach der Revolution hatten dem Gebäude ganz und gar nicht gut getan. Das Dach war kaum noch vorhanden, der Taubenmist türmte sich im obersten Stockwerk buchstäblich meterhoch und alles, was nicht niet- und nagelfest ist, war entwendet worden.

In diese „heilige Bruchbude" zog Pater Berno nach der Rückgabe des Klosters an die Salvatorianer – anfangs nur mit einem Schlafsack, einem Hund und einem Knüppel. Er wollte sich notfalls gegen weitere Plünderungen und sonstige Wegelagerer, die das Kloster als nächtliches Obdach oder „Ersatzteillager" benutzen wollten zur Wehr setzen können. Stück für Stück hat er das große Gebäude wieder auf- und ausgebaut und dazu seine sämtlichen Kontakte im deutschsprachigen Raum und insbesondere seine Familie aus Oberschwaben und seine Mitbrüder rekrutiert. Heute gibt es wieder etliche Gästezimmer, einen Wohnbereich für die Patres und Brüder, das *Refektorium* und eine große Küche, sowie die Hauskapelle, die ganz nach Pater Bernos Vorstellungen gestaltet worden war. Unermüdlich hatte er bei sämtlichen Arbeiten selbst mit Hand angelegt, Dreck weggeschafft, Bäder ausgebaut, das Dach repariert und vieles mehr. „Wie gut, dass ich in meiner Jugend so viele verschiedene Ferienjobs gemacht habe", meint er nur, wenn jemand darüber staunt, was er neben der seelsorgerlichen Arbeit so alles tut.

Doch damit nicht genug. Neben den Bauarbeiten am Kloster, der Leitung des Ordens in Timişoara und der Gemeindearbeit hatte Pater Berno sein Herz vor dem Elend, das in der drittgrößten Stadt Rumäniens herrschte, nicht verschlossen. Insbesondere die Straßenkinder, die im Fernwärmeschacht vor der großen Kirche lebten, hatten es ihm angetan. Als er 1993 in das verfallene Kloster zog, war er durch einen Mitbruder mit ihnen in Kontakt gekommen und gemeinsam hatten sie eine Suppenküche im Untergeschoss des Klosters eröffnet. Auch heute noch, sechs Jahre später, erhalten die Kinder dort jeden Mittag eine warme Mahlzeit. Und weil Pater Berno wirklich niemanden vergisst, werden sie nicht einfach nur verköstigt, sondern er nimmt sich auch Zeit, mit jedem einzelnen zu sprechen. Er kennt ihre Geschichten und die Kinder lieben „ihren Pater". Nebenbei bringt er ihnen die einfachsten Grundrechenarten bei, denn als Lehrersohn weiß er, wie wichtig Bildung ist. Außerdem haben die Kinder einmal pro Woche die Möglichkeit, sich im Untergeschoss des Klosters zu duschen, und anschließend erhalten sie frische Kleidung, die Pater Berno von vielen Spendern aus seinem früheren Wirkungskreis geschenkt bekommt.

Und diese Kleidungsstücke sind nicht nur für Straßenkinder, denn auch in der übrigen Bevölkerung herrscht acht Jahre nach der Revolution immer noch große Armut. Aus diesem Grund organisiert Pater Berno seit etlichen Jahren Kleiderbasare für die Mitglieder der Kirchengemeinde sowie für andere Bedürftige im Untergeschoss des Klosters. Im Vorfeld erhalten die Besucher Berechtigungsscheine, durch die sie Zutritt zum Basar bekommen, wo sie die gewünschten Kleidungsstücke dann für Pfennigbeträge erwerben können. Mit dem erwirtschafteten Geld werden anschließend Lebensmittel gekauft, die an bedürftige Personen in der Gemeinde verteilt werden. „Es ist wichtig, dass die Kleidung zumindest einen geringen Wert hat, denn wenn etwas umsonst ist, würdigen es die Menschen trotz oder gerade wegen ihrer Armut nicht", erklärt Pater Berno. „Und über die Nahrungsmittel erhalten sie ihr Geld dann ohne es zu wissen wieder zurück."

Viel hat Pater Berno in den vergangenen Jahren schon erreicht und verändert – und die Menschen in Temeswar, wie die Stadt auf Deutsch genannt wird, lieben „ihren" Pater aus Deutschland sehr. Trotzdem gibt es immer wieder Situationen, in denen sie über ihn schmunzeln müssen und manchmal auch nur den Kopf schütteln können. Gerade sitzt er noch am Frühstückstisch, da erreicht ihn die Anfrage eines Gastes im Kloster – und schon springt er auf und rennt davon, um dem Neuankömmling das Gewünschte aus der Küche zu holen. Und weil er nun schon einmal aufgestanden ist, läuft er gleich weiter, denn man könnte vor der deutschen *Messe* in 30 Minuten ja noch kurz etwas im Hof erledigen. So kommt er dann auch erst in letzter Minute in der Sakristei an und man sieht deutlich, dass es im Hof mit all den Bauarbeiten ziemlich staubig war. Egal, schnell das *Messgewand* übergeworfen, Gitarre geschnappt und raus in die Kirche. Dort sitzen die wenigen deutschen Mitglieder der Parochie Elisabethstadt schon erwartungsvoll in ihren Bänken.

Mittlerweile kennen sie ihren dynamischen Pater, doch am Anfang war es schon ein ziemlicher Schock für sie, als er aus dem Altarraum ins Kirchenschiff sprang und sich mit einem

Bein auf die vorderste Bank stellte. Er wollte der Gemeinde mit seiner Gitarre ein neues Lied beibringen und näher bei den Menschen sein, auch wenn seine laute und volle Stimme die Distanz ohne Mühe überbrückt hätte. Auch an diesem Morgen werden die Gottesdienstbesucher nicht enttäuscht. Nach ein, zwei neuen Liedern, mit denen Pater Berno auch den letzten müden Gottesdienstbesucher aus seinen Träumen reißt, hält er eine mitreißende, berührende und lebensnahe Predigt – natürlich aus dem Stegreif. Und anschließend führt er die Gemeinde mit derselben Lebendigkeit wie beim Singen durch die *Eucharistie*. Am Ende der Messe hat Pater Berno für etliche seiner „Schafe" noch ein persönliches Wort der Ermutigung – und kurz darauf sprintet er schon wieder in den Klosterhof, wo er in seinen Kleinbus steigt und zum Tor hinausbraust. Sein Ziel heißt Bacova, ein circa 30km entferntes Dorf, in dem die Caritas Timişoara, mit der Pater Berno schon seit Jahren intensiv zusammenarbeitet, ein Lager besitzt. In diesem Lager werden gespendete Waren abgeladen und gesammelt, bevor sie zu den verschiedenen Second-Hand-Läden und Verteilstellen gebracht werden – zum Beispiel auch in das Kloster in der Elisabethstadt.

Heute will Pater Berno dort etwas abholen, das ihm einer seiner Großspender aus Bayern mitgebracht hat – dann muss er eben „mal kurz" nach Bacova fahren. Naja, das Mittagessen muss deshalb heute ausfallen, aber dafür nimmt Pater Berno seine beiden Hunde mit, den Straßenmischling Micki und seine große, schwarze Dogge Lady. Er liebt es, mit den beiden außerhalb der Stadt noch ein bisschen spazieren zu gehen. Für die Rumänen ist das immer wieder ein ungewöhnlicher Anblick, denn rumänische Hunde halten sich entweder innerhalb der Umzäunung des Hauses ihrer Besitzer auf ... oder sie führen sich selbst spazieren, das heißt sie streunen durch die Gegend. Doch für Pater Berno sind seine Hunde echte Gefährten, die für ihn genauso zur Ordensfamilie gehören wie seine Mitbrüder und mit denen er sich selbstverständlich auch unterhält. Seine Dogge Lady besitzt sogar einen eigenen „Pass", damit sie mit ihm nach Deutschland fahren kann.

Als Pater Berno nach knapp zwei Stunden wieder im Kloster eintrifft, ist gerade eine Gruppe aus Deutschland angekommen, die versorgt werden muss – natürlich lässt er es sich nicht nehmen, das selbst zu tun, wenn er schon mal da ist. Nach großem Hallo und Begrüßung sprintet er mit den Gästen durch die Gänge und verteilt die jungen Leute auf die verschiedenen Gästezimmer im ersten und zweiten Stock. „Jedes Zimmer hat seine eigene Nasszelle", erzählt Pater Berno nicht ohne Stolz in seiner Stimme. „Das haben wir alles in den letzten Jahren gemacht. Auch die Öfen mussten wir alle reparieren, denn diese Lumpen haben uns nach der Revolution alles geklaut. Es gab keine einzige Ofentür mehr im Kloster, wir mussten sie erst wieder neu beschaffen."

Während sich die Schüler auf die Zimmer verteilen, läuft Pater Berno bereits weiter in die Küche, um zu schauen, was er seinen neuen Gästen auftischen kann, denn „... ihr habt doch sicher Hunger nach der langen Fahrt, oder?" Als die Gäste noch etwas verknautscht von der Fahrt einige Zeit später im *Refektorium* auftauchen, hat Pater Berno bereits diverse Aufstriche, Weißbrot, Käse sowie Timişoreana-Bier und gelbliche Wasserflaschen auf den Tischen verteilt. „Das Wasser kommt direkt aus der Quelle in Lipova. Es ist nur so gelb, weil es Eisen enthält ... und ein bisschen Schwefel. Jetzt langt erst mal zu – und wenn ihr fertig seid, dann zeige ich euch, was wir in den nächsten Tagen alles machen werden. Ich habe mir schon überlegt, bei welchen Arbeiten im Kloster ihr mithelfen könnt. Wir finden bestimmt für jeden von euch etwas Passendes."

Tja, so ist er – in einem Moment voller Fürsorge („Ruht euch erst mal aus und esst etwas.") und im nächsten Moment schon wieder voller Tatendrang („Mal sehen, was wir alles tun können."). Doch auch wenn Pater Berno an sich und die Menschen in seinem Umfeld manchmal recht hohe Anforderungen stellt, merkt man ihm dabei seine Barmherzigkeit und Menschenliebe an. Und deshalb macht man die Dinge, die er einem abverlangt, letztendlich gerne, auch wenn man müde ist und sich nach einer langen Fahrt lieber ausruhen möchte. Außerdem fordert Pater Berno von sich selbst stets am meisten. Nie schlägt er eine Bitte aus, die er auch erfüllen könnte, selbst wenn das bedeutet, dass seine eigene Pause, das Mittagessen oder seine grundlegenden menschlichen Bedürfnisse deshalb unter den Tisch fallen. Genauso haben die Temeswarer ihren Pater kennen, schätzen und lieben gelernt. „Er tut so viel für andere und denkt dabei gar nicht an sich selbst." „Er ist unermüdlich. Von morgens bis abends ist er auf den Beinen und hat immer schon das nächste Projekt im Kopf." „Und er findet trotzdem noch Zeit, um mir zuzuhören und mir zu helfen, eine Lösung für meine Probleme zu finden." „Pater Berno este cel mai bune – Er ist der Beste!"

Dabei ist Pater Berno nicht mal mehr der Jüngste. Als er 1991 offiziell nach Rumänien versetzt wurde, war er bereits 55 Jahre alt und mittlerweile hatte er die 60 sogar schon überschritten. Doch das Alter merkt man ihm nicht an. Ohne weiteres könnte man ihn gut zehn Jahre jünger schätzen, auch wenn sich sein Vollbart an einigen Stellen schon weiß verfärbt. Doch wenn man schaut, was der Deutsche mit Anfang Sechzig noch so alles auf die Beine stellt und mit welcher Energie er dabei ans Werk geht, kann dies so manchen Zwanzigjährigen müde werden lassen. Und die bereits erwähnten Projekte sollten noch lange nicht alles bleiben, was Pater Berno in Rumänien ins Leben rufen würde. Der Salvatorianerpater hatte große Visionen – unmöglich, total verrückt – so bezeichneten viele seine Ideen. Und dennoch sollte er in den kommenden Jahren noch so manches umsetzen, was andere zum Verzweifeln und Aufgeben gebracht hätte, oder was sie gar nicht erst begonnen hätten. Diverse Projekte für die Ärmsten der Armen sollten entstehen, die schließlich in eine Stiftung zum dauerhaften Erhalt seiner Arbeit münden würden. Doch darüber später mehr.

Zuerst einmal wollen wir herausfinden, wie Pater Berno überhaupt zu dem Mann geworden ist, den wir in diesem kurzen Einblick kennengelernt haben. Wie kam es, dass er als Deutscher ohne Rumänischkenntnisse in Timişoara landete? Und wie konnte er dort zum Segen für so viele Menschen werden und dafür so viele Personen aus dem deutschsprachigen Raum rekrutieren, um das scheinbar Unmögliche möglich zu machen? Wodurch ist diese Zielstrebigkeit und Beharrlichkeit und dieser unglaubliche Glaube an das Unmögliche entstanden? Und welche Menschen haben ihn zu der Person gemacht, die heute das Leben von vielen Temeswarern berührt?

Auf diese Fragen soll Pater Bernos Biografie eine Antwort geben, auch wenn sie keinen Anspruch auf Vollständigkeit hat – dazu war sein Leben zu vielfältig und zu reich. Und es kann auch nicht gewährleistet werden, dass alle Erzählungen hundertprozentig korrekt sind – dazu gibt es zu viele Anekdoten und Geschichten über ihn. Doch gerade diese Geschichten machen ihn lebendig, auch wenn sie nicht immer bis ins Letzte rekonstruiert werden können. Dieses Buch will Ihnen Pater Berno in erster Linie als ein Gegenüber vorstellen, egal ob Sie ihn zu seinen Lebzeiten gekannt haben oder nicht. Ich hoffe und bete, dass er für Sie eine genauso große Bereicherung wird wie er das für mein Leben war – und auch für das Leben von vielen Menschen in Rumänien, Ungarn, Österreich, Südtirol, Deutschland und sicher noch in einigen anderen Ländern der Erde.

„Wurmer will ich werden!" – oder doch lieber Missionar?

Kindheit in Bergatreute

Angefangen hat die Geschichte von Pater Berno am 15. November 1935, als er unter dem Namen Karl Rudolf Maria Rupp im oberschwäbischen Bergatreute das Licht der Welt erblickte. Eigentlich wurde er bereits am 8. November erwartet, doch entgegen seines späteren Naturells hatte es der Junge am Anfang seines Lebens noch nicht besonders eilig. Erst am Abend des 14. Novembers bemerkte Frau Rupp erste Wehen, die dann allerdings wieder nachließen, bis es am Freitagmorgen plötzlich sehr schnell ging. Der Vater, der maßgeblich an der Geburt beteiligt war, hat dieses wichtige Ereignis in einem ausführlichen Bericht festgehalten, den wir hier in Auszügen veröffentlichen dürfen:

Um ½ 4h wachte ich auf und sah, dass Luisle nicht schlief. Schwesterle war auch wach. Luisle spürte wieder Wehen. Sie kamen regelmäßig. Schwesterle konnte nimmer schlafen und ich auch nicht. Um 5 Uhr stand Luisle auf und begann zu arbeiten, weil es so für sie erträglicher war. Die Wehen kamen öfter und stärker, dabei wurde es ihr schlecht. Nun waren wir doch in Sorge, ob das Kind auch die richtige Lage habe. So stand ich auf und ging um 7 Uhr zur Hebamme, dass sie Luisle untersuche.

Sie kam nach ½ 8h, stellte die rechte Lage fest, dass es aber noch länger daure. Da sie gleichzeitig auch zu einer Frühgeburt gerufen wurde, ging sie. Ich ging um 8h in die Schule, gab Aufgaben und telefonierte dann nach Wangen. Bis ich heim kam, war schon Frau Müller da und bemühte sich um Luisle. Ich ging um ¾ 9 Uhr in die Schule. [...] Bald darauf bekam Luisle stärkere Wehen. [...] Luisle fragte, wo ich sei; Frau Walter holte mich in der Schule, es war 10h. Ich hielt mit Frau Müller Luisle an den Füßen. Es kamen die letzten starken Wehen. Bald kam langsam der Kopf – doch sehr langsam. Ich stützte ihr Bein. Da war der Kopf da, wurde immer blauer und ging nimmer weiter. Ich zog, zog noch mehr, da kam langsam die linke Schulter. Ich griff unter die Achsel und zog weiter, da kam das Kind wie von selbst und war ein Knabe. Es war 10.05 Uhr. Wir legten alles sorgsam hin und deckten sie zu. Luisle war sehr wohl und überfroh, dass alles so schnell überstanden war. [...] Nach etwa 20 Minuten kam die Hebamme, der wir telefonieren ließen und band das Kind ab. [...] Nun wurde Luisle in Ordnung gebracht, das Kind gebadet und gemessen.

Kopfweite: 35cm
Länge: 55 cm
Gewicht: 8 Pfund (4020 g)

Er hat lange dunkelblonde Haare, eine dunkelrote Farbe, blaue Augen und ist gut entwickelt und lebig.[2]

Rudolf, so sein Rufname, war der dritte Sprössling von Josef und Luise Rupp, geb. Berlinger. Gemeinsam mit ihren beiden ersten Kindern, dem dreijährigen Franz-Josef und dem einjährigen „Schwesterle" Marieluise waren sie erst vor kurzem nach Bergatreute gezogen, weil der Vater als Lehrer an die dortige Volksschule versetzt worden war. Das Schulhaus lag direkt neben der katholischen Kirche, wo Rudolf schon kurz darauf das erste wichtige Fest seines Lebens feiern sollte: Seine Taufe. Eigentlich hätte sie bereits zwei Tage nach der Geburt stattfinden können, doch weil der Onkel die Taufe durchführen sollte, der gerade gemeinsam mit Großmama zu Besuch bei Verwandten in Feldkirch war, wurde der Termin auf den 24. November gelegt. Leider kam es dann anders, denn das freudige Ereignis wurde von einer traurigen Nachricht überschattet. Auf der Heimfahrt von Feldkirch hatte der Onkel einen Unfall, bei dem die Oma schwer verletzt wurde und schließlich im Krankenhaus verstarb. Die Taufe fand dennoch statt, weil man sie so kurzfristig nicht mehr verschieben konnte, und trotz der Umstände war sie ein sehr bewegendes Ereignis für Rudolfs Familie. Papa Rupp schrieb dazu: „Tief ergriffen gingen wir mit unserem neu getauften Rudolf heim. Der Taufschmauss verlief jedoch sehr gedrückt und ernst."[3]

Dass Freud und Leid nahe beieinander liegen, sollte Rudolf in seinem Leben noch oft erfahren. Doch gleichzeitig durfte er auch von klein auf erleben, wie man in solchen Situationen Halt, Trost und Orientierung im Glauben an Gott und den Herrn Jesus Christus findet. Und auch wenn er selbst wohl keine Erinnerung an diesen Taufsonntag hatte, wurde damals vielleicht trotzdem schon das Fundament für den tiefen Glauben von Pater Berno gelegt. Für seine Eltern spielte der Glaube eine sehr wichtige und praktische Rolle in ihrem Alltag und sie lebten dies ihren Kindern vor. „Papa war ein frommer Mann und er konnte die ganze Bibel auswendig", erzählte Rudolfs Schwester Marieluise. „Er hat uns den Glauben gesagt – und Mutti hat ihn uns vorgelebt." Für Frau Rupp war es selbstverständlich, jeden Tag mit ihren Kindern zu beten, und als der Vater 1939 als Soldat in den zweiten Weltkrieg ziehen musste, wurde es zum täglichen Ritual der Familie, jeden Abend gemeinsam auf den Knien für die gesunde Rückkehr des Vaters zu beten.

Natürlich war es für Frau Rupp nicht leicht, sich ganz alleine um die große Familie zu kümmern. Nach Rudolf waren noch seine Schwester Berta und der Bruder Ottmar auf die Welt gekommen, so dass Frau Rupp nun fünf kleine Kinder im Alter von null bis sieben Jahren zu versorgen und zu erziehen hatte.

Deshalb war es selbstverständlich, dass jedes Kind seinen Teil beitragen musste, ob das nun Hilfe im Garten, Reisig und Beeren sammeln oder Nachlese auf den abgeernteten Feldern war, die man anschließend beim Müller in Mehl eintauschen konnte. Weil die Lehrerfamilie keine eigenen Felder hatte, war sie auf die Hilfe von Verwandten sowie auf Unterstützung durch die Dorfgemeinschaft angewiesen, die Gott sei Dank immer wieder kam.

Für Rudolf war die Mutter in Abwesenheit des Vaters die wichtigste Bezugsperson und es bestand Zeit ihres Lebens eine sehr enge und liebevolle Beziehung zwischen den beiden. Die Beziehung zum Vater entwickelte sich vor allem durch die vielen Briefe, die täglich zwischen Bergatreute und dem jeweiligen Standort des Vaters hin und her gingen. Auf diese Weise konnte Papa Rupp trotz der räumlichen Entfernung Anteil am Leben der Familie nehmen und erfahren, was seine Kinder so alles machten. In seinen Briefen achtete er stets darauf, dass jedes Kind einen ganz persönlichen Gruß oder sogar einen eigenen Brief bekam – *keiner wurde vergessen!* Am Anfang wurden Rudolf diese Briefe noch von der Mutter oder den älteren Geschwistern vorgelesen, doch als er 1942 in die Volksschule kam, konnte er schon bald eigene Briefe an den Papa schreiben. Und Papa bemühte sich sehr, in einer Schrift zu antworten, die der kleine Rudolf auch lesen konnte.

Hier ein kleiner Auszug aus einem Briefwechsel zwischen Vater und Sohn:

9.5.43

Lieber Papa.

Haßt du das Erdbeben gehöht. Mich hat es aus dem Bett hinausgewöfen ich habe geweint. dann bin ich in Mutti Bettchen. kekangen dann bin ich wiedereingeschlafen. Papa was haßt du. zum Osterhas bekommen ich hab Kuzel bekommen ich hab ein büchlein Berta Mald krat nebn mir Papa. hast du schon kekäsen.

kusele Rudolf

Mein lieber Rudolf!

Nun hast mir schon zwei Briefchen geschickt. Und der letzte war ein ganz langer! Kannst denken, wie sie mich gefreut haben! Herzlichen Dank!

Vom Erdbeben hab ich gar nichts gemerkt und der Osterhas ist auch nicht in die Kaserne gekommen. Der hat wohl Angst, weil die Soldaten alle mit Gewehr rumlaufen. Gestern Nacht haben wir einen langen Marsch gemacht. Ists bei euch jetzt auch so heiß? Da werdet Ihr alle barfuß laufen. Und zum Baden könnt Ihr auch bald gehen. Wir müssen jeden Tag fest schwitzen. Die Uniform ist jetzt viel zu heiß. Hat Herr Wirbel euch das Holz schon gebracht? Und ist der Maler schon dagewesen, um das Schlafzimmer zu malen? Blühen in unserem Garten die Blumen schon? Hast beim Gärteln der Mutti helfen wurmen, du alter Wurmer? Hats auch viele Maikäfer gegeben? Hier haben die Kinder viele gesammelt.

Kannst alles lesen? Nun ists aber genug. Liebe Grüße Dir, Mutti und den Geschwistern und noch einen lieben Kuss, Dein Papa

Neben den Briefen lernte Rudolf den Vater vor allem in seiner Urlaubszeit kennen, die er zweimal im Jahr bei seiner Familie verbringen durfte. Diese Urlaube führten 1943 dann auch dazu, dass sich die Lehrersfamilie noch einmal vergrößerte: Ende des Jahres kam als Nachzügler der kleine Bruder Hansjörg zur Welt. Und auch wenn diese Geburt nicht geplant war und sie Frau Rupp so manche Sorge bereitete, liebten alle ihren neuen Bruder sehr und Rudolf war mit seinen acht Jahren ein stolzer großer Bruder. Die Beziehungen unter den Geschwistern waren sehr eng und herzlich und trotz des direkten und teilweise rauen Umgangstones war die Liebe und der Zusammenhalt untereinander deutlich spürbar. Diese enge Verbindung zur Familie sollte für Rudolf sein ganzes Leben lang ein wichtiges Fundament bleiben.

Lieber Papa.
Haßt du das Erdbeben
gehöht. Mich hat es aus
dem Bett hinausgeworfen
ich hab geweint. dann
bin ich in Mutti Bett=
chen. kekangen dann
bin ich widerug schla=
fen Papa was haßt
du. zum Osterhas be=
komen ich hab Kuzelbekom
men

ich hab ein büchlein
Berta Mald krat nebn
mir Papa. hast du
schon ales kekäsen

kusele Rudolf

„WURMER WILL ICH WERDEN!"

Müllheim, 14.5.43.

Mein lieber Rudolf!

Nun hast mir schon 2 Briefchen geschickt. Und der letzte war
ein ganz langer. Kannst denken,
wie sie mich gefreut haben. Herzlichen Dank.

Vom Erdbeben hab ich gar nichts
gemerkt und der Osterhas ist auch
nicht in die Kaserne gekommen.
Der hat wohl Angst, weil die Soldaten
alle mit Gewehr rumlaufen.
Gestern nacht haben wir einen
langen Marsch gemacht. Ists bei
Euch jetzt auch so heiß? Ja werdet Ihr alle barfuß laufen. Und
zum Baden könt Ihr auch bald
gehen. Wir müssen jeden Tag
fest schwitzen. Die Uniform ist
jetzt viel zu heiß. Hat Herr Wirbel
Euch das Holz schon gebracht?
Und ist der Maler schon dagewesen, um das Schlafzimmer zu
malen? Blühen in unserem

Feldpostbrief.

Absender: Chr. Fol. Rupp
H Ep. / Nl. Ers. Kol. 51
Müllheim / Baden

An

Schüler

Rudolf Rupp

Bergatreute / Wttbg

Ravensburg

O/1478

Garten die Blumen schön?
Hast beim Gärteln der Mutti
helfen wurmen, du alter
Wurmer? Hats auch viele Mai
Käfer gegeben? Hier haben die
Kinder viel gesammelt.

Kannst alles lesen? Nun
ists aber genug. Liebe Grüße
dir, Mutti und den Geschwistern
und noch einen lieben Kuß
Dein Papa

Die Eltern hatten es geschafft, ihren Kindern trotz der schwierigen Umstände während des Krieges ihre Werte weiterzugeben und diese in ihnen zu verankern. Neben dem Glauben und dem familiären Zusammenhalt gab es noch einen weiteren entscheidenden Wert in der Lehrerfamilie: Bildung und die berufliche Entwicklung eines jeden Kindes. Besonders für Papa Rupp war es sehr wichtig, dass jedes Kind den Beruf erlernen durfte, den es sich erträumte – auch wenn dieser noch so ungewöhnlich war. Doch als Rudolf zum ersten Mal nach seinen Berufswünschen gefragt wurde, musste sogar der Vater schmunzeln. Damals hatte er gerade mit der Mutter im Garten „gearbeitet", als der Pfarrer vorbeikam und dem kleinen Rudolf die beliebte Erwachsenen-Frage stellte: „Rudolf, was willst du denn einmal werden, wenn du groß bist?" „Wurmer will ich werden!", sagte der Junge selbstbewusst und deutete stolz auf den Eimer vor sich, in dem sich jede Menge Regenwürmer tummelten. „Die habe ich alle für Mutti gesammelt!" Frau Rupp hatte ihm den Auftrag gegeben, sämtliche Regenwürmer aus den Gemüsebeeten zu sammeln und diese Aufgabe hatte Rudolf offensichtlich so viel Freude bereitet, dass er sich nichts Besseres für seine Zukunft vorstellen konnte.

Allerdings sollte dieser kindliche Traum nicht lange anhalten, denn bereits in der Volksschule begann in Rudolf ein Berufswunsch zu reifen, der schließlich zu seiner Berufung werden sollte: „Schon damals hegte ich den Wunsch, Priester zu werden; und auch wenn meine Mutter mein jugendliches Ideal nicht so recht ernst nehmen mochte, so hielt sie doch das Studium für das geeignete Sprungbrett ins Leben."[4] Für die Eltern war klar, dass ihr zweiter Sohn nach Abschluss der vierten Klasse auf die Oberschule wechseln sollte, um eine gute Grundlage für das weitere Leben zu bekommen, für welchen Beruf auch immer er sich schließlich entscheiden würde. Das humanistische Gymnasium des Salvatorkollegs in Bad Wurzach schien ihnen dazu am besten geeignet zu sein. Doch es erwies sich als gar nicht so leicht, Rudolf dort anzumelden. Als Frau Rupp die Schule anschrieb, erhielt sie kurz darauf die Auskunft, dass bereits alle Plätze belegt seien und Rudolf deshalb nicht aufgenommen werden könne. Kurzerhand lieh sich Mutti ein Fahrrad aus und machte sich auf den fünfzehn Kilometer langen Weg nach Bad Wurzach, um dort persönlich beim Direktor vorzusprechen und sich für ihren Sohn einzusetzen. Sehr energisch machte sie ihm klar, dass es nicht recht sei, die Kinder aus der Stadt im Internat aufzunehmen und den Kindern vom Land diese Chance zu verwehren. Und tatsächlich fand sich ein Weg, wie Rudolf die Ausbildung am Salvatorkolleg beginnen konnte, wenn er auch vorerst bei den Schwestern wohnen musste, weil es sonst keinen Platz im Internat gab.

Doch bevor Rudolf nach Bad Wurzach zog, um dort in die Oberschule zu gehen, stand noch ein weiteres wichtiges Ereignis in seinem Leben an: *Die erste Heilige Kommunion* am 8. April 1945. Leider konnte der Vater diesen großen Tag nicht gemeinsam mit seinem Sohn feiern, denn auch wenn Deutschland damals kurz vor der Kapitulation stand, war Herr Rupp noch immer bei der Wehrmacht. Deshalb schrieb er Rudolf einen Brief zu seinem Ehrentag:

Mein lieber kleiner Rudolf!
Wenn du diesen Brief aufmachst, dann ist der schönste Tag Deines Lebens da: Der Tag deiner 1. hl. Kommunion.
Nun ist dein Herz voller Freude, denn du weißt, du besitzt nun das Höchste, was es auf Erden und im Himmel gibt, Gott selbst, den lieben Heiland. Solang du ihn im Herzen hast, kann dir nie etwas passieren. Sicher hast du ihm versprochen, ihn immer fest zu lieben und ihn nie zu beleidigen.
Mein lieber Rudolf! Ich freu mich so von Herzen mit dir, dass du so glücklich bist und nun ein Soldat des lieben Heilands geworden bist. Noch mehr würde ich mich freuen wenn ich heute bei dir sein könnte und an deinem Feste teilnehmen. [...]

Nun gratuliere ich dir von Herzen zu deinem Festtag. Mög es recht schön verlaufen! Vor allem möge Dich der liebe Heiland durchs ganze Leben begleiten und dich sicher in den Himmel führen. [...] Aber gell, Rudolf, du weißt schon, der Weg zum Himmel ist nicht so leicht und einfach. Bleib daher dem Heiland treu und lass dich nicht verführen![5]

Um den großen Tag gebührend zu feiern, hatte Mutti es sich nicht nehmen lassen, für eine Torte zu sorgen – und diese sollte Rudolf nachher zum Verhängnis werden. Kurz vor dem Gottesdienst konnte er es einfach nicht lassen, zumindest an der Torte zu lecken, und Pfarrer Huber bekam das mit. Zur damaligen Zeit war es noch üblich, dass man nüchtern zur Kommunion gehen musste – und Rudolf war das nun streng genommen nicht mehr. Als die Reihe an Rudolf war, die Heilige Kommunion zu empfangen, ging der Pfarrer deshalb einfach an ihm vorüber – ohne ihm die *Hostie* zu geben. „Das hat ihn nachher schon ziemlich geschlaucht", meinte Marieluise, als sie diese Geschichte erzählte[6]. Das Fest war dann trotzdem schön und Rudolf durfte in seinem Leben noch sehr häufig die Heilige Kommunion feiern und miterleben. Und wer weiß, vielleicht hat dieses Ereignis ja sogar mit dazu beigetragen, dass sich sein Berufswunsch vom Wurmer in Richtung Priester veränderte.

Salvatorkolleg Bad Wurzach

Auf jeden Fall übersiedelte Rudolf am 6. September 1946 nach Bad Wurzach und schlug sich dort „... mit Ach und Krach durch die neun Jahre humanistische Bildung. Denn Schule und Lernen ist wirklich nicht meine Leidenschaft. Die Schulfächer als solche und ihr ganzes Wissensgebiet – die mathematischen Fächer ausgenommen – finden eigentlich nicht meine Zuneigung."[7] Deshalb war Rudolf anfangs auch ziemlich unsicher, ob er „das alles schaffen würde", wie er der Mutter in einem Brief schrieb: „Mutti, komm bald, nämlich am 1. November, jetzt bald ist Prüfung, der Pater hat schon gesagt, es werden einige herausgeworfen, frag dann, ob man mich auch hinauswerfen würde. Also komm sobald du kannst."[8] Und wieder lieh sich Frau Rupp ein Fahrrad aus und machte sich auf den langen Weg nach Bad Wurzach, um ihren Sohn zu ermutigen und zu stärken. Denn einfach kurz telefonieren konnte man damals nicht. Wenn man mit jemandem sprechen wollte, musste man zu Fuß gehen oder mit dem Fahrrad fahren, falls eines zur Verfügung stand.

Mutti konnte Rudolf dann tatsächlich den notwendigen Mut zusprechen und obwohl er weiterhin ein Schüler im Mittelfeld blieb, konnte er insgesamt gut mithalten. Für Rudolf war das Salvatorkolleg schon bald der schönste Ort, den er sich vorstellen konnte. Ganz begeistert schrieb er der Familie bis ins kleinste Detail, wie sein Tag in Bad Wurzach verlief, damit sie sich vorstellen konnten, was er dort in der Ferne so alles trieb: Vom Morgenläuten, übers Waschen, Anziehen und Morgengebet, sämtliche Schulstunden und Mahlzeiten, bis hin zu einer minutengenauen Aufzählung von Freizeit und Arbeitszeiten sowie der Schlafenszeit wurde nichts ausgelassen. Wenn er gute Klassenarbeiten geschrieben hatte, schickte er diese nach Hause – und die Mutter sparte dann nicht mit Lob und Ermutigung: „Die Klassenarbeiten freuen mich arg, mach nur so weiter, dann hat auch der Papa eine arge Freude an dir."[9]

Auch der Vater ermunterte ihn in seinen Briefen aus der französischen Gefangenschaft, fleißig zu lernen und keine Lücken aufkommen zu lassen. Außerdem forderte er seinen Sohn auf, sich bereits jetzt mit seinem zukünftigen Beruf, bzw. seiner Berufung auseinanderzusetzen. So schrieb er ihm am 23.10.46: „Mögen deine Großeltern für dich am Geburtstag im Himmel ganz besonders innig bitten, dass du vor allem bald deine Berufung erkennst und dich mit Liebe und Freude darauf vorbereitest! Bete jetzt schon darum, dass dich einst dein Beruf glücklich macht und sicher in den Himmel führt."[10] Und schon am Ende seines ersten Schuljahrs in Bad Wurzach war sich Rudolf sicher, was er werden wollte – und das schrieb er seiner Mutti auch: „Frage doch den Papa, damit er mir die Heilige Schrift gebe. Ich will ein guter, frommer Missionar werden, bitte!"[11] Der Vater war wenige Monate zuvor nach mehr als acht Jahren Abwesenheit endlich aus der Kriegsgefangenschaft entlassen worden und er war begeistert über Rudolfs „jugendliches Feuer des Glaubens" und freute sich von Herzen über seinen Berufswunsch.

Dieses Glaubensfeuer und die Begeisterung über das Leben am Salvatorkolleg halfen Rudolf auch über die räumliche Entfernung zu seiner Familie hinweg. Denn bei allem Glück über den neu gefundenen Lebensweg fehlten ihm seine Mutti, der Papa und die Geschwister doch sehr. Unzählige Briefe gingen zwischen Rudolf und seiner Familie hin und her und wann immer es möglich war, machte sich jemand zu Fuß oder mit dem Fahrrad auf den Weg nach Bad Wurzach, um ihn zu besuchen. Bereits am ersten Tag schrieb ihm Marieluise: „Bald kommt jemand." Und das sollte nicht das letzte Mal bleiben. Rudolf freute sich über diese Besuche sehr, denn er selbst konnte nur in den Ferien nach Hause fahren. Neben der Gemeinschaft waren sie eine gute Gelegenheit, um fehlende Dinge sowie heiß ersehnte Lebensmittel zu erhalten, denn in der Nachkriegszeit fehlte es im Internat an allen Ecken und Enden. Jeder Schüler hatte seinen eigenen Schrank, in dem er neben seiner Aussteuer auch selbstgemachte Marmelade, frisches Brot und andere Lebensmittel von zu Hause lagerte. Ohne die Unterstützung der Familien wäre es nicht gegangen. Wenn irgendetwas fehlte, musste eben wieder ein Brief geschrieben werden: „Schickt mihr so balt wie möglich einen Laib Brot, die Turnschuhe, die Badehose, die Uhr und einen Käs. [...] Äpfel könnt ihr mihr auch noch schicken. [...] [Ich] habe ... halt immer sehr Hunger. Nun schicket es so bald wie möglich."[12] Für Rudolf war es selbstverständlich, um diese Dinge zu bitten, doch gleichzeitig war er auch bescheiden und dankbar: „Schickt mir wieder ein Paket, aber ihr braucht nicht immer Weißbrot hineintun, ihr habt ja selber nichts. Oder schickt es dem Papa, der hat ärger Hunger als ich."[13]

In der ganzen Internatszeit blieb der enge Kontakt mit der Familie bestehen, sowohl mit den Eltern als auch unter den Geschwistern. Sie erzählten einander ihre Erlebnisse, fragten sich um Rat und baten um Unterstützung im Gebet, wenn einer eine Klassenarbeit vor sich hatte, die ihm Sorgen bereitete. Und im Herbst 1949 bekam Rudolf sogar „familiäre Verstärkung", denn sein Bruder Ottmar folgte ihm nach Bad Wurzach. Weil der Vater so begeistert vom Salvatorkolleg und der „Einheitlichkeit der Geistes- und Charakterschulung" sowie der „Vorzüglichkeit der klösterlichen Internatserziehung" war, wollte er „gerne die größeren finanziellen Opfer" bringen und auch Ottmar seinen Wunsch gewähren, dort zu lernen.[14] Für die Rupp-Buben war es natürlich schön, nun auch während des Schuljahres zusammen zu sein, und die Eltern waren glücklich, weil Rudolf seinem jüngeren Bruder tüchtig helfen konnte. Und das tat er selbstverständlich und mit sehr viel „Pflichtgefühl".

Außerschulische Aktivitäten

Neben der Schule und dem klösterlichen Leben im Salvatorkolleg hatte Rudolf noch viele anderen Interessen, die ihn „... mächtig anzogen: Der Zauber und die tiefe Harmonie der Musik, die Freude am Abenteuer, der Zug in die Ferne, das Erlebnis der Natur."[15] Diese Dinge durften natürlich bei allem Lernen und aller schulischen Disziplin nicht zu kurz kommen.

Das Wurzacher Ried bot den Internatsschülern reichlich Gelegenheit, um das Erleben der Natur mit so manchem Abenteuer zu verbinden, besonders weil Rudolf immer wieder spannende Ideen und Einfälle hatte, um Schulausflüge und Arbeitseinsätze etwas „interessanter" zu gestalten. „Du machst ja ganz gefährliche Ausflüge, wobei giftige Tiere und heimtückische Gewässer dein Leben bedrohen!", schrieb der Vater ihm eines Tages.[16] Rudolf war barfuß mit der Klasse im Ried unterwegs gewesen, als auf einmal eine Kreuzotter an ihm vorbeikroch und ihn erschreckte. Später waren sie am Ufer eines kleinen Flusses im Ried vorbeigekommen, wo Binsen gelagert wurden. Voller Übermut sprang Rudolf so lange zwischen den Binsenstöcken hin und her, bis er irgendwann ins Wasser fiel. „Zum Glück konnte ich mich noch am Seegras heben, sonst wäre ich auf den sumpfigen Grund gekommen", berichtete er der Familie von seinem Abenteuer.[17]

Überhaupt war Rudolf ein sehr sportlicher Junge, der sich in seiner Freizeit viel bewegte und dem kein Berg zu hoch war. Gemeinsam mit dem Vater und den Geschwistern unternahm er so manche Wander- und Bergtour, und als er älter wurde, spielten auch die Pfadfinder eine wichtige Rolle in seinem Leben. Ihre Werte waren so ganz nach seinem Geschmack: Man war draußen in der Natur, erlebte zusammen Abenteuer, und obendrein waren Pfadfinder „... ganze Kerle, [die sich] nichts schenken und auch einmal ein Opfer bringen. Wir wollen eine Jugendorganisation sein, die es verdient zu bestehen und die einen inneren Atem hat."[18] So etwas musste man Rudolf nicht zweimal sagen: Voller Begeisterung stürzte er sich in die Pfadfinderarbeit und übernahm schon bald immer mehr Verantwortung. Der Vater verfolgte Rudolfs Engagement mit regem Interesse und unterstützte ihn dabei, wenn er auch mahnte: „Lass dich aber nicht zu sehr ablenken."[19]

Bei den Pfadfindern konnte Rudolf dann auch anfangen, seine Sehnsucht nach der Ferne auszuleben: Gautreffen, Pfadfinderlager, Radtouren und ähnliches waren schon bald sein übliches Ferienprogramm. Zuerst fand das Ganze noch in der Region Oberschwaben statt, doch je älter Rudolf wurde, desto weiter weg zog es ihn. 1950 machte er mit Ottmar Ferien in Bayern, wo sie lange Radtouren unternahmen und teilweise bis zu 120 km am Tag zurücklegten.[20] In den darauffolgenden Ferien waren mehrere Pfadfinderlager geplant, doch Rudolf wollte lieber einige Tage mit seinem Schulkameraden und besten Freund Ernst Hörmann in den Schwarzwald fahren. Ernst und Rudolf waren recht unterschiedliche Charaktere. Während Rudolf sehr spontan und abenteuerlustig war, war Ernst eher vorsichtig und selbstkritisch. Doch vielleicht war es gerade diese Unterschiedlichkeit, die ihre Freundschaft so stark machte. Bei den Rupps war Ernst ein gern gesehener und häufiger Gast, der schon bald ganz selbstverständlich zur Familie gehörte und in den Briefen an Rudolf und Ottmar stets gegrüßt wurde. Außerdem hatte Ernst ein Motorrad, das es den Jungen ermöglichte, spontan eine Fahrt übers Wochenende zu machen, zum Beispiel um Rudolfs Schwester Berta in Isny zu besuchen, wo sie mittlerweile ihre Ausbildung machte.

Und durch das Motorrad kam Rudolf im Sommer 1954 sogar in den Genuss, zum ersten Mal die Heilige Stadt zu besuchen. Vier Jahre zuvor war der Vater mit Franz-Josef in Rom gewesen und Franz-Josef hatte dort immer wieder gesagt: „Es sollte statt meiner Rudolf da sein, der hätte viel mehr davon und würde sich für alles interessieren.“[21] Doch Rudolf gönnte dem Bruder die Reise von Herzen und schrieb an Franz-Josef zurück: „Ich glaube sicher, dass ich auch einmal das Glück habe, nach Rom zu kommen, wenn Gott es will, dass ich Priester werde, oder wenn ich Ordensmann würde, vielleicht in Rom zu studieren oder später gar zu wirken.“[22] Als er dann bereits im August 1954 selbst die Möglichkeit hatte, diese herrliche Stadt zu erkunden, war er natürlich restlos begeistert.

Um diese Ferienreisen und andere Wünsche wie zum Beispiel ein neues Fahrrad zu finanzieren, suchte sich Rudolf in den Sommerferien eine Arbeit. Am Anfang kam er in der Zahnradfabrik ZF in Friedrichshafen unter, wohin er fast vier Wochen lang jeden Tag mit dem Fahrrad fuhr. Als dies im darauffolgenden Jahr wegen Kürzungen nicht mehr möglich war, fand er Arbeit beim Maurermeister Hemm in Meckenbeuren, wohin die Familie Rupp 1951 gezogen war, weil der Vater dort eine Rektorenstelle antrat. Bei Maurer Hemm zeigte sich, dass Rudolf neben einem klugen Kopf und vielen Ideen und Träumen auch sehr praktisch veranlagt war. Sehr schnell erlernte er alle möglichen Tätigkeiten rund um den Hausbau, die sich in seinem späteren Leben noch als sehr nützlich erweisen sollten.

Neben all dem gab es noch eine weitere große Leidenschaft in Rudolfs Leben: Die Musik! Von klein auf spielte die Musik in seiner Familie eine große Rolle, denn der Vater war sehr musikalisch, spielte Orgel und Klavier und leitete mehrere Chöre. Außerdem liebte er es, mit seinen Kindern zu singen und zu musizieren, und Rudolf hatte diese Leidenschaft von ihm geerbt. Aus diesem Grund war es selbstverständlich, dass er in Bad Wurzach im Schulchor mitsang, und als er im zweiten Schuljahr die Gelegenheit bekam, selbst ein Instrument zu erlernen, entschied sich Rudolf für die Geige. Zusätzlich brachte ihm ein Pater, der sein musikalisches Talent bemerkte, neben dem offiziellen Unterricht noch das Gitarrespielen bei, und schon bald war ein fröhliches Beisammensein der Schüler ohne Rudolfs Gitarre nicht mehr denkbar. Der „Klampfenspieler" war immer gern gesehen – ob das im Internat war oder bei den Pfadfindern am Lagerfeuer. Und weil Rudolf zudem noch eine kräftige Singstimme hatte, war er schon bald derjenige, der „für die Musik zuständig war". Und das gefiel ihm sehr.

Der Abschluss – und ein neuer Start

Durch all diese vielen schulischen und außerschulischen Aktivitäten verging die Zeit wie im Flug und im September 1954 war auch schon das letzte Schuljahr angebrochen. Für Rudolf stand bereits fest, dass er anschließend das *Noviziat* bei den Salvatorianern in Passau antreten würde, wie er in seiner Bewerbung noch einmal betonte: „Mein Lebenswunsch wäre erfüllt, wenn ich als Missionar einmal in der Gesellschaft des Göttlichen Heilandes tätig sein könnte."[23] Allerdings musste er dafür zuerst einmal sein Abitur schaffen. Deutsch, Französisch, Mathematik, Latein und Griechisch-Prüfungen musste Rudolf im schriftlichen Teil hinter sich bringen, Biologie und Geschichte wurden anschließend mündlich geprüft. Natürlich nahm die Familie auch dieses Mal regen Anteil an den Prüfungen und trotz der Vorbereitung auf die unterschiedlichen Fächer fand Rudolf immer wieder Zeit, seinen Lieben in Meckenbeuren zu berichten, wie die einzelnen Prüfungen verlaufen waren. Besonders der Deutschaufsatz bereitete ihm Kopfzerbrechen, weil ihm im Nachhinein zu einem anderen Thema „noch etwas viel Besseres eingefallen war." Der Vater tröstete ihn, dass es vielleicht ganz gut war, dass er das Thema nicht gewählt hatte, „... denn gerade weil es dich so interessierte, hätte leicht die Gefahr bestanden, dass du etwas übertrieben hättest und einseitig geworden wärst."[24] Er ermutigte ihn: „Wir werden abends zu Haus und morgens in der Kirche Deiner gedenken. Verliere nur die Nerven nicht: Gottes Wille über allem!"[25] Und Rudolf bestand tatsächlich alle Prüfungen, auch wenn er in Deutsch in die mündliche Prüfung musste und am Ende nur mit „ausreichend" abschloss.

Doch schließlich waren alle Prüfungen überstanden und das wollten die frischgebackenen Abiturienten des Salvatorkollegs natürlich gebührend feiern. Sie taten dies wie andere Schüler auch, nämlich „... ganz menschlich, d.h. wir blieben bis 2:00 Uhr morgens auf und zwar nicht im Schloss, sondern in den Kaffees unseres geliebten Städtchens. Natürlich zog uns nicht der Kaffee an, sondern andere Interessensgebiete. Bis 11 Uhr ungefähr hielten sich die Tapferen in 2 verschiedenen Lokalen auf, dann vereinigten wir uns zwecks musikalischer Untermalung der Veranstaltung."[26] Und auch hier kam Rudolfs musikalisches Talent wieder voll zur Geltung – so sehr, dass ihm die Klassenkameraden am nächsten Tag sogar Geld anboten, wenn er noch einmal mit ihnen „nach draußen" gehen würde. Dennoch lehnte er ab, weil er einen Brief an seine Familie schreiben wollte, um sie an seiner Freude über das erfolgreiche Abitur teilhaben zu lassen.

Kurz darauf war die Schulzeit in Bad Wurzach endgültig vorbei und Rudolf bekam am 2. März 1955 gemeinsam mit 29 Abiturienten sein Abschlusszeugnis überreicht. Nun konnte das Noviziat beginnen – und Rudolf freute sich schon mächtig darauf. Genauso ging es auch etlichen von seinen Klassenkameraden: Sage und schreibe zwölf der jungen Männer hatten sich entschieden, weiter im Orden zu bleiben und ihr Noviziat bei den Salvatorianern anzutreten – vier davon in der *Norddeutschen Provinz* und acht in der *Süddeutschen Provinz* in Passau, darunter auch Rudolf. Bevor sie an ihre zukünftigen Ausbildungsstätten abreisten, lud P. Sebastian die jungen Ordensanwärter und ihre Eltern anlässlich eines Besuchs des *Generaloberen* der Salvatorianer noch einmal nach Bad Wurzach ein. Er beglückwünschte die Eltern, „... dass sich ihr Sohn zum Eintritt in unsere Gesellschaft entschlossen hat, und damit treten wir auch zu Ihnen, liebe Eltern, in ein neues Verhältnis des Verbundenseins in der großen Salvatorianer-Familie."[27] Diese Verbundenheit ist ein besonderes Kennzeichen der Salvatorianer und mit der Familie Rupp blieb sie tatsächlich bis heute bestehen.

Wenige Wochen später machten sich die acht jungen Männer auf den Weg nach Passau. Die Fahrt führte die Truppe unter anderem nach München, wo Rudolf mal wieder eine für ihn typische Idee hatte, an die sich sein späterer Mitbruder und Klassenkamerad, P. Benedikt Laib, noch sehr gut erinnern kann: „Pater Berno sagte: Wir machen einen Zwischenstopp in München. Ich möchte noch das Nachtleben in München erleben, dass ich dann auch weiß, was ich verlassen habe und auf was ich künftig verzichten werde. Sein Vater, Rektor der Schule in Meckenbeuren, konterte: Das kommt nicht in Frage. Da fällt auch ein Schatten auf mich, wenn das vom Dorf jemand erfährt. [Wenn ihr schon die Stadt unsicher machen wollt], dann macht das am Tag! Und so gingen wir acht gemeinsam in die Innenstadt und über den Stachus. Dann ging es mit dem Zug weiter nach Passau."[28]

„In der Gesellschaft des Göttlichen Heilands" – oder: Ein Priester wird geboren

Auf dem Klosterberg

Nun war es soweit – der Weg ins Priesteramt und in ein Leben als Ordensmann war eingeschlagen. Der eigentliche Eintritt in die Gesellschaft des Göttlichen Heilands, wie der Orden der Salvatorianer offiziell heißt, hatte bereits in Bad Wurzach stattgefunden, doch so richtig begann dieser Lebensabschnitt erst, als Rudolf mit seinen sieben Klassenkameraden am 21. April 1955 in Passau auf dem Klosterberg ankam.

Als erstes sollten sich die neuen Ordensanwärter *Exerzitien* unterziehen, um sich auf diesen wichtigen Schritt in ihrem Leben vorzubereiten, bevor am 1. Mai das eigentliche Noviziat begann. Und wie es für Rudolf üblich war, stürzte er sich mit großer Begeisterung und Hingabe in dieses erste Jahr. Doch halt – eigentlich stimmt das so gar nicht. Mit dem Eintritt ins Kloster hatte Rudolf den Ordensnamen Berno angenommen, der den meisten Menschen, die ihn kannten, wahrscheinlich ohnehin vertrauter sein dürfte als sein Taufname.

Frater Berno stürzte sich also voller Begeisterung in sein Noviziat und lebte sich sehr schnell auf dem Klosterberg ein.

Durch seine offene und ehrliche Art war er sowohl bei seinen Oberen als auch bei den übrigen Mitbrüdern sehr beliebt. Für Berno war es selbstverständlich, sich für die Gemeinschaft einzusetzen. Dass man füreinander da war, hatte er bereits von klein auf in seiner Familie gelernt, und er übertrug das nun auf seine neue Ordensfamilie. Wenn er helfen konnte, war er gern dazu bereit, auch wenn das bedeutete, dass er zugunsten anderer ein Opfer bringen musste. Natürlich gefiel das seinen Mitbrüdern gut, doch sie mussten sich auch mit anderen Eigenschaften auseinandersetzen, die Berno in seiner Familie gelernt hatte. Bei den Rupps war es schon immer üblich, sich direkt und ehrlich die Wahrheit zu sagen und so mancher musste schon einmal schlucken, wenn Frater Berno ihm ganz unverblümt die Meinung sagte und seine Sicht von richtig und falsch mit großer Beharrlichkeit verteidigte. Doch weil seine Mitbrüder bei aller Direktheit stets seine aufrichtige Wertschätzung und Liebe zu Menschen spürten, konnten sie ihm deswegen nicht wirklich böse sein.

Die Beschränkungen des Ordenslebens bereiteten Frater Berno keinerlei Mühe, denn er war „ideal gesinnt", wie es im ersten Bericht über den Novizen Berno hieß. Er wollte einfach Christus dienen und sich Ihm von ganzem Herzen hingeben, um sich bestmöglich auf seine zukünftige Aufgabe als Missionar vorzubereiten. Für Berno stand von Anfang an fest, dass er sich auf dem Weg befand, zu dem Gott ihn gerufen hatte und er freute sich, dass er ein ganzes Jahr bekommen hatte, um sich ausschließlich dem Gebet und der Vertiefung seiner Beziehung mit Gott zu widmen. Dafür war er gerne bereit, Opfer zu bringen, sogar wenn dies bedeutete, den Kontakt zu seiner Familie deutlich einzuschränken. „Wir sollen im Noviziat – das ist nun mal unsere Aufgabe und unser Beruf – Gott suchen, Gott lieben, Gott dienen wollen. Wir haben uns von der Welt losgesagt und wollen nun ganz mit jeder Sekunde, mit jedem Gedanken Gott gehören. Um dieses zu erreichen, muss man ganz radikal sein, wenn es auch schwer ist, von der Welt sich loszulösen und ganz Gott sich zu weihen ...", schrieb Berno an seinen großen Bruder, um ihm zu erklären, warum er nur noch alle vier Wochen nach Hause schreiben würde.[29] Auch die übrigen Familienmitglieder erhielten einen ähnlichen Brief. Gleichzeitig bat er sie, selbst nicht mehr so oft zu schreiben, um ihn nicht von seiner wichtigen Aufgabe abzulenken. Wenn man bedenkt, wie eng der Zusammenhalt in der Familie Rupp war und wie wichtig ihnen trotz aller Entfernung der gegenseitige Austausch war, zeigt dies Bernos Entschlossenheit für seinen Weg nur noch deutlicher. Er war bereit, jeden Preis zu bezahlen, um die Berufung zu leben, die Gott ihm gegeben hatte, und er prüfte sich gewissenhaft, ob sein Herz die richtige Einstellung dafür hatte. Sein inneres Ringen um diese Haltung wird in einem Exerzitien-Vortrag deutlich, den er zum Thema „Was habe ich vor, wie soll mein Leben werden?" gehalten hat:

Ich will nun Priester werden

Deshalb will und muss ich versuchen, ganz Gott zu gehören, ich muss in Gott leben und Gott in mir, ich muss mich restlos frei machen von der Welt, wie die *Apostel*; darf nicht mehr, da ich die Hand an den Pflug legte, zurückschauen. Ich muss ganz für Gott offen stehen, Gott muss in meine Person niedersteigen, hineinsteigen, d.h. ich muss ganz wie Christus werden.

Ich muss eine unheimlich große, göttliche Liebe zu Christus haben. Herr, entzünde in mir das Feuer deiner göttlichen Liebe. Eine Liebe muss in mir lodern wie in der hl. Kleinen Theresia, Petrus Claver, etc. Und habt ihr die Liebe, so wird Euch das übrige dazugegeben werden, den Glauben, die Gnade.

Nun stellt euch einmal so einen glaubensstarken, von Christusliebe und Seeleneifer verzehrten Priester vor: Erwirkt der nicht Gnaden über Gnaden für andere Menschen bei Gott durch sein Gebet, aber durch sein Stehen in der Welt, durch sein Dasein, durch sein göttliches Liebe-Verströmen, schlägt er da die Menschen nicht in Bann, ergreift sie, wandelt sie um?

Der Priester muss sich seiner selbst entäußern, die Liebe Christi, Christus muss in ihm aufleben, er muss ein Christus werden.

Ist er von Christi Liebe ganz entflammt, dann hat er seine eigene Seele gerettet und mit der eigenen Liebesfackel kann sein Seeleneifer wie Christus, die Apostel und Heiligen viele andere Seelen retten, viele Herzen in göttlicher Liebe entzünden. [...]

O Herr, gib mir Liebe, eine starke glühende Liebe zu Dir und Deinetwegen zu allem Starken und Guten. O lass mich Dich lieben, o Gnade, wie Du mich liebst. Dann bin ich stark im Leben, heilsam in meinem Priesterberuf. Denn entäußert meiner selbst strahlst Du aus mir, lebst Du in mir, wirkst Du all hier. [...] Ich komme zu Dir, Jesus mein Alles. Oh, durchglühe mich mit dem Feuer Deiner göttlichen Liebe.[30]

Frater Berno sprach gerne über ernste und geistliche Themen und verteidigte seine eigenen Anschauungen mit großem Eifer. Auch wenn er dabei nicht streitsüchtig war, hatte er doch gerne die Kontrolle und neigte laut Aussage seiner Vorgesetzten „... leicht zum Radikalen." In seinem Übereifer und seiner „ernstlich übernatürlichen [Einstellung] auch in Beziehung zu anderen" konnte er dem einen oder anderen Mitbruder schon einmal auf die Nerven gehen. Dann mussten ihn seine Oberen manchmal bremsen und zurechtweisen, was er jedoch geduldig und mit Ehrfurcht annahm, auch wenn seine Vorgesetzten merkten, dass ihm dieser Gehorsam nicht immer leicht fiel.[31] Gleichzeitig freuten sie sich aber auch über seine Hingabe und Entschiedenheit, die immer wieder deutlich wurde. Besonders das Gebet des hl. Nikolaus von der Flüe hatte es Frater Berno angetan: „Oh Herr, mein Gott, nimm alles von mir, was mich hindert zu Dir. Mein Herr, mein Gott, gib alles mir, was mich fördert zu Dir. Mein Herr, mein Gott, nimm mich mir und gib mich ganz zu eigen Dir." Dieses Gebet zeigt deutlich, wie sehr sich Berno für die Sache Christi hingeben wollte und worin er den Ruf in seinem Leben sah.

Und deshalb war es ganz und gar nicht verwunderlich, dass sein Entschluss, Priester zu werden, im Noviziat nur noch gefestigt und vertieft wurde. Als der Tag seiner ersten *Profess* gekommen war, stand für Berno fest: „Ich will frei und ungezwungen das Gelübde der *SDS* ablegen."[32] Zusammen mit dreizehn anderen Novizen gelobte er am 1. Mai 1956, sich zunächst für ein Jahr unter die Ordensregel der Salvatorianer zu stellen und von nun an in Armut, Keuschheit und Gehorsam zu leben. Dieses Gelübde würde er in den nächsten drei Jahren noch zweimal für jeweils ein Jahr ablegen, bis er nach dieser dreijährigen Prüfungszeit die *ewige Profess* ablegen konnte – also das dauerhafte Versprechen, ein Leben der Armut, der Keuschheit und des Gehorsams gegenüber seinen Orden und gegenüber Gott zu leben. Auch hierzu soll noch einmal Berno selbst zu Wort kommen:

Ich bin nun Salvatorianer

Die Liebe Gottes hat mich bis hierher geführt. Gott hat mir das Leben geschenkt, das göttliche Leben der Liebe in der Taufe und der Firmung. Er hat in mir vor allem während des Abiturs das Feuer seiner Liebe [...] aufglühen lassen. [...] Aus Liebe zu Dir, o mein Gott und Herr, weil ich deinen Willen erfüllen will, [habe ich] mich an dich gefesselt durch den Gehorsam. Deinetwegen habe ich mich von der Welt abgewendet, allem Geschaffenen durch die Armut und selbst von mir selbst durch die Keuschheit.

Wer, was ist dann diese Liebe? Es gibt so eine Liebe, das bist du, Heiliger Geist, hervorgehend aus dem Vater und dem Sohn, dem Kind des Vaters. Die Liebe hat aber so viel gewirkt, weil sie mich macht und machen will zum Kind des Vaters, Gottes Kind, Gottes Sohn, dem Salvator. Ich bin es. [...]

Diese Gedanken! Nicht das Becherklirren sind die großen Gefahren, die dem Salvatorianer drohen, sondern die Gefahr, die der Liebe droht; die Liebe hat zu den drei Gelübden getrieben, caritas perfecta est[33], die Liebe macht alles und ist alles, und die drei Gelübde müssen zur Betätigung und Weiterentfaltung und Erhaltung der Liebe dienen: deshalb betet um die Liebe. [34]

Studienzeit in Rom

Mit dem Ende des Noviziats und dem Ablegen der ersten Profess war für Berno der Zeitpunkt gekommen, um mit seinem Theologie- und Philosophiestudium zu beginnen. Das erste Semester absolvierte er noch in Passau, doch schon bald merkten alle, dass dieser junge Priesteramtskandidat mit seinem großen Eifer, seiner Hingabe und seiner klaren Ausrichtung auf die Mission an einem anderen Ort besser aufgehoben war. Und so siedelte Frater Berno am 15. Oktober 1956 ins *Mutterhaus* des Ordens nach Rom über, um sein Studium an der päpstlichen Universität Gregoriana fortzusetzen.

Die geschichtsträchtige Stadt hatte es dem jungen Frater sehr angetan und auch die nahezu unendlichen Möglichkeiten des Studierens und Forschens gefielen ihm gut. Mit demselben Feuereifer wie zuvor stürzte er sich in die neuen Herausforderungen der ewigen Stadt und er lebte sich im „Collegio Salvatoriano Romano", das in unmittelbarer Nähe des Vatikans lag, genauso schnell ein wie in Passau. Die Studenten lebten in einer internationalen Gemeinschaft zusammen, die sich aus Brüdern von

China bis Venezuela zusammensetzte. Neben Berno waren noch drei weitere Studenten aus der süddeutschen Provinz in Rom – und zudem es gab noch ein weiteres Bindeglied zu seiner Heimat: *Superior* und Rektor war P. Leo Ruess, der wie Berno aus Meckenbeuren stammte.

An Weihnachten 1956 schrieb Berno an seinen *Provinzial* in Deutschland: „… Rom ist wirklich „Herr"-lich. Wie mir Rom gefällt? Ich hab's ja schon gesagt: Wegen seiner „herrlichen" Atmosphäre, weil und fast nur weil es die ewige Stadt ist, denn das „andere" Rom ist halt immer noch (oder wieder) das Alte, das Babel des Westens. Dennoch haben sich ihre Heiligtümer und damit die des Heilands in diese Stadt wie ein dichtmaschiges Netz eingegraben, so dass es dem anderen Reich wohl nie gelingen wird, unser Reich zu zerstören, an dessen Spitze Christus selber steht."[35] Und an P. Sebastian aus dem Salvatorkolleg in Bad Wurzach schrieb er in seinem Weihnachtsbrief: „Ich habe mich damals von Idealen ins Kloster bringen lassen und die können hier emporwachsen."[36]

Berno war ein talentierter, pflichtbewusster und prinzipienfester Student und das merkte auch sein Rektor P. Leo Ruess sehr schnell. In seinem ersten Bericht über ihn schrieb er, dass Berno für die kirchlichen Studien hinreichend begabt und sehr fleißig sei, auch wenn er kein spekulativer Kopf wäre und ihm praktische, konkrete Anwendungen mehr liegen würden.[37] Und dieser Fleiß zahlte sich aus. Obwohl Rudolf in Bad Wurzach nur ein mittelmäßiger Schüler gewesen war und oft nicht wusste, ob seine Begabung zum Lernen für das umfangreiche Studium ausreichen würden, dokumentierten seine Noten und die Berichte über ihn nun etwas anderes. Insbesondere die *scholastische Philosophie* hatte es ihm angetan, wie er Anfang 1957 in einem Brief an seinen Provinzial schrieb. Er war begeistert darüber, wie sie „… die Probleme aufrollt und löst, besonders die *Metaphysik*; da wird einem alles so klar gemacht und zwar ganz vernünftig, dass man fast meint, es gibt keinen „Glauben" mehr, denn das ist ja alles so evident."[38] Dies passte sehr gut zu der Art, wie Berno sich selbst mit Problemen und Thesen auseinandersetzte: Er beschäftigte sich mit einer Sache von allen Seiten und wenn er sie erst einmal richtig verinnerlicht und durchdacht hatte, nahm er eine Haltung ein, die er kompromisslos und hartnäckig gegenüber anderen verteidigte. Diese Hartnäckigkeit erlebten seine Mitstudenten so manches Mal, wenn sie miteinander über ein bestimmtes Thema sprachen. Sein deutscher Mitbruder P. Günther Mayer meinte: „Zuweilen war eine Diskussion mit ihm schwierig und Kompromisse nicht möglich."[39]

Doch auch wenn Berno sich mit der „Materie Glaube" ganz wissenschaftlich auseinandersetzte, bedeutete das nicht, dass er deshalb sein Innenleben und seine Liebe zu Christus vernachlässigte. Seine tiefe Frömmigkeit und sein Leben aus Glauben, das „von großer Inbrunst geprägt" war und sich insbesondere auf die Ausbreitung des Reiches Gottes konzentrierte, ließ zu keiner Zeit seines Studiums nach und sein Rektor sprach von ihm als Vorbild des Glauben und der Hingabe für andere. Nach wie vor war Berno vollkommen auf seine Berufung ausgerichtet, einmal in der Mission zu arbeiten, und im Laufe der Zeit kristallisierte sich immer deutlicher ein bestimmtes Ziel heraus: Bernos Herz schlug für Russland. Im Sommer 1957 schrieb er an seinen Provinzial in Deutschland: „… Wissen Sie, P. Provinzial – und seien Sie mir deshalb nicht böse – ich möchte so gern Russland bekehren und mich deshalb jetzt schon vorbereiten, damit Sie mich, wenn Sie einmal wollen und wenn es möglich sein werden wird – und ich glaube, es wird bald der Fall sein – dorthin schicken können. P. Superior hier hat es mir erlaubt, diese Studien zu treiben, obwohl er nicht so zuversichtlich ist wie ich in diesem Punkt."[40]

Um für Russland bereit zu sein, begann Frater Berno neben seinem eigentlichen Theologiestudium Russisch zu lernen und er beschäftigte sich außerdem mit russischer Philosophie und den Riten der Ostkirche. Daneben besuchte er Gottesdienste im

Russicum, bei den *Ruthenen* und bei den Äthiopiern im Vatikan. In seiner Begeisterung stellte er sogar eine Anfrage an P. *General* und bat ihn, ob er die letzten drei Jahre am Russicum fertig studieren könne. Und auch wenn ihm diese Bitte verwehrt wurde, war Berno „... restlos davon überzeugt, dass von der Bekehrung Russlands für lange Jahrhunderte die Rettung der Welt abhängt und dass bei dieser Bekehrung Russlands (der Fall des Kommunismus ist noch lange nicht gleichbedeutend mit der Bekehrung Russlands) unser Ehrwürdiger Vater durch seine Gesellschaft Anteil nehmen will."[41]

Diese radikale Ausrichtung auf sein späteres Wirken nahm teilweise solche Ausmaße an, dass ihn sein Rektor zügeln musste, denn neben dem Studium und dem glühenden Interesse an Russland gab es noch viele andere Dinge, für die sich Berno engagierte – und zwar mit genauso viel Eifer und radikaler Kompromisslosigkeit, dass es manchmal einfach zu viel wurde. In seinem Bericht vom November 1958 schrieb P. Leo Ruess: „Packt zu viel auf einmal an. Manches muss er dann wieder fallen lassen oder es kann nicht hinreichend vertieft werden. Wagt halbvorbereitet aufzutreten. Macht vieles un po alla meglia [also eher schlecht als recht]."[42] Frater Berno nahm solche Kritik bereitwillig und offen an, ohne sich deswegen ein schlechtes Gewissen zu machen – und so änderte sich an seiner Haltung trotz aller Bemühungen nicht viel.

Eine Sache, die neben dem Studium und der Vorbereitung auf „seine Russland-Mission" weiterhin eine große Rolle in Bernos Leben spielte, war die Musik. Mit seiner lauten, ausdrucksstarken und ansteckenden Stimme bereicherte er von Anfang an den Studentenchor der Salvatorianer, und es sollte nicht lange dauern, bis er diesen auch leitete. Schon bald dirigierte er sämtliche große *Messen* und er besuchte außerdem noch Chorstunden in der Musikakademie St. Cäcilia. Und natürlich spielte er auch weiterhin Geige und Gitarre. Besonders die Gitarre wurde zu seinem Markenzeichen, das so manche Feier der jungen Studenten im Mutterhaus erst richtig in Schwung brachte. Seine Mitbrüder bemerkten dabei immer wieder einen gewissen Führungsanspruch von Berno, den P. Günther Mayer folgendermaßen begründete: „Wer die Gitarre hat, gibt den Ton an! Und die Gitarre hat ihn sein Leben lang begleitet!"[43]

Man sollte meinen, dass all diese Dinge ausreichen würden, um Bernos Leben voll und ganz auszufüllen, doch bei seiner schier unerschöpflicher Energie und seiner großen Neugierde und Freude am Leben gab es immer noch Platz für mehr. Und Rom hatte da sehr viel zu bieten. Immer wieder nahm er sich Zeit, um gemeinsam mit seinen Mitbrüdern auf Entdeckungstour durch die vielen Kirchen und heiligen Orte zu gehen. Allein der Vatikan, der quasi vor der Haustüre lag, war eine Welt für sich. P. Günther Mayer schreibt in seinen Erinnerungen an Pater Berno: „Rom kannten wir wirklich wie unsere Hosentasche und wir nützten jede Gelegenheit, um neue Geheimnisse zu entdecken. So genossen wir die Möglichkeit, mit Plänen bewappnet einen halben Tag lang durch die finsteren Katakomben zu streifen und dabei eigentlich unzugängliche Grufte und Inschriften zu finden. Da wurde Berno zum Abenteurer!"[44] Und weil er Rom so gut kannte und darüber hinaus auch viel über die römische Geschichte wusste und sehr lebhaft erzählen konnte, wurde Berno auch bald zu einem beliebten Fremdenführer für deutsche Pilgergruppen.

Ihre Sommerferien verbrachten die Studenten wochenweise in Castel Gandolfo, wo sie allerdings nicht den Papst in seinem Sommerquartier besuchten, sondern den Ordensbrüdern in der Landwirtschaft halfen. Jede Woche fuhren zwei Fratres in die *Vigna*, um dort verschiedene Arbeiten zu übernehmen. Frater Berno hielt das für „ganz gesund und schön", wie er im September 1957 an seinen Provinzial schrieb, auch wenn er selbst durch seine vielen Aufgaben in Rom nicht oft Zeit hatte, um dieses Sommerquartier zu beziehen. Als er schließlich doch einmal der Hitze in Rom entfliehen konnte, um das mildere Klima am Alba-

nersee zu genießen, musste er mit seinen Mitbrüdern die Tor-
einfahrt betonieren. Für Berno war das kein Problem, denn „...
bei diesem schwierigen Werk kommen mir jetzt meine Erfahrungen im Mauerhandwerk zu Gute, die ich in den Ferien als
Hilfsarbeiter in Meckenbeuren gesammelt habe."[45]

Ein anderes Mal sollte er mit einem Mitbruder eine automa-
tische An- und Abschaltanlage in eine Zisterne einbauen. „Das
ging alles sehr gut, ja es funktionierte auch, als wir es am Abend
ausprobierten. Nur als die Anlage sich automatisch ausschal-
tete, stellten wir fest, dass der Schwimmer nicht im Wasser
ruhte. Um dieses Rätsel zu ergründen, stieg ich die Leiter des
Brunnens hinunter (er ist 27m tief). Unten angekommen, hob
ich den Draht, an dem der Schwimmer hing, hoch, um durch das
Niederfallenlassen festzustellen, ob er wirklich keine Verbindung mit dem Wasser hatte. Durch diese Bewegungen aber riss
der Draht, der schon etwas rostig war, und das Gewichtstück am
anderen Ende des Drahtes sauste in die Tiefe. Ich bemerkte das
nicht, aber ich hörte ein Schreien von oben und das Anschlagen
eines Gegenstandes am Wasserleitungsrohr, das nach oben
führt. Unwillkürlich legte ich meine Hände auf den Kopf. Als ich
fühlte, dass die Gefahr vorbei war, hastete ich nach oben, aber
schon auf halber Höhe der Leiter wurde es mir schwach und ich
sah Blut an meiner linken Hand. Mit Müh und Not kam ich nach
oben. [...] Der schwere Gewichtsstein (wirklich 5kg) hatte meinen Mittelfingerknochen an einer sehr schwierigen Stelle vollkommen zerquetscht und Muskel und Sehne durchgeschla-
gen."[46] Der Finger musste am nächsten Tag operiert, eingegipst
und mit Draht fixiert werden. Trotzdem bekam Berno mehrere
Tage lang Fieber und er hatte auch noch Monate später Schmerzen in der Hand, die er zwar erwähnte, aber über die er niemals
klagte. Stattdessen beruhigte er seine Familie zu Hause: „Macht
euch keine Sorgen, ich werde umsorgt, mehr als ihr es könntet.
Dankt dem lieben Gott, dass ich die Hände über meinen Kopf
brachte, sonst wäre ich jetzt wohl tot, denn das vermögen 5kg

aus 20m Höhe schon."⁴⁷ Nach etlichen Monaten wuchs der Finger schließlich wieder zusammen, doch auch nach vielem Handtraining konnte er ihn nicht mehr richtig bewegen. Er musste schließlich sogar das Geigenspielen aufgeben und sich fortan auf die Gitarre beschränken – was er mit großer Leidenschaft und ganzem Einsatz tat, wie wir später noch sehen werden.

Die Weihen

Durch diese vielen Aufgaben, Aktivitäten und Abenteuer vergingen die Jahre in Rom wie im Flug. Am 1. Mai 1959 legte Berno seine ewige Profess ab und weihte sich damit für immer einem Leben im Orden der Salvatorianer. Wie es seine Art war, hatte er sich diesen Schritt nicht leicht gemacht, sondern sich gewissenhaft geprüft, ob er den hohen Idealen, die er an sich stellte, auch tatsächlich gerecht wurde. „Es freut mich wirklich, mich auf ewig ausschließlich dem Heiland, Seiner Liebe und Seinem Willen weihen zu dürfen, andererseits aber sehe ich, dass ich seit meiner ersten Profess nicht immer so war und bin, wie es mir vorschwebte und wie ich gern sein möchte. Ich möchte mich halt so gern ganz und wirklich hinopfern und nicht für mich selbst leben, sondern für Gott. Andernfalls kann ich keine Ruhe finden im Kloster, bei Gott, wenn ich in mir ruhen will!"⁴⁸ Bernos Mutter wusste, wie entscheidend dieser Schritt für ihren Sohn war und sie wollte ihm dabei gerne zur Seite stehen und mit ihm feiern. Aus diesem Grund nahm sie die lange Fahrt von Meckenbeuren nach Rom auf sich, auch wenn ihr das Reisen nicht so im Blut lag wie ihrem Mann oder ihrem Sohn. Berno schätzte diese Unterstützung sehr und freute sich, seine Mutter auch einmal in der jetzigen Heimat begrüßen zu dürfen.

Mit den Weihen musste er sich allerdings noch etwas gedulden, denn in Rom konnte man zur *Priesterweihe* im Unterschied zu Deutschland erst im vierten Studienjahr zugelassen werden.

Die Weihe zum *Subdiakonat*, das es damals noch gab, fand am Ende des dritten Jahres statt und die Weihe zum *Diakonat* einige Monate später zu Beginn des vierten Jahres. Für Berno war dies jedoch kein Problem, auch wenn er dadurch erst ein Jahr später als seine ehemaligen Klassenkameraden zum Priester geweiht werden würde. „Mir wäre es sogar lieber, erst am Ende des vierten Jahres geweiht zu werden. So könnte ich mich mit größerer Ruhe einerseits dem *Lizentiat* hingeben, das ich am Ende des vierten Jahrs ablegen muss, *und* andererseits als ganz Fertiger in die Priesterweihe und die *Primiz* und das sich anschließende *apostolische* Leben gehen", schrieb er an seine Familie.[49] Für ihn war seine Berufung zum Priester klar und ob die Weihen ein Jahr früher oder später stattfanden, war für ihn nicht so wichtig. „Man wird ja immer noch früh genug geweiht."[50]

Viel wichtiger war ihm sein Ruf nach Russland, den er bei jeder Gelegenheit bei seinen Oberen und Mitbrüdern erwähnte. Wenn es nach ihm ginge, würde er am liebsten noch ein weiteres Jahr in Rom bleiben, um seine Studien am *Russicum* oder aber an einem anderen Zentrum zur Ausbildung von Missionaren in der orientalischen Welt fortzusetzen. Für ihn war es nur eine Frage der Zeit, bis der eiserne Vorhang fallen würde und er „endlich" nach Russland reisen konnte – und dann wollte er bereit sein. Aus diesem Grund schrieb er im September 1961 noch einmal einen ausführlichen Brief an seinen Provinzial in Deutschland, um ihm die Sachlage zu schildern und seinen Wunsch erneut deutlich zu machen. „Insofern mein Wille bedingungslos und meine Absicht rein ist, könnte man fast von einer subjektiven Berufung sprechen, die mir Gott gegeben hat; es müsste dazu nur noch die Fähigkeit dazukommen und dies ist zusammen mit der objektiven Berufung meine Frage an Sie, H. P. Provinzial."[51] Leider hatte sein Provinzial eine andere Meinung und er vertröstete Berno, dass er doch erst einmal sein Theologiestudium abschließen und seine Priesterweihe empfangen sollte. Diese Antwort war für Berno nicht so leicht zu akzeptieren, doch weil er sein Gehorsamsgelübde sehr ernst nahm, ordnete er sich schweren Herzens unter.

Und es stimmte ja – bevor er als Priester in die Praxis entlassen werden konnte, musste er tatsächlich erst noch sein Studium abschließen und die Abschlussprüfung an der Gregoriana bestehen. Auch wenn Berno sich von einem mittelmäßigen Oberschüler zu einem guten Studenten entwickelt hatte, musste er für die Prüfungen noch einiges lernen, denn für das Lizentiat wurde von den Theologiestudenten viel verlangt. Letzten Endes zahlte sich „sein unermüdlicher Fleiß und Eifer", der ihm von seinem Rektor immer wieder bescheinigt wurde, allerdings aus: Als die letzten Prüfungen am 16. Juni 1962 abgeschlossen waren, hatte Berno nicht nur bestanden, sondern sogar „cum laude" (also gut) erreicht.

Und schließlich stand der heiß ersehnte Tag vor der Tür, der den Abschluss einer langen Ausbildung und den Beginn eines neuen Lebensabschnitts für Berno bildete: Am 1. Juli 1962 sollte der frischgebackene Theologe durch Handauflegung des Bischofs zum Priester geweiht werden. Natürlich war das nicht nur für ihn eine große Sache, sondern auch für seine Familie und insbesondere für seine Eltern. Und weil auch viele andere Menschen aus Meckenbeuren und Umgebung die Entwicklung des jungen Oberschwaben mitbegleitet und verfolgt hatten, entschloss sich der stolze Papa Rupp kurzerhand, zu diesem wichtigen Anlass eine einwöchige Pilgerreise von Meckenbeuren nach Rom zu organisieren. Am Morgen des 30. Junis kam eine 116-köpfige Delegation mit Sonderwagen der Schweizer Bundesbahn auf dem Bahnhof in Rom an, wo sie von den Salvatorianern abgeholt und mit dem Bus zu ihrem Quartier gebracht wurden. Dort konnten sich die Pilger von ihrer langen Reise erholen und sich vor dem großen Ereignis am nächsten Tag noch etwas ausruhen.

Der Sonntagmorgen des 1. Juli begrüßte die Reisegruppe mit strahlendem Sonnenschein, während sie sich zu morgendlicher Stunde in der altehrwürdigen *Titelkirche* San Marcello al Corso einfanden, um mitzuerleben, wie „ihr Frater Berno" in einer feierlichen Zeremonie zum Priester geweiht wurde. P. Leo Ruess beschrieb diesen Moment zwei Wochen später in seiner Primizpredigt folgendermaßen: „In diesem Augenblick strömte der Hl. Geist und die Fülle himmlischer Gaben und Gnaden auf ihn herab und in ihn hinein. Nachdem der Bischof auch den anderen Priesteranwärtern die Hände aufgelegt hatte, stand er erneut vor Pater Berno und legte ihm die Stola kreuzweise über die Brust mit den Worten: ‚Nimm das Joch des Herr, aber du weißt ja, sein Joch ist süß und seine Bürde ist leicht.' Dann legte er ihm das *Messgewand* an, welches die Gottesliebe versinnbildlicht. Es folgte die Salbung der Hände mit heiligem Öle, damit gesegnet sei, was immer die Hände des Priesters segnen. Dann reichte ihm der Bischof den Kelch mit der *Hostie*. Kniend empfing er ihn in die gesalbten Hände und hörte die Worte: ‚Empfange die Gewalt, das Opfer Gott darzubringen für die Lebendigen und die Toten.' Und gegen Ende der Messe traten die Weihekandidaten nochmals vor den Bischof, der ihnen zum dritten Mal die Hände auflegte und zu jedem einzelnen sprach: ‚Empfange den Heiligen Geist! Welchen du die Sünden nachlässt, denen sind sie nachgelassen und welchen du sie behaltest, denen sind sie behalten.' Dies war die weihevolle Stunde der heiligen Priesterweihe, [...] die Pater Berno das heißersehnte, viel umrungene Glück des Priestertums gebracht hatte. Die schönste und heiligste Jugendsehnsucht war selige Erfüllung geworden."[52]

Und damit war Pater Bernos Studienzeit in Rom nach sechs langen und sehr ausgefüllten Jahren zu einem Ende gekommen und er trat seine Heimreise nach Deutschland an, wo er vierzehn Tage später seine *Primiz* in Meckenbeuren feiern sollte. Die Predigt hielt sein Rektor und Mitbruder aus der Heimat P. Leo Ruess selbst, der Berno in all den Jahren in Rom begleitet hatte und ihn nun sehr gerne in die nächste Phase seines Lebens entließ. Um diesen feierlichen Augenblick mitzuerleben, hier einige Auszüge aus der Primizpredigt:

In unserer Mitte steht ein Mensch, der mehr ist als ein bloßer Mensch; ein Mensch, dessen Hände überströmen von göttlichen Gnaden und Gewalten. [...] In unserer Mitte steht ein Priester, ein Gesandter Gottes, gezeichnet und gesalbt mit dem unauslöschlichen und unvergänglichen Zeichen des Priestertums.[...]

Darüber freut sich die *Heiligste Dreifaltigkeit*; denn der Priester ist ein Mann Gottes, Diener des Allerhöchsten, Aussender der göttlichen Gnadengeheimnisse, Vermittler des göttlichen Lebens. Es freut sich unsere hl. katholische Kirche, denn ein neuer Priester voll guten Willens und heiligem Eifer ist ihr geschenkt worden und dies in einer Zeit, in der das Fehlen der Priester die große Sorge des *Hl. Vaters* ist. Es freut sich die *Ordenskongregation* der Salvatorianer [...], weil sie einen neuen glühenden *Apostel* in ihr weltweites Arbeitsfeld aussenden kann, einen furchtlosen, fast wagemutigen Soldaten, der darauf brennt, die Schlachten Gottes in vorderster Front zu schlagen, dort, wo der Kampf am heißesten tobt, um die gottfremde, von Christus losgelöste Welt für Christus den König zurückzuerobern.

[...] Wenn Pater Berno heute als Priester in unserer Mitte steht, dann verdankt er dies nach Gott seinen glaubensstarken und opferfreudigen Eltern, die ihn früh in eine feste Lebensrichtung wiesen und ihm eine religiöse Lebensform aufprägten. Das erste Priesterseminar unseres Neupriesters was sein tiefchristliches Elternhaus. In diesem Hause sah er nie etwas, was nicht recht war ... Überall hin begleiteten ihn das Gebet des Vaters und der Segen der Mutter. [...]

Lieber *Primiziant*! In deiner Primizanzeige hast du geschrieben, dass Christus dich „zum Knechte an seinem Leibe" bestellt hat. Das ist ein herrlicher Vorsatz. Damit hast du ausgesagt, dass du deinen priesterlichen Auftrag, deine Gottessendung erfasst hast. Du willst also nicht bloß Verkünder der Wahrheit, nicht bloß Ausspender der Gnade sein. Du strebst

nicht nach Ämtern und Würden, nein, du willst Knecht sein ...
Dies ist dein Auftrag, deine Sendung, dein Beruf ... [...]
Sei Priester nach dem Herzen Gottes! [...] Du sollst weniger in
dieser Welt zuhause sein als in einer anderen Welt. Dein
Leben soll Zeugnis ablegen, dass der Schwerpunkt eines
Christenlebens nicht im Diesseits, sondern im Jenseits ver-
ankert ist. [...] Passt euch nicht zu sehr an die Welt an! Seid
und bleibt etwas Besonderes! Nur wenn du anders bist als die
Kinder dieser Welt, kannst du Gott zu den Menschen und die
Menschen zu Gott bringen.
Und doch ist der Priester ein Mensch, ganz Mensch, ein
Mensch von Fleisch und Blut. Er empfindet wie jeder andere,
ist versucht wie jeder andere vom Weibe Geborene. [...] Priester Gottes: kleiner gebrechlicher Mensch inmitten einer sün-
digen Welt. [...] Wird der Priester dieses Schicksal bestehen,
ohne zusammenzubrechen? Gläubiges Volk! [...] Du spürst
heute, dass du den Priestern dein Gebet schenken musst, dass
der Priester auf dein Gebet angewiesen ist: [...] Christus,
erhalte unseren Neupriester in der Strahlenkraft und Leucht-
stärke des Anfangs. Gib ihm mit der Wandlungskraft über
Brot und Wein auch die Wandlungskraft über die Herzen![53]

Nach diesen bewegenden Worten war der Augenblick gekommen, in dem Pater Berno seine erste *Eucharistiefeier* zelebrierte
und sein Amt als Priester Gottes zum ersten Mal vor seiner Heimatgemeinde ausübte. Voller Freude feierten die ganze Familie
und die Meckenbeurer diesen herrlichen Tag mit „ihrem" neuen
Priester, der nach all den Jahren in der Ferne zumindest kurz-
zeitig wieder in der alten Heimat war.

Und nur wenige Tage später, am 19. Juli 1962, sollte Pater
Berno seine erste Amtshandlung als Priester durchführen, nämlich die Trauung seiner Schwester Berta mit Josef Müller. Dies
war der erste von vielen weiteren „Familien"-Gottesdiensten,
denn seine zahlreichen Familienmitglieder ließen es sich von

nun an nicht nehmen, „ihren" Pater für sämtliche Trauungen, Taufen, Erstkommunionen, etc. in Anspruch zu nehmen. Manchmal war das allerdings gar nicht so einfach, denn in den nächsten Jahren sollte Pater Berno ziemlich viel in der Weltgeschichte herumkommen und die unterschiedlichsten Aufgaben übernehmen.

„Ich bin für Russland, für den Osten berufen" – oder: Lehrjahre sind keine Herrenjahre

Salvatorkolleg in Lochau

Als erstes führte Pater Bernos Weg wieder zurück nach Passau auf den Klosterberg. Weil er zur süddeutschen Provinz gehörte, war dies von nun an seine neue Heimat, und in den folgenden Monaten übernahm er dort verschiedene pastorale Aufgaben als Aushilfe. Dabei hoffte er nach wie vor, dass ihn sein Provinzial P. Gottfried Görmiller so bald wie möglich in der Auslandsmission einsetzen würde – natürlich am liebsten mit irgendeinem Bezug zu Russland. Und damit seine Oberen seinen Missionswunsch auf gar keinen Fall vergessen würden, ließ er sich zur Erinnerung einen Bart wachsen, wie er seinem Mitbruder P. Benedikt Laib erklärte: „Mein Bart ist für meine Oberen ein ständiges Mahnzeichen, dass ich hier am falschen Platz bin. Ich bin für Russland, für den Osten berufen."[54]

Über den genauen Zeitpunkt dieses Ereignisses gibt es unterschiedliche Geschichten, doch bereits am 4. April 1963 schrieb ihm sein Provinzial: „Bei meinem letzten Besuch in Passau habe ich Sie leider nicht getroffen. Ich hätte gerne Ihren Bart bewundert. Ich hoffe, dass Sie für diesen Bart an höchster Stelle die

Erlaubnis eingeholt haben, wenn nicht, müsste es in radice (also nachträglich) saniert werden." Zur damaligen Zeit war ein Bart für einen Priester etwas so Ungewöhnliches, dass man sich nicht „einfach" einen wachsen lassen konnte. Doch weil Bernos Obere ihren Jungpriester bereits ein wenig kannten, wurde sein Bart mit einem Lächeln genehmigt. Und schon bald wurde dieser Bart zu Bernos Markenzeichen, der ihm bei seinen Neffen und Nichten dann auch den Namen „Bartonkele" einbrachte.

Im selben Schreiben, in dem sein Provinzial den Bart erwähnte, teilte er ihm gleichzeitig mit, wo sein erster Einsatzort als Priester sein sollte – und zwar nicht wie gewünscht in der Mission, sondern „... in Lochau als Präfekt bei den Studenten. [...] Ich denke, dass es Ihnen Freude macht, an den Bodensee zu kommen, und ich bin sicher, dass Sie mit Eifer und Liebe bei unserer Ordensjugend wirken werden." Gehorsam ordnete sich Pater Berno der Beauftragung durch seine Oberen unter und zog an Ostern 1963 ins Salvatorkolleg nach Lochau, um dort als Lehrer und Hilfspräfekt zu arbeiten.

Und die Arbeit mit den Jugendlichen machte ihm tatsächlich viel Spaß, besonders wenn er seiner Kreativität und Spontanität freien Lauf lassen konnte. „Er unternahm Erlebnispädagogik, noch bevor das Wort existiert hat", berichtete sein Mitbruder P. Leonhard Berchtold. „So ging er mit den Buben zum nahen Bodensee zum Schwimmen und organisierte Skinachmittage auf dem Pfänder. Wirbel brachte er ins Haus, als er die Idee umsetzte, mit seinen Buben ein Lagerfeuer im großen Turm anzufachen, das weit im Leiblachtal zu sehen war. Ein besorgter Nachbar rief sogar die Feuerwehr zum Einsatz, um den Feuerbrand im Turm zu löschen und das Kolleg zu retten."[55] Ja, mit Pater Berno kam Leben in die Schule am österreichischen Bodensee und auch seine Gitarre fand bei den Schülern großen Anklang. Außerdem übernahm er die Leitung des Schulchors und baute zudem das Orchester aus. Und weil Pater Berno durch sein Studium in Rom viele Kontakte in alle Welt gewonnen hatte, lud er immer wieder Salvatorianer aus Missionsgebieten ein, um den Schülern das eigentliche Anliegen des Ordens und ihres Gründers Pater Jordan zu vermitteln.

P. Georg Fichtl, der damals Schüler am Salvatorkolleg in Lochau war, erinnert sich noch sehr gut an diese Zeit: „Voller Elan stieg der noch junge P. Berno Rupp in seine neue Aufgabe ein, die 110 Buben zwischen elf und sechzehn Jahren zu betreuen. Das Erste, an das ich mich lebhaft erinnern kann, ist seine Art der Studienaufsicht. Ihm war wichtig, dass Ruhe herrschte. Jeder sollte zuerst einmal selbstständig seine Hausaufgaben machen. Er selbst sorgte nicht nur für Ruhe, sondern vertiefte sich in ein dickes Buch: Er lernte Russisch. Wir Schüler fragten uns: Warum gerade diese Sprache? Diese Frage war höchst aktuell: Schließlich wurde gerade in Berlin die Mauer errichtet und der Kalte Krieg steuerte einem ersten Höhepunkt entgegen. Seine Antwort: Die Mauer wird eines Tages fallen. Dann kann ich als Missionar nach Russland."[56]

Doch auch wenn Pater Berno die Arbeit mit den Buben viel Freude bereitete, spürte er, dass er nicht am richtigen Ort war, und er erwähnte das immer wieder gegenüber seinen Vorgesetzten. Schließlich gab ihm der Provinzial im Frühjahr 1965 die Erlaubnis, sich mit seinem Anliegen an P. General in Rom zu wenden, und Berno tat dies postwendend:

„... dass ich hier nun Mathematik, Latein, Turnen, Musik zu geben hatte, Schule, Hefte korrigieren, wo doch alle diese schulischen Dinge unsere Buben gleich in der Nachbarschaft sich holen könnten, und anderseits so viel an Seelsorge in der ganzen Welt zu durchstehen wäre. Ich bin Priester und mache den Lehrer, der ja vor der heutigen Jugend kaum mehr zum Erzieher wird, wobei noch zu bedenken ist, dass Erziehen noch lange nicht Priestererfüllung ist. Ich habe nun öfters mit P. Provinzial darüber gesprochen und er will mich nun auch in die Seelsorge bringen. Ich werde hier frei und so müsste ich also zufrieden sein, aber jetzt gerade ist meine Bitte an Sie: [Ich will] diese Gelegenheit [...] nutzen, an die Stelle zu kommen, wo es am meisten nottut: Mission, Afrika, Asien, Südamerika. Was ich immer an Weltmissionstagen gepredigt habe, ist ja auch für mich gesagt. Das Beste, das Notwendigste wäre sicher nach Afrika oder Asien zu gehen, gewiss: für einen, der ein ganzes Leben dafür zur Verfügung hat.

Mein Fernziel ist und bleibt aber Russland, in seine Kultur und Art jetzt schon einzudringen, um dann einmal, wenn es sich öffnet, dort wirksam werden zu können; daneben aber nun auch noch in eine weitere Kulturwelt einzudringen, ginge über meine Kräfte. So erschien mir denn Südamerika als die für mich vordringlichste Aufgabe; Südamerika, das ja doch, wenn man von den Indianern zum Teil absieht, eine mehr oder weniger westliche Kultur hat bei all seinen Besonderheiten. [...] Sprachliche Schwierigkeiten hätte ich wohl nicht lange, so scheint es mir wenigstens.

Nun bitte ich Sie, Hochwürden P. General um Verzeihung, dass ich nicht auch mit jeder Arbeit zufrieden bleibe, an die mich meine Oberen stellen; objektive Gründe und Argumente beherrschen mich eben oft mehr als das *asketische Postulat* der Vollkommenheit der Arbeitszuteilung durch die Oberen. Damit stelle ich mir zwar das Zeugnis aus, ein unvollkommener Ordensmann zu sein, aber es ist eine Tatsache, dass ich so denke und fühle, und ich glaube sogar, so denken und handeln zu müssen. Ich bin Priester, will in Gottes Weinberg arbeiten und nicht mich mit anderem beschäftigen, deshalb glaube ich, mich für Südamerika zur Verfügung stellen zu müssen, solange Russland uns verschlossen bleibt."[57]

P. General Maurinus Rast schrieb Pater Berno am 14.10.1965 zurück und zeigte in seinem Brief auch aufrichtiges Interesse an dessen Liebe für Russland. Bezüglich seiner Bitte, ihn in die Mission nach Südamerika zu schicken, verwies er ihn jedoch zurück an seinen Provinzial, der in der Zwischenzeit gewechselt hatte. Trotzdem versicherte er Pater Berno, dass er sein Anliegen beim Provinzial zur Sprache bringen würde, und anschließend gab er Berno noch einen weisen väterlichen Rat: „Empfehlen wir aber vor allem ihren Wunsch dem lieben Gott, damit das Rechte getroffen werde."[58]

Der neue Provinzial P. Karl Förster meldete sich bereits am 16.11.1965 mit einem verspäteten Geburtstagsgeschenk bei Pater Berno: „Sie wissen, dass schon P. Gottfried Ihren Wunsch, in der Seelsorge arbeiten zu dürfen, erfüllen wollte. Nachdem er selbst noch die nötigen Schritte eingeleitet hat, kann ich nun Ihren Wunsch wenigstens teilweise erfüllen." Anschließend nannte er das neue Arbeitsfeld: Die Pfarrei St. Salvator in Stuttgart-Giebel, wo Pater Berno als zweiter Kaplan tätig sein sollte. Dies hieß für Berno also: Seelsorge ja, Mission nein. P. Provinzial begründete seine Entscheidung folgendermaßen: „… die Arbeit in dieser Pfarrei [wird] Ihnen … eine wichtige und wertvolle Weiterbildung und Vorbereitung für spätere Tätigkeiten ganz gleich welcher Art sein. Sie werden Ihre vielseitigen Interessen und Begabungen entfalten können, werden von den Erfahrungen anderer lernen und selbst verschiedenste Erfahrungen machen können. Packen Sie die Sache mit Zuversicht und Mut an."[59]

Kaplan, Volksmissionar … und doch wieder Kaplan

Und weil Zuversicht und Mut bereits von klein auf zu Bernos Charaktereigenschaften gehörten, ordnete er sich erneut unter die Entscheidung seiner Vorgesetzten und übersiedelte am 1. Dezember 1965 nach Stuttgart. „Der Giebel", wie der neue Ortsteil von seinen Einwohnern liebevoll genannt wurde, war ein Wohngebiet, das in den Nachkriegsjahren am Rand von

Stuttgart erbaut worden war, um Raum für die vielen Flüchtlinge aus den ehemaligen Ostgebieten zu schaffen. In diesem neuen Wohngebiet war erst vor wenigen Jahren die katholische Salvatorkirche gebaut worden, die nun die neue Wirkungsstätte von Pater Berno sein sollte. Damit war Pater Berno zwar nicht in Russland gelandet, aber zumindest kamen etliche von seinen neuen „Schäfchen" aus dem Osten, auch wenn diese Länder damals noch nicht vom russischen Kommunismus geprägt waren.

Für den Pionier Berno war diese junge Gemeinde eine willkommene Aufgabe, der er sich gerne stellte. Weil die Strukturen noch nicht so gefestigt waren, konnte er vieles mitgestalten und sich mit seiner ganzen Energie in die Jugendseelsorge einbringen, auch wenn der eher konservative Pfarrer Gerwich darüber manchmal nur den Kopf schüttelte. Doch Berno konnte sich durchaus behaupten und auch mit Gegenwind umgehen. Allerdings blieb ihm die Arbeit in der Schule zumindest teilweise erhalten, denn eine seiner Aufgaben war Religionsunterricht an zwei nahegelegenen Grundschulen. Schon bald war er in Stuttgart-Giebel bekannt „... als der Pater, der auf dem Fahrrad mit der Gitarre zum Religionsunterricht in die Rappachschule fährt."[60] Auch an der Engelbergschule war er sehr beliebt. Ein früherer Schüler erinnerte sich, wie er montags immer mit ihnen zusammen Fußball spielte und sich dabei sogar einmal den Fuß gebrochen hat. Doch auch der Gipsverband hinderte Berno nicht daran, weiter Religionsunterricht und Gottesdienste zu halten, was die Kinder und Jugendlichen sehr beeindruckte. „Pater Berno war ein toller, kreativer Priester, der begeistern konnte und der damals seiner Zeit deutlich voraus war."[61]

Auch in Stuttgart-Giebel spielte die Musik eine zentrale Rolle im Dienst von Pater Berno. Als „begnadeter Gitarrenspieler und Sänger" schaffte er es immer wieder, Kinder und Jugendliche für den Glauben und die Arbeit in der Kirche zu begeistern. Schon bald gründete er eine *Jugendschola*, also einen Chor, der die Gottesdienste durch neue Lieder bereicherte, auch wenn diese nicht allen Gemeindemitgliedern gefielen. „Als die erste Messe mit neuen Gesängen gefeiert wurde (es war keine Jazzmesse im heutigen Sinn), hat der erste Aufstand von einigen älteren Kirchgängern stattgefunden", erinnert sich Dietmar Stollberg.[62] Doch Berno setzte sich für die Jugend ein und irgendwann „gewöhnten" sich die meisten an den neuen Stil – und an ihren unkonventionellen Jugendpfarrer.

In den kommenden drei Jahren konnte Pater Berno in Stuttgart-Giebel wichtige Aufbauarbeit leisten, bevor er diese Aufgaben im August 1968 an seinen Nachfolger abgab. Bereits ein Jahr zuvor hatte ihn sein Provinzial P. Karl Förster gefragt, ob er Interesse daran hätte, noch ein weiteres Tätigkeitsfeld der Salvatorianer kennenzulernen. Als Pater Berno zustimmte, versetzte er ihn zum 1. September 1968 zurück „... ins Kolleg Passau-Klosterberg mit dem Auftrag, dich in die Arbeit der außerordentlichen Seelsorge, besonders der Volksmission und wenn möglich auch der *Tage geistlicher Berufe* einzuarbeiten. Ich hoffe, es wird eine Tätigkeit, die deinen Fähigkeiten entspricht."[63]

Genau das sollte tatsächlich voll und ganz der Fall sein. Pater Berno mit seiner spontanen, offenen und lebhaften Art, gepaart mit seiner tiefen Liebe zu Menschen und zu Gott war wie geschaffen dafür, Menschen aus ganz unterschiedlichen Hintergründen neu, bzw. erneut mit dem Glauben in Verbindung zu bringen. Und mit seiner schier unendlichen Energie und seiner Sprunghaftigkeit war das unstete Leben eines Volksmissionars, der sich immer nur einige Wochen am selben Ort aufhielt, genau das Richtige für ihn. Von Anfang an ging Berno in seiner neuen Tätigkeit auf und fand sehr schnell seinen Platz im Team der Volksmissionare. Unter anderem traf er dort auf P. Alexius Romer, den er schon aus seinen Schultagen in Bad Wurzach kannte – damals war er noch sein Lehrer gewesen!

Die Volksmissionstätigkeit hatte eine lange Tradition bei den Salvatorianern. Sie war aus dem Grundanliegen des Ordensgründers P. Franziskus Jordan heraus entstanden, der die Glaubensverkündigung als zentrale Aufgabe des Ordens betrachtete. Für Pater Jordan war es sehr wichtig, den Menschen neue Glaubensfreude zu vermitteln und sie zu Jesus, ihrem Heiland, zu führen – und genau das war auch das Anliegen der Volksmission. Die einzelnen Missionen bestanden aus 10–14-tägigen Einsätzen in verschiedenen Pfarreien, die von einem Team aus mehreren Patres durchgeführt wurden. Im Vorfeld fand normalerweise eine Vormission statt, in der sich die jeweilige Gemeinde und die Patres kennenlernen und die Inhalte der späteren Missionswochen besprechen konnten. Außerdem wurde meistens eine Umfrage durchgeführt, um aktuelle Themen in der Gemeinde zu ermitteln, die von den Patres später aufgegriffen werden konnten. Abgeschlossen wurde eine Gemeindemission in der Regel durch eine ein- bis zweitägige Nachmission, in der offene Themen behandelt wurden und die Nachhaltigkeit der Aktion überprüft werden konnte.

Die eigentlichen Missionswochen waren für Pater Berno und seine Kollegen sehr arbeitsintensiv. Von früh am Morgen bis spät in die Nacht waren sie im Dauereinsatz. Jeden Tag fanden mehrere Gottesdienste und Treffen für unterschiedliche Alters- und Neigungsgruppen statt: Zum Beispiel gab es morgens ein Schulgottesdienst, dann ein Treffen für Mütter und Frauen, nachmittags ein Jugendtreffen und abends fand schließlich ein offener Gottesdienst für alle zu einem aktuellen Thema statt. Dazwischen machten die Patres Krankenbesuche, nahmen die Beichte ab und führten seelsorgerliche Gespräche mit Gemeindemitgliedern. Wenn man bedenkt, dass diese intensive Arbeit in der Regel zwei Wochen am Stück ohne Ruhetag absolviert wurde, wird deutlich, warum Berno mit seiner Belastbarkeit und seinem Charakter geradezu ideal für diese Aufgabe war. Selbstverständlich konnte er viel von den Erfahrungen der anderen Patres profitieren, doch gleichzeitig brachte er sich von Anfang mit seinen eigenen Begabungen und Neigungen ein. Schnell zeigte

sich auch hier, dass Berno einen besonderen Zugang zu Jugendlichen und Kindern hatte, die seine spontane und authentische
Art sehr mochten. Auch seine musikalischen Fähigkeiten, durch
die er Menschen mitreißen konnte, sowie sein scharfer Verstand
und sein großes Wissen wurden von seinen Kollegen schon bald
als wertvolle Ergänzung des Teams geschätzt.

Leider musste Pater Berno diese Tätigkeit, die ihm auf den
Leib geschneidert zu sein schien, im September 1969 noch einmal unterbrechen. In der Pfarrei St. Willibald München war ein
personeller Engpass entstanden, weil ein Mitbruder das Abitur
nachholen wollte. Daraufhin hatte sich der Provinzial an den
Leiter des Volksmissionsteams P. Karl Tress gewandt und um
eine einjährige Freistellung von Pater Berno gebeten. Nach
Ablauf dieses Jahres sollte er selbstverständlich wieder zur
Volksmission zurückkehren. Auch wenn P. Karl nicht sehr
begeistert über die Versetzung war – „durch Ihre Bitte, P. Rupp
freizustellen, machen Sie mir eigentlich den größten Strich
durch die Rechnung"[64] – kam er der Bitte dennoch nach. Und so
erhielt Pater Berno kurz vor seinem Sommerurlaub einen Brief
des Provinzials, in welchem er ihm für seine Bereitschaft dankte,
in München auszuhelfen und seinem Mitbruder das Abitur zu
ermöglichen.[65]

Um in der Volksmission keinen Totalausfall zu verursachen,
wurde vereinbart, dass Pater Berno zwei bis drei Missionen von
München aus durchführen konnte, bei denen er als Jugendpas-
tor gebraucht wurde. Seine Teamkollegen waren jedoch alles
andere als begeistert, als sie hörten, dass Berno nach einem
guten Jahr schon wieder aus der Volksmission abgezogen werden sollte. Deshalb beschlossen P. Alexius Romer und P. Ulrich
Kloos, einen Brief an den Provinzial zu schreiben, um evtl. noch
eine Änderung zu bewirken:

„Es geht das Gerücht um, dass P. Berno Rupp in die engere
Wahl komme als Nachfolger für P. Godehard Fuchs. Sollte die

Entscheidung dahingehend ausfallen, müssten wir es sehr bedauern. [...] Unsere Arbeit ist längst nicht mehr nur periodisch, sondern läuft permanent durchs ganze Jahr. Für die Tätigkeit an den Gymnasien und die Tiefenarbeit an geistig anspruchsvollen Gruppen ist inzwischen P. Berno für uns unersetzlich geworden. In unserem Kreis haben sich gerade die begabten Schüler zusammengefunden. Ohne P. Berno wissen wir nicht, was wir denen bieten sollen, und gerade diese Jugendlichen wollen wir nicht verlieren. [...] P. Berno konnten wir auch in die führenden Kreise schicken. Wir bitten, wenn irgendwie möglich, von einer solchen Entscheidung abzusehen."[66]

Doch auch wenn der Provinzial die Bedenken der Volksmissionare verstehen konnte, hatte der Widerspruch leider keinen Erfolg: „Die Versetzung von Pater Berno, die ja inzwischen vollzogen ist, war unter den gegebenen Umständen unumgänglich, bedeutet aber noch lange nicht das Ende oder eine ernstliche Gefährdung der „Aktion Geistlicher Berufe", und zwar aus folgenden Gründen: 1. P. Berno kehrt nach Ablauf des Schuljahres 1969/70 wieder voll in seine bisherige Tätigkeit zurück. 2. So wie P. Berno für dringend notwendige Einsätze in der Volksmission zur Verfügung steht, kann es wohl auch für die Aktion Geistlicher Beruf ermöglicht werden. 3. Für die Gerüchte, ich möchte die Volksmissionarsgruppe „zerlegen" besteht kein Anlass."[67]

Und damit wurde Pater Berno am 1. Oktober 1969 erneut zum Kaplan, dieses Mal in St. Willibald in München. Auch in dieser Stelle setzte er sich mit seiner ganzen Energie und Tatkraft ein. Der zweite Kaplan im Bunde war für ihn übrigens kein Unbekannter: Mit P. Benedikt Laib hatte er bereits vor vielen Jahren die Schulbank in Bad Wurzach gedrückt und beide waren von dort gemeinsam ins Noviziat nach Passau gegangen. Und nun konnten sie in München erneut zusammenarbeiten. Eine Aufgabe der beiden Kaplane war der Religionsunterricht, der zur damaligen Zeit besonders brisant war, wie sich P. Benedikt erinnert: „Wir erlebten die 68-er Jahre zusammen in der größten Schule Münchens in der Fürstenriederstrasse."[68] Die junge Generation hatte sich erhoben, wollte ihre Meinung kundtun und sich nicht mehr in irgendein Schema pressen lassen. Da war Pater Berno genau der richtige Ansprechpartner, denn auch er hatte sich sein ganzes Leben lang nur ungern in ein Schema pressen lassen und trotzdem hatte er gelernt, sich unterzuordnen. Die Schüler schätzten ihn, weil er sie ernstnahm, sich auf ihre Diskussionen einließ und ihnen trotzdem so manchen Denkanstoß gab.

Auch in der Kirchengemeinde war Pater Berno besonders bei der Jugend sehr beliebt – natürlich wieder in Kombination mit seiner geliebten Musik. „Zu jener Zeit führten wir beide zusammen die sogenannte rhythmische Messe ein, despektierlich auch ‚Jazzmesse' genannt", erinnerte sich P. Benedikt. „Jeden Monat einmal spielte Pater Berno mit der Jugendgruppe in der Kirche. Das zog viele Jugendliche an. Unsere Pfarrkirche St. Willibald war voll, sehr zum Ärger der evangelischen Nachbarkirche."[69] So ein Menschenauflauf konnte natürlich nicht lange verborgen bleiben und irgendwann stand prompt das ZDF vor der Türe und wollte eine Übertragung des Gottesdienstes im Fernsehen bringen. Die beiden jungen Kapläne sagten begeistern zu, auch wenn damals nur *Wortgottesdienste* übertragen werden durften. Die Klostergemeinschaft war weniger angetan und distanzierte sich eher: „Das ist die Sache von euch beiden. Wir halten den Kopf nicht hin, wenn Kardinal Döpfner euch zur Rechenschaft zieht."[70] Doch das Münchner Kirchenoberhaupt hatte nichts zu beanstanden, nur von einigen Gemeindemitgliedern gab es Widerstand: „Das ist afrikanische Musik, die zu uns nicht passt. Das ist eine gottlose Musik, die nicht in die Kirche gehört." P. Berno und P. Benedikt ließen sich von diesen Stimmen allerdings nicht beirren. Sie „... standen zusammen und machten weiter. Und die Jugend in der Gemeinde und drum herum war darüber begeistert."[71]

Mit all diesen Aktivitäten verging das Aushilfsjahr sehr schnell, doch leider verzögerte sich das Abitur von P. Godehard, so dass an das geplante eine Jahr ein zweites angehängt werden musste. Dies wollten Bernos Mitbrüder bei der Volksmission allerdings nicht einfach hinnehmen und deshalb schrieb P. Alexius im Januar 1971 noch einmal einen Brief an den Provinzial, um ihn an sein Versprechen vom Oktober 1969 zu erinnern: „Die Verzögerung des Abiturs von P. Godehard hat unseren Verzicht auf P. Bernos Mitarbeit ebenfalls verzögert und noch schmerzlicher gemacht. Wir haben aber Rücksicht genommen auf die Personalnot in der Münchner Pfarrei. [...] Aber wir meinen, es ist dann nicht mehr Ungeduld von uns, wenn wir P. Berno spätestens am Aschermittwoch, den 24.2.71 wieder für endgültig in Passau erwarten. Darum bitten wir herzlich."[72]

Dieses Mal kam die Antwort des Provinzials prompt, wenn auch wieder nicht mit der erhofften Botschaft: „„Es ist doch immer gut, wenn man an seine Aufgaben, Pflichten und Versprechen erinnert wird. Es gab jedoch eine nicht unbedeutende Änderung, jedenfalls sehe ich jetzt keine Möglichkeit, P. Berno Rupp nach Passau zurückzuversetzen, ohne in Stuttgart oder München einen Kaplansposten aufzugeben. Das ist zumindest während des Schuljahrs nicht ratsam. [...] Es bleibt die Möglichkeit, diese Frage auf dem *Provinzkapitel* in der Osterwoche zur Sprache bringen."[73] Letztendlich mussten sich die Volksmissionare noch ein wenig länger gedulden, doch im August 1971 war es endlich soweit: Pater Berno erhielt einen Brief von P. Provinzial, dass seiner Rückversetzung in die außerordentliche Seelsorge nun nichts mehr im Wege stehe und er sich ab September 1971 wieder voll und ganz der Volksmission widmen könne.

Volksmission, die Zweite

Dies ließ Berno sich nicht zweimal sagen. Voller Energie und mit etlichen neuen Ideen kehrte er zu seinem Team zurück – und dieses Mal sollte eine lange Zeit vergehen, bis sich an seiner Tätigkeit wieder etwas änderte. In den nächsten 20 Jahren waren die Volksmissionen der Lebensinhalt des unsteten Paters aus Oberschwaben, der darin immer mehr aufging. Die meisten Menschen, die ihn damals kannten und erlebten, waren überzeugt, dass er nun „seine" Berufung gefunden hatte. Man konnte sich nichts vorstellen, was besser zu ihm gepasst hätte. Die Zusammenarbeit zwischen den einzelnen Volksmissionaren war sehr harmonisch, wie P. Eugen Kloos, ein Mitbruder von Pater Berno, berichtete. „Das war nicht selbstverständlich. Schließlich gab es Unterschiede im Temperament und auch in der Art und Weise der theologisch-moralischen Auslegung."[74] Doch vielleicht waren es gerade diese Unterschiede, die die Volksmissionare damals so erfolgreich machten. Durch ihre verschiedenen Schwerpunkte konnten sie ein breites Publikum in den Gemeinden erreichen, denn die Menschen dort waren genauso vielfältig wie die Patres.

Auch in der Volksmission spielte Pater Bernos musikalische Begabung wieder eine zentrale Rolle. „Pater Berno nahm immer seine Gitarre mit und sang und spielte. Der Rhythmus beflügelte zuerst ihn selbst und mit dem ganzen Körper kam er richtig in Schwung. Er schwebte dabei mit seinem Leichtgewicht oft zusammen mit seiner Gitarre den ganzen Altarraum entlang", erinnert sich P. Benedikt, der ebenfalls eine Zeit lang in der Volksmission arbeitete. „Weil einmal die Jugendlichen nicht mitsangen, eilte er die Altarstufen hinab und sprang auf die erste leere Bank hinauf und versuchte in der Nähe die Buben und Mädchen mit seinem Gitarrenspiel mitzureißen."[75] Durch die Musik kam Berno sehr schnell mit den Menschen vor Ort in Kontakt, denn er nutzte sie unter anderen, um ein „Wir-Gefühl" zwischen den Missionaren und den Gemeindemitgliedern herzustellen: „Er erkundigte sich, welche musikalischen Gruppen am Ort wirkten und versuchte, sie für die Gestaltung von Gottesdiensten zu gewinnen und in die Programme einzubinden. Wo es solche nicht gab, erfragte er die einzelnen Instrumentalisten, die vor Ort waren, und formierte sie zu einer Gruppe. Seine Notenkenntnisse erlaubten es ihm, Noten kurzfristig umzuschreiben, um ein gemeinsames Auftreten möglich zu machen", erzählte P. Leonhard.[76]

Auch Bernos Art der Verkündigung kam in den Kirchengemeinden sehr gut an und sie wurde auch von seinen Mitbrüdern als Bereicherung des Teams geschätzt. Sein Kollege P. Eugen Kloos erinnert sich noch lebhaft an die gemeinsamen Missionen: „Bei der Fahrt zu den Volksmissionsorten konnte es P. Berno kaum erwarten, bis wir an dem Ort angelangt waren, wo die Volksmission stattfand. In regem Gespräch legte er dem Ortspfarrer nahe, was in nächster Zeit ansteht. P. Berno war in seiner Verkündigung sehr lebhaft, überzeugend und begeisternd. Seine Stärke war, frei zu predigen und spontan zu sein. Die Leute waren von ihm ganz ergriffen. Er verstand es, das Wort Gottes verständlich und zu Herzen gehend zu verkünden. Insbesondere bei Diskussionsabenden legte er den Leuten eindringlich nahe, besonnen Fragen des Glaubens und der Sittenlehre zu überdenken und nicht einfach gedankenlos annehmen, was in Kirche und Welt gesagt wird. Es war ihm wichtig, nachzudenken, mitzudenken und selber zu denken. So legte er großen Wert, sich am eigenen Gewissen zu orientieren. Das dürfe man aber nicht so verstehen, dass man einfach tun und lassen kann, was man will. Gewissensentscheidung beinhalte Mitverantwortung, und auch etwas tun, das Überwindung kostet."[77]

Neben diesen Stärken zeigte sich schon bald eine weitere Begabung von Pater Berno, die man ihm gar nicht zugetraut hätte: Bei aller Kreativität, Spontanität und Unkonventionalität konnte er sehr gut organisieren und planen. Aus diesem Grund wurde er 1986, als P. Alexius die Leitung der Volksmission abgab, zum Leiter der Gruppe ernannt. Nun war es an ihm, die einzelnen Missionen zu koordinieren und aufeinander abzustimmen. Dazu musste Pater Berno vor allem im Vorfeld mit Bischöfen, Pfarrern und Verantwortlichen in den Diözesen sprechen, die verschiedenen Einsatzorte planen und die einzelnen Patres auf die Missionen verteilen. Trotz der vielen Korrespondenz und den anderen zusätzlichen Aufgaben wollte Berno natürlich auch weiterhin an möglichst vielen Missionen mitwirken – und am Ende waren es vielleicht sogar noch mehr Einsätze als zuvor.

Zusätzlich zu den klassischen Gemeindemissionen führte das Team der Volksmissionare auch weiterbildende Tage, Einkehrtage und Exerzitien sowie die bereits erwähnte „Aktion geistlicher Berufe" durch. Auch daran beteiligte sich Berno sehr rege und begeistert. Ein Beispiel dafür sind die Einkehrtage im Gymnasium Bad Wurzach, die als Großaktion für die Berufswerbung geplant waren. Die Schüler sämtlicher Klassen hatten während den Tagen diverse religiöse Themen bearbeitet und zum Abschluss der Woche fand ein Gottesdienst in der Kollegskirche statt, dessen musikalische Gestaltung Pater Berno übernommen hatte. „Um den Blickkontakt mit allen zu finden und zu halten, saß Berno mit dem Rücken zum Altar auf der ersten Bank und begleitete die modernen Lieder mit seinem Instrument, das er mehr als Schlagzeug behandelte. Es war eine Freude mitzuerleben, wie der Funke der Begeisterung auf alle jungen Leute übersprang und sie etwas von der Freude des Glaubens erleben konnten. Da stand mir der Brief unsres Provinzials P. Markus Huchler vor Augen, der uns einen guten Verlauf dieses Großereignisses wünschte und meinte, wir sollten achtgeben, dass die Schüler keinen geistigen Sonnenbrand erhalten, wenn P. Berno das Lied: Gottes Liebe ist wie die Sonne! mit seiner Gitarre begleitet", erinnerte sich P. Leonhard, der damals für die Organisation der Einkehrtage zuständig war.[78]

Exkurs Mission

Pater Berno schien voll und ganz in der Arbeit als Volksmissionar aufzugehen und kaum jemand dachte noch daran, dass er seinen Platz ursprünglich in der Auslandsmission gesehen hatte – am liebsten in Russland. Er selbst hatte diesen Traum jedoch keineswegs vergessen und wartete noch immer auf „seine Gelegenheit". Bereits 1975 hatte er mit einem Mitbruder darüber gesprochen, ob vielleicht „Formosa", wie Taiwan damals genannt wurde, ein Platz für ihn wäre, und als er im Sommer 1981 einen Bericht vom Missionssekretär des Ordens über die Mission in Taiwan hörte, sah er seine Stunde gekommen. Weil Berno ein Mann der Tat war, sprach er auch gleich mit P. Aloysius Chang, dem Superior der Niederlassung Ilan in Taiwan, der gerade auf einer Tagung in Deutschland war. Außerdem schrieb er seinen Mitbruder und Freund P. Andreas Mohr an, der ebenfalls in Taiwan arbeitete.

Im nächsten Schritt brachte er sein Anliegen bei seinem derzeitigen Provinzial P. Richard Zehrer vor: „Ich vertraue, dass du in deinem Denken und Glauben ganz offen bist für die missionarischen Aufbrüche, denen sich P. Jordan und damit für immer auch unsere Gemeinschaft ausgeliefert hat. Bei der Lektüre des Jahrhundertbuches wird mir bewusst, dass schon für den Studenten Jordan China eine große Rolle gespielt hat. [...] Darum möchte ich deiner Entscheidung als Provinzial mein Drängen überlassen, den Rest meines Lebens ganz für die Mission in China da zu sein. Ich darf wirklich sagen, dass es sich hier bei mir nicht um eine Laune handelt. Ich habe lange nicht nur darüber nachgedacht, sondern auch darunter gelitten. Ich muss es dir – gerade auch als dem Verantwortlichen sagen – dass Er mich dazu gebracht hat, mich zu Wort zu melden. Ich bete darum, dass du und wer immer hier mitentscheiden muss, ganz frei und apostolisch entscheidet, und ich, wo immer ich sein soll, darin Gottes Willen erkenne."[79]

Von P. Andreas und P. Aloysius erhielt Pater Berno fast umgehend eine sehr positive Rückmeldung, denn beide konnten sich gut vorstellen, dass er eine große Bereicherung für die Mission in Taiwan wäre. Sie gaben ihm bereits Ratschläge, was er mitnehmen und wie er sich am besten in Taiwan einbringen könnte. Die Reaktion von P. Richard Zehrer war hingegen nicht so überschwänglich. Auch wenn er das Missionsanliegen sehr ernst nahm, hatte er dennoch Bedenken, ob der Zeitpunkt der Richtige sei und ob Pater Berno nicht gerade jetzt, „wo bei uns junge Menschen wieder nach religiöser Ausrichtung und Führung fragen", in der Volksmission in Deutschland gebraucht wurde. Aufgrund seines bevorstehenden Wechsels nach Rom wollte P. Richard die letztendliche Entscheidung dem neuen Provinzial überlassen. Dennoch versprach er Berno, die Angelegenheit mit nach Rom zu nehmen.

Und in Rom lag die Anfrage dann bereits vor: P. Aloysius Chang hatte direkt nach seiner Rückkehr aus Deutschland die Bitte um Freigabe von Pater Berno als Missionar für die Salvator-Mission in Ilan, Taiwan, Republik China an das *Generalat* in Rom geschickt. Die Angelegenheit wurde in Rom tatsächlich sehr zeitnah besprochen, und am 10.10.1981 ging ein Brief mit einer Empfehlung an die Süddeutsche Provinz nach München, wo die letztendliche Entscheidung getroffen werden musste. Allerdings sah diese Empfehlung nicht ganz so aus, wie sich Pater Berno und die Mitbrüder in Taiwan das gewünscht hätten: „1. P. Berno ist bereits 46 Jahre alt. 2. Er versteht die einschlägige Sprache nicht. 3. Die Patres der Süddt. Provinz werden zahlenmäßig immer weniger. Das Generalat würde es daher für besser und geeigneter halten, an Stelle von P. Berno Rupp einen jüngeren Pater aus der zahlenmäßig viel stärkeren polnischen Provinz zu erbitten."[80]

Pater Berno hatte zu diesem Zeitpunkt bereits erkannt, dass er möglicherweise zu voreilig gehandelt hatte, als er auf P. Andreas und P. Aloysius zugegangen war. Deshalb schrieb er an P.

Richard: „Ich fühle es selbst fast deplatziert, gerade zu diesem Zeitpunkt (P. Franz fällt aus und du musst nach Rom) damit zu kommen; andrerseits geht es mir wirklich nur um Mitteilung dessen, was in mir klar geworden ist, um dann dies mit in die weitere Planung und Erwägung zu ziehen, so oder so."[81] Als deshalb sein neuer Provinzial und früherer Schulkamerad P. Nikolaus Wucher im Januar 1982 das Gespräch mit ihm suchte und ihm mitteilte, dass sie sich gegen seine Versetzung entschieden hatten, verzichtete Pater Berno bereitwillig auf seinen Einsatz in Taiwan. Allerdings „... wollte er betont wissen, dass der *Ehrwürdige Vater* auch unter größten personellen Schwierigkeiten Neugründungen und Missionsarbeit vorangetrieben hat. Auch die Provinzen sollten in diesem Sinne handeln."[82] Genau das schrieb P. Nikolaus Wucher schließlich am 25. Februar 1982 in seinem Brief an das *Generalat* in Rom, mit dem die Angelegenheit „P. Berno Rupp in Formosa" endgültig abgeschlossen war.

Die Bildung eines Netzwerkes

Und damit blieb Pater Berno der Volksmission weiter erhalten – und das war gut so, wie sich später herausstellen sollte, denn Gott hatte für ihn noch etwas Besonderes vorbereitet. In den kommenden Jahren lernte Berno auf den Volksmissionen sehr viele Menschen kennen, und weil viele Leute begeistert von ihm und seiner Art der Glaubensverkündigung waren, blieben sie auch nach der Mission mit ihm in Kontakt. Unzählige Briefe und Karten erreichten den unkonventionellen Pater, die einerseits voller Begeisterung und großer Dankbarkeit waren, andrerseits aber auch Fragen zu persönlichen und theologischen Themen, Gebetsanliegen und ähnliches enthielten. Und Pater Berno beantwortete sie alle, so wie er das bereits mit den Briefen aus seinen früheren Gemeinden in München und Stuttgart-Giebel tat. Auch hier galt für ihn das Motto: *Keiner wird vergessen.*

Im baden-württembergischen Albershausen lernte er beispielsweise den Pfadfinderleiter Winfried Kuhn kennen, bei dem
er während der zweiwöchigen Gemeindemission übernachten
konnte. Sehr schnell entdeckten die beiden Männer viele
Gemeinsamkeiten und wenn Pater Berno spät abends nach seinen Veranstaltungen zurück zu den Kuhns kam, tauschten sie
sich noch bis tief in die Nacht über Gott und die Welt aus. Für
Winfried Kuhn war diese Begegnung mit Pater Berno lebensver-
ändernd, denn er hatte damals viele Anfragen an die katholische
Kirche und bereits mit dem Gedanken gespielt, ob er nicht austreten sollte. Und Pater Berno redete ihm das gar nicht aus, sondern betonte: „Bevor du deinen Glauben verlierst, geh lieber in
eine andere Kirche." Die nächtlichen Gespräche und die Art, wie
Pater Berno während der Glaubensmission in Uhingen und
Albershausen auftrat, bewirkten allerdings das Gegenteil bei
Winfried Kuhn. Er dachte sich: „Wenn katholisch auch so sein
kann wie Pater Berno, hatte ich wieder Hoffnung für meine Kirche. Bei ihm habe ich gelernt, dass Glaube und Tun auch in einer
etablierten Kirche möglich ist und dass es sich nicht ausschließt.
Man muss einfach seinen eigenen Weg finden und nicht alles
nachmachen, was die große Kirche macht." Auch nach der
Gemeindemission blieben Winfried und Cordula Kuhn in regem
Kontakt mit Pater Berno und es entwickelte sich eine sehr intensive Beziehung, die bis zum Tod von Pater Berno bestehen bleiben sollte.[83]

Zwei andere Personen, die Pater Berno im November 1989 bei
der Volksmission im österreichischen Groß St. Florian kennenlernte, waren der *Diakon* Johann Pucher und seine Frau Maria.
Auch zwischen ihnen entstand sofort eine Verbindung, als sie
sich bei der Vormission kennenlernten. Die Puchers waren
begeistert von Pater Berno und seiner Art, über den Glauben zu
sprechen, und es gefiel ihnen sehr, dass es für ihn offensichtlich
keine kirchlichen Tabus gab. „Bei der Vormission hat ihn eine
Frau gefragt, wie wir mit Leuten umgehen sollen, die anfangen,

über die Kirche zu schimpfen", erinnerte sich Maria Pucher. „Darauf sagte Pater Berno: Ja, wenn sie recht haben, dann schimpfen sie doch mit! Die alte Pfarrersköchin hat es ,fast vom Sessl ghaun', dass er als Pater so etwas sagte. Früher hat man ja eher beschwichtigt und die Kirche in ein gutes Licht gesetzt, aber davon hat Pater Berno überhaupt nichts gehalten." Während der eigentlichen Glaubensmission vertiefte sich die Beziehung zwischen den Puchers und Pater Berno, der die eher traditionelle österreichische Gemeinde mit seinem Temperament und seiner Spontanität so richtig in Schwung brachte. „Einmal hat ein anderer Pater eine Predigt gehalten und Pater Berno hat gemerkt, dass es so nicht passt. Deshalb hat er die nächste Predigt dann selbst gehalten. Wenn er gesehen hat, dass etwas nicht funktioniert, hat er gleich eingegriffen und es so verändert, dass es für die Menschen ein Gewinn war." Für Johann und Maria war es selbstverständlich, dass sie nach Beendigung der Aktion weiterhin in Kontakt mit Pater Berno blieben. Sie besuchten ihn in Passau auf dem Klosterberg und im Sommer darauf kam Maria Pucher sogar in den Genuss, eine Gruppenreise mit Pater Berno nach Israel zu machen, von der sie auch heute noch schwärmt.[84]

Neben diesen exemplarischen Personen entstanden im Laufe der Zeit noch viele weitere Kontakte mit ganz unterschiedlichen Menschen aus Süddeutschland, Österreich und anderen Regionen und Ländern. Sie alle hatten eines gemeinsam: Sie waren begeistert von Pater Berno und seiner Art, den christlichen Glauben zu leben und ihn ganz praktisch im Alltag umzusetzen. Und sie wollten gerne weiterhin von seiner Lebensweise, seiner Verkündigung und seinem Wirken be-geistert werden. Damals ahnte jedoch noch keiner, wie wichtig diese Kontakte schon bald werden würden. Denn auch wenn die Volksmissionen nach wie vor großen Zulauf in den Pfarreien hatten und die Kirchen voll waren, kam immer wieder die Frage auf, ob diese Art der Verkündigung noch zeitgemäß war und ob sich der damit verbundene Aufwand lohnte. Die Pfarrer bemängelten immer öfter, dass der Kirchenbesuch nach den Gemeindemissionen nicht besser war und dass man in der Pfarrgemeinde keine spürbare Änderung bemerken würde. Pater Berno reagierte auf solche Aussagen folgendermaßen: „Der Erfolg einer Mission lässt sich im Grunde nicht messen, nicht in Zahlen, schon gar nicht kurzfristig. Der Schwerpunkt einer Mission liegt in dem Bemühen, dass der Mensch eine Gottbegegnung erfährt, dass er die Freude am Glauben erfährt. Und wenn jemand nach zehn Jahren an diese Gottbegegnung erinnert wird und er dann wieder mehr zu Kirche und Gott findet, wäre dies eben der langfristige Erfolg einer Volksmission. Es würde sich also gelohnt haben!"[85]

Den Oberen der Salvatorianer war dieser Wert der Volksmission, den Pater Berno immer wieder herausstrich, durchaus bewusst. Dennoch wurde auch bei ihnen die Frage immer lauter, ob man dieses *Apostolat* noch weiter durchführen konnte, denn es benötigte sehr viele Mitarbeiter. Und auch an den Salvatorianern war der Rückgang des Priesterstandes in Deutschland in den letzten Jahren nicht vorübergegangen. Pater Berno setzte sich entschieden für die Beibehaltung dieses wichtigen Dienstes ein, doch leider ohne Erfolg. Im September 1990 wurde auf dem *Provinzkapitel* „... die Auflösung der derzeitigen Gruppe der Volksmissionare" beschlossen, um die Patres in anderen Bereichen einzusetzen, deren Arbeit mangels Mitarbeiter gefährdet war."[86] Dabei betonten die Oberen, dass sie damit keinesfalls die Arbeit der Volksmissionare in Frage stellen wollten. „Wir mussten einfach nach einer Lösung suchen, wie wir die *Apostolate* weiterführen können, auf die wir heute unser Schwergewicht legen wollten."[87]

Und damit war klar, dass es im Leben von Pater Berno eine neue Zäsur geben würde – und das Timing dafür könnte man fast als göttlich bezeichnen. Denn auch wenn Pater Berno sich in den letzten zwanzig Jahren voll und ganz in der Volksmission investiert hatte, war sein Herzenswunsch doch nie gestorben: Er wollte als Missionar ins Ausland zu gehen, am liebsten nach

Russland. Und gerade Russland war nun offener als je zuvor. Durch Gorbatschows „Perestroika" (d.h. Umgestaltung) und „Glasnost" (d.h. Offenheit) war in der Sowjetunion in den letzten Jahren sehr viel in Bewegung geraten. Die ersten Staaten waren bereits aus der Union ausgetreten und durch die Revolutionen in den osteuropäischen Ländern war die Russlandmission tatsächlich in greifbare Nähe gerückt. Sollte nun die Stunde gekommen sein, in der sich Pater Berno endlich in den Osten begeben konnte, worin er bereits als junger Mann seine Berufung gesehen hatte?

Der Reisende – oder: „Der Weg wählte mich!"

Bevor wir zur nächsten Station in Pater Bernos Leben kommen, müssen wir allerdings zuerst einige Jahre zurückgehen, denn in den Erzählungen über seine verschiedene Tätigkeitsfelder als Ordensmann und Priester haben wir eine wichtige Sache übersprungen: Seine Reisen. Und diese Reisen zeichneten ihn genauso sehr aus wie seine Arbeit und sein Leben als Salvatorianer, denn dabei handelte es sich nicht etwa um gewöhnliche Urlaubsreisen. Und es waren auch keine Abenteuerreisen, obwohl das Abenteuer zumindest eine gewisse Rolle dabei spielte. In erster Linie war Pater Berno jedoch als Pilger unterwegs, das heißt, er reiste bewusst mit und für Gott – am liebsten zu Fuß. Das Pilgern hatte in der Familie Rupp eine lange Tradition und Pater Berno war bereits als Kind auf so mancher Fußwallfahrt zu katholischen Orten gewesen, zum Beispiel zur Basilika nach Weingarten. Er hatte es kennen und schätzen gelernt, das Gehen bewusst mit Gebet zu verbinden, z.B. mit dem *Rosenkranz*, und sich so ganz auf Gott auszurichten. Im Unterschied zu vielen heutigen Pilgern ging es Pater Berno also nicht um Selbstfindung, sondern vor allem um das Finden von Gott und um die Begegnung mit Ihm. P. Hubert Veeser, der aktuelle deutsche Provinzial, beschrieb das folgendermaßen: „Pilgern war Gottesdienst für Berno."[88]

P. Benedikt Laib erinnert sich noch gut, wie Berno auf dem Heimweg von der Volksmission des Öfteren eine Station früher aus dem Zug stieg und den Rest der Strecke zum Klosterberg zu

Fuß zurücklegte, weil er sich fit halten wollte. „Er hatte immer schon vor, ins Heilige Land, nach Santiago und nach Fatima zu Fuß zu pilgern."[89] Und darauf bereitete er sich gewissenhaft vor. Weil solche lange Touren viel Zeit in Anspruch nehmen würden, sparte Berno seine Urlaubstage über mehrere Jahre auf, um einige Wochen, bzw. Monate am Stück „auf Gottes Wegen" unterwegs sein zu können. Doch die erste große Reise, die er in seinen Jahren als Volksmissionar unternahm, war zur damaligen Zeit zu Fuß nicht möglich und es war auch keine „richtige" Pilgerreise: Sie ging in das Land, das so sehr auf seinem Herzen brannte.

Russland

Pater Bernos Schwester Berta hatte bei der Geburt ihres Sohnes Christoph neben der Frau eines Professors der Pädagogischen Hochschule gelegen, der „... auch so ein Russofile ist und seit Jahren Fahrten nach Russland organisiert." Nach einigen Gesprächen zwischen Berta und dem Professor „... wurde ausgemacht, dass P. Berno da mitfahren soll. Die Geldfrage würden sie schon regeln". Zuerst winkte Berno ab, doch als er an Weihnachten 1968 in Meckenbeuren war, „... setzte mir der ganze Clan zu, etwas zu tun." Deshalb sprach er nach seiner Rückkehr in Passau mit dem dortigen Superior, ob es möglich wäre, in seinem Sommerurlaub eine Reise mit „Roteltours" nach Russland zu machen. Nachdem dieser den Plan befürwortete, schrieb er an seinen Provinzial und bat um die Erlaubnis, von 1.8.–2.9.1969 eine Ferien- und Studienreise nach Russland zu machen, und sie wurde ihm tatsächlich bewilligt.[90] Nun konnte sich Pater Berno endlich selbst ein Bild von diesem Land machen, das ihm so sehr am Herzen lag. Die Reiseroute sollte über München, Prag, Breslau und Warschau in die Sowjetunion gehen, wo Minsk, Moskau und das Kloster Zagorak auf dem Programm standen, bevor es weiter in Richtung Süden bis nach Jerewan ging. Der Rückweg beinhaltete eine Fahrt über das Schwarze Meer, bevor die Reise- gruppe über Kiew in die Slowakei und weiter nach Österreich und Deutschland gelangen sollte. Allein in der Sowjetunion waren mehr als 7.000 Reisekilometer geplant.

Zu Beginn seiner großen Reise bat Pater Berno seinen Mit- bruder P. Benedikt, ihn mit dem Auto zur A8 München-Salzburg zu bringen, um dort in den „Rotelbus" umzusteigen. „Ich fragte: ,Was ist das denn, ein Rotel?' Er meinte darauf: ,Ein Bus mit Anhänger, in dem die Fahrgäste übernachten.' ,Und was soll das?' Darauf Pater Berno: ,Mit dieser Art Bus kommt man an Orte, wo es keine Hotels gibt. Und dazu ist das Ganze viel billiger als sonstige Reisen!' P Berno war immer für Einfachheit und die Armut war für ihn ein kostbares Gut. ,Und wohin geht die Reise?' ,Nach Russland', sagte er. ,Meine Eltern haben mir diese Reise bezahlt, denn sie soll die Bekehrung Russlands im Sinn der Worte Mariens in *Fatima* bringen."[91]

Für Berno war die Reise kein „normaler" Urlaub, auch wenn sie von einem Tourismusunternehmen veranstaltet wurde und es ein festes Programm gab. Für ihn war sie der nächste Schritt auf dem Weg zu seinem Ziel, als Missionar in Russland zu wir- ken. Er erklärte P. Benedikt: „Die Bekehrung Russlands ist das Ziel meiner Reise. Und den Rosenkranz nehme ich mit." Wäh- rend der ganzen Fahrt nach Russland betete er einen Rosen- kranz nach dem anderen, fest im Glauben an die Worte der Got- tesmutter an die Hirtenkinder in Fatima: „Wenn die Menschen sich bekehren und den Rosenkranz beten, wird Russland sich bekehren."[92]

Anfang September kehrte Pater Berno von seiner großen Reise zurück – teilweise etwas ernüchtert. Vor der Reise hatte er dem sowjetischen Kommunismus auch einige positive Aspekte abgewinnen können, denn er dachte, dass dieser im Grunde genommen etliches mit dem Christentum gemeinsam hätte, wie z.B. die soziale Einstellung gegenüber Menschen. In Russland hatte Berno dann allerdings das wahre Gesicht des Kommunismus kennengelernt und gesehen, dass vieles eher Propaganda war, die in Wirklichkeit ganz anders gelebt wurde. Bei einer Volksmission in seiner früheren Gemeinde in Stuttgart-Giebel erzählte er in einem kleinen Kreis von seiner Reise. Dietmar Stollberg erinnert sich noch: „Eines Abends kam er in eine Ortschaft, wo er eine Kirche entdeckte und hineinging. Jetzt war das Gebäude ein Lagerschuppen. Ein Mann sah ängstlich nach ihm. Wie sich herausstellte, war er ein Pope." Dieser Pope erzählte Pater Berno dann auch einiges über das wahre Leben unter dem sowjetischen Kommunismus und welche Einstellung der Staat tatsächlich gegenüber der Kirche hatte.[93] Dabei erkannte Berno, dass sein Traum von der Russland-Mission wohl noch einige Jahre warten musste. Wahrscheinlich hatten seine Oberen doch recht gehabt, als sie damals – und auch jetzt – nicht gleich auf seinen ernsthaften Wunsch reagiert hatten. Und so trat Berno nach seiner Russlandreise zuerst einmal seinen Dienst als Kaplan in St. Willibald in München an.

Heilig-Land-Reise

Doch das Reisen und Pilgern war damit noch lange nicht aus Pater Bernos Herz verschwunden, im Gegenteil. Bereits im darauffolgenden Jahr plante er die nächste Reise – und dieses Mal wollte er tatsächlich zu Fuß gehen, wie das beim Pilgern eigentlich üblich ist. Sein Ziel war Israel, das Heilige Land, aus dem der „Salvator" Jesus kam und das damit die Geburtsstätte des Christentums war. Weil Israel von Passau fast 4000 km entfernt ist und dazwischen einige kommunistische und muslimische Länder lagen, durch die man in den 1970er Jahren unmöglich wandern konnte, war klar, dass Pater Berno nur bestimmte Teile der Strecke zu Fuß gehen konnte. Doch zumindest in Griechenland und in der Türkei wollte er auf den Wegen des Paulus gehen, und auch im Heiligen Land plante er ausreichend Zeit für Wanderungen ein. Außerdem lag auf seiner Strecke noch ein besonderes Ziel, das er als Liebhaber der Orthodoxie gerne durchwandern wollte: die autonome orthodoxe Mönchsrepublik auf dem Athos, die unter griechischer Souveränität stand.

Pater Berno wollte die Reise anlässlich seines 40. Lebensjahres machen, in dem er sich eine besondere Zeit mit Gott nehmen wollte. Um genügend Zeit für die Reise zu haben, bat er seine Oberen um Beurlaubung für ein halbes Jahr, was sie ihm nach einigen Bedenken bzgl. der Machbarkeit und Sicherheit einer solchen Reise schließlich auch gewährten – unter einer Bedingung: Er sollte einen Reisegefährten mitnehmen. Auch wenn Pater Berno das so nicht geplant hatte, machte er sich gehorsam auf die Suche nach einem Partner und fand ihn schließlich auch. Anschließend ging es ans Planen und Vorbereiten. Die genaue Reiseroute musste festgelegt und strategische Orte gefunden werden, an denen die Pilger unterwegs postalisch erreichbar waren. Außerdem musste Pater Berno sein Gepäck genauestens planen und vorbereiten, denn schließlich musste er jeden Gegenstand, den er mitnahm, auch tragen. Marieluise wurde beauftragt, ihm seine Pilgergarderobe zu nähen – und die Vorgaben ihres Bruders für die einzelnen Kleidungsstücke enthielten Grammangaben!

Anfang April 1975 wollten die beiden Pilger mit dem Zug über den Balkan nach Griechenland fahren, wo Berno neben dem Athos vor allem Athen und einige Ziele auf dem Peloponnes eingeplant hatte. Anschließend sollte es mit der Fähre in die Türkei gehen, wo die beiden auf den Pfaden des Apostels Paulus in Richtung Osten wandern wollten, um schließlich Ende Juni von Tarsus aus mit einer Fähre ins Heilige Land zu reisen. Die restlichen drei Monate waren im Heiligen Land selbst geplant, bevor Anfang Oktober die Rückreise per Schiff nach Italien anstand. Als Pater Berno den Auslandsseelsorger Paul Pfaff wegen Übernachtungsmöglichkeiten in Athen anschrieb, antwortete ihm dieser mit einer Gegenfrage: Könnte Pater Berno sich vorstellen, seine Urlaubsvertretung zu übernehmen, damit er selbst während des orthodoxen Ostern nach Deutschland reisen könnte? Spontan sagte Berno zu und er freute sich sogar darauf, das orthodoxe Ostern in der griechischen Hauptstadt zu verbringen.

Soweit der Plan. Leider fiel der Reisegefährte in letzter Minute aus, so dass sich Pater Berno nun doch alleine auf den Weg machen musste. Auch wenn sich sein Provinzial P. Markus Huchler dabei nicht ganz wohl fühlte, gab er ihm letztendlich seinen Segen zu der großen Reise: „Als Provinzial bin ich nach wie vor in Verlegenheit. Das Unternehmen ist deinerseits religiös fundiert und gut vorbereitet, wenngleich die *Kautelen* nicht erfüllt werden konnten, die P. Karl noch auferlegt hat. Ich hoffe, dass eine Begleitung unsererseits dennoch möglich ist, wie du diese vorgesehen hast. [...] Ich bitte dich, kein Risiko einzugehen, das unverantwortlich wäre. [...] Wir wollen dich ja gesund zurück haben. Du sollst weiter deine Arbeit und den Segen einbringen. Also bitte keinen falschen Stolz an der falschen Stelle einsetzen. [..] So also, pilgere in Gottes Namen, von ihm und seinen heiligen Engeln beschützt und geleitet. Nimm unsere Anliegen mit auf deinen Weg und ziehe uns alle ein Stück näher nach der Heiligen Stadt!"[94]

Und so bestieg Pater Berno am 2. April 1975 den Zug in Passau, um über Zagreb, Belgrad und Skopje nach Saloniki[95] zu fahren, wo die eigentliche Fußwallfahrt in Richtung Athos begann. Für die 140 km bis zum Fährhafen Ouranopoli, von wo aus er auf den Athos übersetzen wollte, hatte Berno lediglich zweieinhalb Tage angesetzt, was natürlich zu Blasen an den Füßen führen musste, die er jedoch sehr gelassen hinnahm. Anschließend begannen neun unvergessliche Tage auf dem Athos, wo sich 20 orthodoxe Großklöster und diverse Skiten[96] befinden, von denen Berno möglichst viele besuchen wollte. Dabei machte er ganz unterschiedliche Erfahrungen. Über das Kloster Filotheo, das er gleich nach seiner Ankunft besuchte, schrieb er: „Die Nacht und der Tag in Filotheo war ganz gekennzeichnet vom ausgeschlossen sein, weil ich katholischer Geistlicher bin. Weder beim Essen noch bei den Feierlichkeiten durfte ich teilnehmen und die Kirche habe ich nicht von innen gesehen."[97] In anderen Klöstern wurde er herzlicher aufgenommen. Er durfte teilweise sogar an der Liturgie teilnehmen und kam mit etlichen Mönchen ins Gespräch über den Glauben und die unterschiedlichen Lehren der beiden Kirchen. Die Tage vergingen wie im Flug und schon bald war der 15. April gekommen, an dem er Abschied vom Athos nehmen musste.

Den Rückweg nach Saloniki legte er erneut in zweieinhalb Tagen zurück und nach einer kurzen Pause startete er am 21. April die nächste Etappe seiner Reise nach Athen. Berno hatte sich vorgenommen, am orthodoxen Ostersonntag in Athen anzukommen und tatsächlich schaffte er die 530km lange Strecke, auf der er bis zu 1.000 Höhenmeter überwinden musste, in nur 13 Tagen. In den ersten Tagen versuchte er noch, um die Mittagszeit eine warme Suppe oder etwas Ähnliches aufzutreiben, doch weil das nur selten möglich war, begnügte er sich bald mit Brot, Feigen und Wurst. Denn schließlich sollte ein Pilger bescheiden sein: „Ich darf nicht pro Tag 10 DM brauchen, da ich ja 200 Tage auf Reisen bin und für die Rückfahrt Haifa-Neapel werden wahrscheinlich 400 DM draufgehen. Von jetzt ab also nur Brot und Wasser, soweit es nur geht.", schrieb er nach Hause.[98] Auch hinsichtlich der Übernachtung stellte er keine großen Ansprüche. Bei einer Schafherde, in einer Bushaltestelle oder einer alten Scheune, unter einem alten Lastwagen oder sogar in einem alten Grabmal fand er sein Nachtquartier. Hauptsache, er hatte ein Dach über dem Kopf, denn leider war es auf dieser Etappe oft regnerisch und für Ende April auch ziemlich kühl, so dass Berno Mühe hatte, seinen Militärschlafsack trocken zu halten.

Für die Daheimgebliebenen war es nicht einfach, dass der spartanische Berno ganz alleine unterwegs war. So schrieb

Marieluise: „Wir machen uns schon Sorgen mit dir, wegen dem Essen und Schlafen. Schreib uns bitte, bitte, wenn wir was schicken sollen, ob Geld oder sonst etwas. [...] In Gedanken bin ich fest bei dir und so kann ich nur beten für dich, dass du wieder zufrieden und gesund zu uns kommst. Fahre bitte mit dem Zug zwischendurch ein Stück, wenn deine Füße nicht mehr mitmachen."[99] Doch das kam für Berno natürlich nicht in Frage und außerdem hatten sich seine Füße mittlerweile an die Schinderei gewöhnt. Aus Athen schrieb er seinen Mitbrüdern in Passau: „Die ersten 1.000km habe ich ganz gut hinter mich gebracht. Nach dem ‚Blasenleiden' auf dem Weg zum Athos habe ich eine harte Haut bekommen, so dass mich jeder Tag mit seiner Wegstrecke freut."[100] Für Berno war das Wandern ein Gottes-Dienst, der nichts mit Bequemlichkeit oder Komfort zu tun hatte. Bei jedem Schritt suchte er Gott und legte Ihm gleichzeitig die Gebetsanliegen vor, die er auf die Reise mitgenommen hatte. Und je länger er unterwegs war, desto mehr schätzten dies auch seine Familienmitglieder, Mitbrüder und Freunde. „Mehr und mehr haben wir dein Anliegen verstehen gelernt und zu schätzen gewusst und sind dir dankbar für Dein Opfer und Gebet", schrieb ihm sein Provinzial aus Rom. „Nur komm gesund wieder zurück! Diese Sorge begleitet uns alle. Gleichzeitig sollst du wissen, dass hinter deinem Opfer und Gebet ein langer Schwanz von Anliegen hergeht, den du mitziehen musst, der dir den Weg nicht leichter machen wird. Hab vielen Dank!"[101]

Am 3. Mai traf Pater Berno in Athen ein und trotz aller Bescheidenheit freute er sich, dass er nun für eine gewisse Zeit in einem Haus wohnen konnte. Er schrieb nach Hause: „Hier in Athen bin ich nun natürlich königlich aufgehoben. Ich schlafe im Bett von Pfarrer Paul Pfaff, der vorgestern nach Hause gefahren ist, aber seine Schwester sorgt ganz prima für mich. Das erste, was ich tat, war ein Bad zu nehmen – das erste Bad seit dem Klosterberg. Ihr werdet euch das Dreckwasser vorstellen können."[102] Nach dem Bad machte sich Berno sogleich auf den

Weg, um einige frühere Studienkollegen aus Rom zu besuchen, die mittlerweile in Athen lebten. „Mit den langen Haaren und dem Bart haben sie mich kaum erkannt, auch wenn sie selbst sich kaum verändert haben", schrieb Berno in sein Pilgertagebuch. Und dann begann die eigentliche Vertretungszeit in Athen, die zwischen diversen Messen und dem Beichthören jedoch noch reichlich Zeit ließ, um Museen und andere Sehenswürdigkeiten in der griechischen Hauptstadt zu besichtigen. Außerdem begab sich Berno nach der Rückkehr von Pfarrer Pfaff auf eine „Kurzwanderung" nach Korinth und auf den Peloponnes, um auch dort den Spuren des Apostels Paulus zu folgen. Trotzdem befürchtete er, „... dass ich in diesen zwei Wochen hier wieder restlos ‚verweichlicht' bin, so sehr war ich umsorgt und verpflegt bei den beiden Pfaffs."[103] Deshalb war er froh, als die eigentliche Reise am 20. Mai weiterging.

Nun stand die Türkei auf dem Programm, die gleichzeitig auch der unberechenbarste Abschnitt der Reise war, denn niemand wusste, wie gefährlich das Pilgern dort tatsächlich sein würde. Das erste Hindernis stellte bereits die Anreise dar: Weil es keine Fähre in die Türkei mehr gab, wollte Pater Berno eigentlich mit einem LKW nach Konstantinopel fahren, um von dort aus per Bus nach Smyrna zu fahren, doch leider klappte das nicht. Berno blieb zuversichtlich, denn „... ich hoffe, dass Er (Gott) mir auch in der Türkei treu bleibt, nein – ich weiß – Er bleibt es, es liegt nur daran, dass ich treu bleibe."[104] Deshalb startete er den nächsten Versuch: Er fuhr mit dem Schiff auf die Insel Samos, weil ihm „... ein ‚Fachmann' versicherte, dass täglich von Samos nach Kusadasi kleine Fischerboote verkehren."[105] Dem war aber nicht so, denn die Regierung hatte sämtliche Verbindungen in die Türkei verboten, und so musste Berno schweren Herzens zurück nach Athen fahren. Nun blieb ihm nur noch der Landweg mit dem Bus bis an die griechisch-türkische Grenze, um sich von dort aus zu Fuß über die Grenze zu schlagen. Doch auch auf dieser Fahrt gab es Schwierigkeiten, denn

Berno vergaß in der Eile seinen Fotoapparat in dem Überland-
bus nach Alexandroupolis, so dass er zwei Tage warten musste,
bis der Bus wieder in der Stadt eintraf. Diese Zwangspause
brachte Berno zum Nachdenken: „Gerade durch die Erfahrungen der letzten Woche, als meine Pilgerfahrt so gar keine Fortschritte machte, habe ich zu spüren bekommen, dass Er eine
Wallfahrt meiner selbst zu mir selbst vorhat, und ich dabei eben
nicht nur die guten Seiten an mir zu spüren bekommen soll, sondern auch meine Schwächen, die Ungeduld mit einem Wort.
[Das ist allerdings] leichter gesagt als getan."[106]

Am 27. Mai konnte sich Berno endlich wieder auf den Weg
machen. Zuerst ging er zu Fuß über die Grenze in die Türkei und
fuhr dann mit dem Bus nach Ephesus, wo er einen Tag später
ankam. Endlich befand er sich wieder auf der geplanten Strecke
– allerdings mit fünf Tagen Verzug, die er natürlich wieder „reinlaufen" wollte. Und tatsächlich erreichte er Egirdir planmäßig
am 5. Juni – bei 400 km an sieben Tagen machte das einen Schnitt
von beinahe 60 km am Tag. „Meine Füße sind auch dem entsprechend strapaziert", schrieb er an seine Mitbrüder, „auch wenn
ich einmal der Versuchung nicht widerstanden hatte, die tagtäg-
lich wenigstens zehnmal an mich herangetragen wird – die Versuchung, dass ein Auto, ein Traktor, ein Bus, ein LKW, ein Tank-
lastzug, alles mögliche Motorisierte immer wieder von selbst
hält und mich einlädt mitzufahren. Es ist manchmal sehr schwer,
den Leuten klar zu machen, dass ich zu Fuß gehen will. Und ein
ziemlich gut deutsch sprechender Autofahrer sagte mir vor drei
Tagen ganz ärgerlich: „Sie sind verrückt!". So unrecht hatte er
nicht ganz, denn es war vier Uhr nachmittags und immer noch
eine Bombenhitze."[107]

Sehr schnell merkte Berno, dass die Türken entgegen aller
Warnungen sehr freundlich waren. „Ich würde den Leuten eine
echte Freude bereiten, wenn sie mich mitnehmen dürften. [Sie]
möchten ihre Gastfreundschaft, usw. zeigen. Da überlege ich oft
hart, was besser wäre und ist."[108] Trotz aller Freundlichkeit der

Menschen beruhigte Berno seine Familie und Mitbrüder: „Ich will mich aber trotzdem an die Empfehlungen halten und nicht im Freien schlafen, sondern weiterhin die billigen Hotels für die Nächte aufsuchen."[109] In Yalvac in der Nähe von Antiochia in Pisidien wurde er schließlich sogar zu einer türkischen Hochzeit eingeladen, wo er prompt als Bauchtänzer auftrat und dafür sogar noch 18 DM verdiente, und auch wenn ihn die Einladung in Zeitverzug brachte, lernte er dabei gleichzeitig viel über die türkische Kultur.[110]

Trotz solcher „Unterbrechungen" kam Berno weiter zügig voran und selbst die Steigungen über die anatolische Hochebene und den Taurus bereiteten ihm keinerlei Mühe, denn durch den Athos und durch seine heimischen Bergtouren in den Alpen war er so manches gewöhnt. Und auch wenn ihm auf dem letzten Wegstück die Hitze in der Kilikischen Ebene etwas zu schaffen machte, kam er früher als geplant bereits am 20. Juni in Taurus, bzw. in Mersin an. Von den angeblichen Gefahren in der Türkei hatte Berno weiterhin nichts bemerkt. Selbst die „wilden Tiere", wie zum Beispiel streunende Hunde, waren freudig auf ihn zugekommen, wenn er ihnen mit genauso viel Vertrauen und Aufrichtigkeit begegnete wie den Menschen. Erst in Mersin kam er schließlich doch noch in Berührung mit der „harten, intoleranten Seite des Islams, hinter aller Freundlichkeit."[111] Ortsansässige Kapuzinermönche, die bereits seit über 100 Jahren die dortigen Christen betreuten, erzählten ihm von diversen Restriktionen, die sie erlebt hatten. Natürlich rief das Bernos Gerechtigkeitssinn auf den Plan: „Am liebsten möchte ich ein Briefbombardement an die hiesige Regierung veranlassen, dass auch für die Kirchen hier normale demokratische Verhältnisse gewährt werden."[112] Letztendlich unterließ er dies dann doch, auch wenn er sich fest vornahm, die Sache in Deutschland noch einmal aufzugreifen.

In Mersin musste sich Pater Berno außerdem um seine Weiterreise nach Israel kümmern, die sich als genauso schwierig erweisen sollte, wie seine Einreise in die Türkei. In Deutschland hatte Berno gedacht, dass es am einfachsten sei, in Mersin eine Schiffsverbindung nach Haifa zu buchen, doch nun stellte sich heraus, dass der Landweg über Syrien und Jordanien leichter gewesen wäre. Allerdings hatte Berno nun bereits ein Visum für Israel in seinem Pass und deshalb verwehrten ihm die verfeindeten Länder die Einreise. Also musste er erneut improvisieren. Auf Rat der Einheimischen versuchte er, über die geteilte Insel Zypern zurück nach Griechenland zu kommen – ohne Erfolg. „Wenn ich heute nicht mit Fluchen anfange, dann nur deshalb, weil ich heute Morgen gebetet und gebetet habe. Ich darf nicht auf die griechisch-zypriotische Seite. Man hat mich in Mersin in diese Sackgasse geschickt, sogar noch mit einem Visum in meinem Pass", schrieb er an seine Mitbrüder.[113] Schweren Herzens musste er nach einem Tag die Rückreise aufs Festland antreten, um anschließend mit dem Bus nach Istanbul und von dort aus mit dem Flugzeug nach Tel Aviv zu kommen. „Das ist natürlich nicht der kürzeste, aber der einzige Weg, der zwischen den verfeindeten Brüdern möglich ist", schrieb er nach Hause. „Aber ich will nicht schimpfen, lieber bitten, dass ich diese Schikane voll Mut und Güte ertragen kann – ich war und bin heute aber doch etwas einsilbig mit den Leuten und würde am liebsten jeden Uniformierten in den Himmel schicken."[114]

Am 29. Juni landete Pater Berno endlich in Tel Aviv und begab sich von dort aus direkt nach Haifa, wo seine eigentliche Pilgerreise im Heiligen Land beginnen sollte. Zuerst wollte er den Norden erkunden. Über Nazareth, den See Genezareth und den Berg der Seligpreisungen wanderte er bis an die nördlichste Spitze des Landes und wieder zurück zum See Genezareth. Anschließend ging er durch Samaria, also das heutige Westjordanland, nach Jerusalem. Für Berno war es zutiefst bewegend, seine Strecke in der Heiligen Schrift nachzuverfolgen und darin zu lesen, was auf diesen Wegen und in den Orten, durch die er kam, zur biblischen Zeit geschehen war. Gleichzeitig machte er sich auch viele Gedanken über die aktuelle Situation: „Die Juden selbst sind alle sehr ernst, ein bisschen wie wir Deutschen, lachen und winken selten. [...] Dagegen sind die Araber viel aufgeschlossener, manchmal sogar aufdringlich. [...] Die Spannung, unter der dieses Volk oder die Völker hier leben, lässt ein normales, gelockertes Leben nicht möglich werden."[115]

Nachdenklich erreichte er am Abend des 13. Juli Jerusalem, wo er seinen Pilgerstab für fünf Wochen in die Ecke stellte, um an Ausgrabungen an der West-Süd-Ecke des Tempels mitzuwirken. Darüber hinaus wollte er diverse geistliche Schriften studieren und natürlich auch Zeit für die „Sehenswürdig- und -unwürdigkeiten"[116] in der Heiligen Stadt und im Umland haben. Am Wochenende pilgerte er zum Beispiel nach Bethlehem oder nach Emmaus, wo er jeweils bei Salvatorianerinnen unterkommen konnte und „... nach bald vier Monaten zum ersten Mal wieder eine Gitarre in die Hand bekam."[117]

Durch die vielen verschiedenen Aktivitäten vergingen die fünf Wochen in Jerusalem sehr schnell und ehe er es sich versah, war der 17. August gekommen, an dem Berno seine vorletzte Etappe zum Katharinenkloster auf der Sinaihalbinsel antreten wollte. Seit dem Sechstagekrieg war die Sinaihalbinsel israelisches Besatzungsgebiet und deshalb wollte Berno zumindest den Versuch starten, zum Gottesberg zu gelangen. Für ihn war diese Etappe ein Höhepunkt, denn der Prophet Elia und dessen Weg zum Berg Sinai hatten ihn unter anderem zum Pilgern motiviert. Gleichzeitig hatte er aber auch Respekt vor diesem Wegstück, wie er seiner Mutti schrieb: „Es wird sicher eine Strapaze werden und ich werde aufpassen müssen, aber es ist möglich und ich bin sicher nicht der erste und einzige, der so etwas versucht und macht. Andrerseits will ich nicht aus falschem Ehrgeiz mit dem Kopf durch die Wand. Das habe ich mir selbst geschworen, so dass du beruhigt sein kannst. Trotzdem bin ich froh, wenn du täglich für mich betest um eine gute Fußpilgerschaft und um Gottes Schutz und Nähe."[118]

Bernos Route führte über Bethlehem, Beerscheba und Mizpeh Ramon nach Eilat, wo der eigentliche Weg auf der Sinaihalbinsel begann. Neben den militärischen Beschränkungen machte ihm vor allem die Hitze zu schaffen. Schon bald verlegte er den Großteil seiner Wanderung in die späten Abend- und Nachtstunden. Erst wenn er vor Müdigkeit nicht mehr weiterlaufen konnte, legte er sich irgendwo in freier Natur schlafen. Außerdem hatte er sich in Beerscheba einen 3,5l-Wasserbehälter besorgt, auch wenn dieser zusätzliches Gewicht bedeutete, denn nicht immer kamen Autofahrer vorbei und boten ihm Wasser an. Auf der Sinaihalbinsel ging Berno an der Küste des Roten Meeres entlang, doch bereits am zweiten Tag nötigte ihn ein LKW-Fahrer, mit ihm weiterzufahren. Er erklärte ihm, dass es vollkommener Irrsinn sei, bei dieser Hitze zu wandern und darauf zu hoffen, dass ihm irgendein Fahrer seine Wasservorräte auffüllen würde.

Außerdem machte ihm der LKW-Fahrer klar, dass er erneut seine Pläne ändern musste, denn sein geplanter Weg von der Ostküste zum Gottesberg sei wegen Minenfeldern und auseinanderlaufenden Wüstenpisten viel zu gefährlich. Aus diesem Grund fuhr Berno schließlich bis an die Südspitze des Sinais mit, um von dort aus per Autostopp wieder in den Norden nach Abu Rodeis zu gelangen. Für Berno bedeutete dies Planänderung „auf der faulen Haut liegen", auch wenn er sich immer noch auf Wallfahrt fühlte.[119] Und genau auf dieser „Autostopp-Strecke" nach Abu Rodeis passierte dann das, was viele in der Türkei befürchtet hatten: Während er in Et-Tour am Strand schlief, wurde sein Rucksack mit sämtlichen Papieren, seinem Pass und seinem gesamten Geld gestohlen. Doch, oh Wunder – einen Tag, nachdem er in Abu Rodeis Anzeige erstattet hatte („mehr konnte ich ja nicht tun"), erschien „... der Polizist in meinem ‚Strandquartier' an der Tankstelle und teilte mir mit, das Geld sei ‚gefunden', ich hätte nur nicht genau ‚gesucht'. Der Polizist müsse sich nur noch nach der Höhe erkundigen und ich könne in den nächsten Tagen bei der Polizei in Abu Rodeis oder Scharm el Scheich abholen."[120] Auch seine Papiere und den Rucksack samt Inhalt bekam Berno wieder.

Erleichtert und mit neuer Zuversicht machte er sich daraufhin mit fünf anderen Trampern auf den Weg zu seinem eigentlichen Ziel, dem Katharinenkloster im Zentrum der Sinaihalbinsel, wo sie am 1. September ankamen. Durch die vielen Autofahrten und Begegnungen mit Arabern, Juden und Christen unterschied sich diese Etappe seiner Pilgerreise sehr von den bisherigen Strecken. „Die letzte Zeit hier auf dieser Tour zum Sinai konnte ich sehr viel missionarisch sein, ohne dass ich auch nur ein einziges Mal vom Glauben angefangen hätte", schrieb er an seine Familie. „Dabei komme ich oft mit den unfrömmsten Leuten zusammen."[121] Die Leute wunderten sich, warum Berno ganz alleine und zu Fuß in der Wüste unterwegs war und er antwortete ihnen ehrlich – „nicht mehr und nicht weniger."

Den Rückweg wollte Berno eigentlich zu Fuß zurücklegen, doch erst ab Eilat konnte er tatsächlich wieder alleine wandern. „Als ich wieder auf Fuß umstellen wollte, haben mir die Autofahrer keine Ruhe gelassen und mich immer wieder ein Stück mitgenommen. Nun hoffe ich, dass ich auf der großen „Rennstrecke" von Eilat zum Toten Meer in relativer Ruhe und Ungestörtheit meine Wege ziehen kann", schrieb er am 8. September nach Hause.[122] Und tatsächlich ließen ihn die israelischen Autofahrer gewähren, auch wenn ihm die täglichen Pendler schon bald von weitem zuhupten und ihn begrüßten. Nach fünf Tagen kam er bereits am Toten Meer an und nach einem kurzen Besuch der Festung Massada machte er sich sofort auf den Weg nach Jerusalem, der noch einmal eine Herausforderung werden sollte. „Der Weg von -400m Tiefe bis auf +800m Höhe war noch etwas anstrengend", schrieb er. „Aber das war ja auch der Weg, den der Heiland vor seinem Leiden und Sterben in Jerusalem eingeschlagen hatte."[123]

Und damit waren Bernos letzte Wochen im Heiligen Land angebrochen. Nach einer Woche Aufenthalt in Jerusalem trat er den Rückweg nach Haifa an, wo am 2. Oktober sein Schiff nach

Neapel auslaufen sollte. Ein Höhepunkt auf dieser Strecke war für ihn der Aufenthalt bei den Franziskanern in Tel Aviv, wo er im Gästebuch einen Eintrag vom 29. Januar 1880 fand, der ihn besonders freute, und zwar von einem „Joh. Baptist Jordan, der kein anderer ist als unser Gründer".[124] Von Tel Aviv aus wanderte Berno die Mittelmeerküste entlang zum Karmeliterkloster Muhraka, das genau auf dem Berg erbaut worden war, auf dem der Prophet Elia sein großes Opfer erbracht hatte. Danach machte sich Berno auf die letzten 40km seines Weges durch das Heilige Land und am 2. Oktober bestieg er um 20:00 Uhr abends die „San Marco", die ihn über Kreta nach Neapel bringen sollte. Vier Tage lang war das Schiff unterwegs, bis Berno schließlich seine allerletzte Fußetappe antreten konnte – den Weg von Neapel nach Rom, wo er am 11. Oktober von seinen Geschwistern Marieluise und Hansjörg in Empfang genommen wurde.

Ein halbes Jahr und fast 4.200 Fußkilometer, plus diverse Kilometer mit Fahrzeugen und Schiffen gingen zu Ende. Bernos Fazit über diese Reise lautete: „Es war, bzw. ist eine schöne Erfahrung, die ich in diesen Monaten gemacht habe, und ich meine fast, sie hätte mich in etwa ‚gezeichnet', bzw. in meiner Grundhaltung neu geformt, bzw. froh bestärkt. Ich weiß nur noch nicht, wie ich das alles anderen mitteilen soll; ich kann zwar erzählen, was ich gemacht habe und mir zugestoßen ist, aber das ist noch nicht das Eigentliche, von dem ich den Anderen allen ein Stück mitgeben möchte, denn Freude und Zuversicht wird bei einem selbst noch mehr, je mehr wir davon abgeben können."[125]

Gruppenreisen

Pater Berno war tatsächlich „gezeichnet" worden und seine Leidenschaft für das Pilgern war größer denn je. Mit neuem Schwung nahm er seinen Dienst in der Volksmission wieder auf und bei seinen folgenden Einsätzen berichtete er immer wieder von den Erfahrungen, die er unterwegs gemacht hatte. Diese Erzählungen weckten in einigen Zuhörern die Sehnsucht, das Heilige Land selbst einmal zu erleben, wenn vielleicht auch nicht auf 4.000 Fußkilometern. Doch es gab ja auch noch andere Möglichkeiten, um dorthin zu gelangen – am liebsten natürlich mit Pater Berno als Reiseleiter. Denn wenn schon seine Erzählungen so tiefe Eindrücke hinterließen, wie wäre es dann erst, mit ihm persönlich an diesen biblischen Orte zu sein? Berno freute sich über solche Rückmeldungen und er wollte gerne mithelfen, damit andere ebenfalls eine „Reise mit Gott durch das Heilige Land" machen konnten. Aus diesem Grund organisierte er diverse Pilgerreisen mit verschiedenen Gruppen, die für die Teilnehmer ein unvergessliches Erlebnis wurden. Exemplarisch sollen an dieser Stelle zwei von diesen Reisen erwähnt werden: Die erste Gruppenreise mit der Pfarrgemeinde Meckenbeuren im Sommer 1979 und die Jubiläumsreise mit Bernos Mitbrüdern im Sommer darauf.

An der Reise mit den Meckenbeurern nahm unter anderem auch Bernos Mutter teil, die damals bereits 75 Jahre alt war. Berno hatte sie überredet, die Reise gemeinsam mit Marieluise zu machen: „Dann kann ich dir vom Flugzeug aus die Route zeigen, die ich vor vier Jahren gelaufen bin."[126] Die Planung der Reise musste Berno mit dem bayrischen Pilgerbüro in München machen, weil Gruppenreisen auf eigene Faust zur damaligen Zeit in Israel noch nicht erlaubt waren. Jeder Gruppe wurde ein einheimischer Reiseleiter zugewiesen, mit dem Berno zusammenarbeiten musste, denn selbstverständlich wollte er die Pilger nicht nur an die „üblichen" Plätze und Orte führen. Und tatsächlich wurde es eine sehr beeindruckende Reise, die den Meckenbeurern noch lange in Erinnerung blieb. „Das war meine schönste Reise ins Heilige Land!", meinte Marieluise. „Mit Rudolf sind wir halt überall hingekommen, wo man sonst nicht so hinkommt. Wir haben viel gesungen und jeden Morgen die Messe gefeiert, denn außer Rudolf waren auch noch P. Nikolaus Wucher und der Pfarrer von Meckenbeuren dabei. Die drei haben sich immer abgewechselt. Anschließend sind wir zu den verschiedenen Orten gegangen oder mit dem Bus gefahren. Wenn wir unterwegs waren, hat Rudolf natürlich viel von seiner eigenen Heilig-Land-Reise erzählt und über die Dinge gesprochen, die er damals erlebt hat."[127]

Die nächste Gruppe, die diese besondere Heilig-Land-Erfahrung mit Pater Berno machen sollte, waren seine Mitbrüder, die durch seine Erzählungen ebenfalls neugierig geworden waren. Schon mehrmals hatten sie darüber gesprochen, ob Berno nicht eine gemeinsame Reise organisieren könnte. Und als er im Sommer 1980 gebeten wurde, Exerzitien im Heiligen Land durchzuführen, sah Berno darin eine gute Gelegenheit für eine Salvatorianer-Reise, besonders weil ein Jubiläum des Ordens anstand. Zum hundertsten Mal jährte es sich, „... dass der Gründer unserer Gemeinschaft der Salvatorianer, Pater Franziskus M. Jordan, auf seiner Reise ins Hl. Land zur endgültigen Klarheit über seine Sendung kam."[128] Im Libanon war ihm die Bibelstelle aus Johannes 17,3 als zentrale Botschaft der Salvatorianer wichtig geworden: **Das aber ist das ewige Leben: dass sie dich, den einzigen wahren Gott, erkennen und den du gesandt hast, Jesus Christus.** Dieser Anlass war die perfekte Gelegenheit, um eine gemeinsame Reise ins Heilige Land zu organisieren, und nach einigem Hin und Her und Rückfragen bei den Oberen wegen Vertretungen kamen tatsächlich zwei Gruppen mit jeweils sechs Patres zustande.

Beide Gruppen sollten zuerst acht Tage in Jerusalem und Umgebung verbringen, bevor sie weiter zum See Genezareth und nach Nazareth reisen würden, wo jeweils drei Tage eingeplant waren. Weil es Patres im Schuldienst gab, sollte die erste Gruppe vor den Sommerferien von 12.–23. Juli reisen und die zweite in der Ferienzeit von 9.–23. August. Im Unterschied zum Jahr davor war es nun möglich, eine Reise „für Selbstplaner" zu buchen, so dass Berno und seine Mitbrüder in der Gestaltung des Programms ganz frei waren. Den Patres ging es schließlich genauso wie den Meckenbeurern: Sie waren begeistert von all dem, was ihnen Berno als persönlicher Reiseleiter im Heiligen Land zeigte und erzählte. „In seiner sehr engagierten, charismatischen Art hat er unsere kleine Gruppe voll Begeisterung zu den Heiligen Stätten geführt und so die Heilige Schrift lebendig werden lassen", berichtete P. Josef Wonisch. Besonders berührte ihn, dass Pater Berno ihm als Neupriester jedes Mal den Vorsitz bei den Eucharistiefeiern an den heiligen Stätten übergab. Unter anderem durfte er eine Messe in der Grabeskirche zelebrieren, an die sich P. Josef noch heute erinnert.[129] P. Eugen Kloos erinnert sich besonders an den Berg der Seligpreisungen, wo Berno ihnen die gesamte Bergpredigt aus dem Matthäusevangelium vorgelesen hatte: „Wir hatten das Gefühl, dass Jesus durch Pater Berno zu uns gepredigt hat. Und auf dem Berg Tabor konnten wir nachfühlen, wie die Apostel Petrus, Jakobus und Johannes ganz ergriffen waren von der Verklärung Jesu."[130]

Außerdem erzählte Pater Berno seinen Mitbrüdern immer wieder über die Erlebnisse, die ihr Ordensgründer im Heiligen Land gehabt hatte, denn Berno hatte dessen Tagebücher gründlich studiert und sogar den genauen Zeitablauf seiner Reise vor hundert Jahren zusammengestellt. Auf diese Weise kamen seine Mitbrüder nicht nur mit der Geschichte von vor fast 2000 Jahren in Berührung, sondern auch mit der Vergangenheit ihres Ordens. Es wurde wahrhaftig eine Jubiläumsreise. Und selbstverständlich erzählte Berno immer wieder von seinen eigenen Erlebnissen aus dem Jahr 1975 und er scheute sich nicht, seine eigenen Überzeugungen auch vor Einheimischen zu vertreten. So erinnert sich P. Eugen an einen Vortrag in einem Kibbuz, nach dem Pater Berno „... den Mut hatte, dem Referenten in dem einen oder anderen Punkt zu widersprechen und dabei seine christliche Überzeugung offenzulegen. Damit hatte der Referent nicht gerechnet."[131]

Ein Erlebnis, das P. Josef Mayer noch heute in Erinnerung ist, war die Taufe eines UNO-Soldaten im Jordan, die sie miterleben durften. Der Soldat wollte die Patres anschließend sogar zu einer „verborgenen Ecke" auf dem Tempelberg führen, um dort heimlich einen Gottesdienst zu feiern, noch dazu mit Wein. Leider gab es angesichts der strengen Bewachung zwischen den beiden Moscheen keinen „verborgenen Platz", so dass der Plan am Ende fallengelassen werden musste – was vielleicht auch gut so war. Doch auch ohne einen verbotenen Gottesdienst war die Reise angefüllt mit vielen Eindrücken, Besichtigungen und Erlebnissen. Sie blieb den Patres noch lange im Gedächtnis und die daheimgebliebenen Salvatorianer sollten in den nächsten Jahren immer wieder Berichte darüber hören.

Santiago de Compostela

Zehn Jahre nach der ersten großen Reise wollte Pater Berno seinen Pilgerstab erneut in die Hand nehmen und sich auf einen weiteren großen Pilgerweg in Europa begeben. Hatte es ihn beim letzten Mal in den Osten gezogen, so plante er nun, in Richtung Süden zu gehen – nach Santiago de Compostela. So wie der heilige Franz von Assisi zuerst ins Heilige Land und anschließend nach Santiago gepilgert war, wollte sich auch Berno in die große Schar der Pilger einreihen, die diesen Weg seit dem Jahr 831 zurückgelegt hatten.[132] Auch dieses Mal wollte sich Berno wieder alleine auf den Weg machen, denn auf seiner Israelreise hatte er erkannt, „... warum Elias ganz allein durch die Wüste musste: Gott suchen heißt, sich ganz auszuliefern, dem Tod entgegengehen und dadurch IHM begegnen dürfen. Das ist Pilgern: Aufbrechen, Ausbrechen aus diesem Leben, dem Leben danach entgegengehen!"[133]

Allerdings hatte Berno seiner Familie so oft von seinen Reisen vorgeschwärmt, dass ihn einige von seinen Neffen gerne begleiten wollten. Daran war er zum Teil selbst schuld, denn aus Jerusalem hatte er an seinen Neffen Ottmar geschrieben: „Lieber Otti, du solltest mal so mit mir wandern, dann würdest du sehen, wie schön die Welt ist und wie einfach und dass wir uns im Allgemeinen immer zu viel Sorgen und Ängste vorher machen. Alles halb so schlimm, wenn wir mit ganzem Herzen bei der Sache sind.“[134] Aus diesem Grund konnte Berno seinen Neffen ihren Wunsch nicht abschlagen und deshalb vereinbarten sie, dass er Markus und Ottmar und deren Freund Martin an der spanischen Grenze treffen würde, um von dort aus gemeinsam mit ihnen nach Santiago zu wandern. Die 2.700 km lange Strecke war dieses Mal durch den Jakobsweg vorgegeben, auch wenn es bis zur spanischen Grenze diverse Wege gibt. Berno entschied sich für die Route über den Bodensee, Luzern, Genf, Le Puy, Cahors und St. Pied-de-Port, dem Grenzort auf der französischen Seite der Pyrenäen. In diesem Ort treffen fast alle Jakobswege aufeinander, so dass die Pilger in Spanien auf derselben Strecke unterwegs sind. Bernos Obere hatten dieses Mal nicht so viele Bedenken wie vor zehn Jahren, denn zum einen wussten sie mittlerweile, dass Berno bei aller Abenteuerlust auch besonnene Entscheidungen treffen konnte. Und zum anderen war die Route durch Deutschland, die Schweiz, Frankreich und Spanien doch um einiges sicherer als die Reise durch die Türkei und auf dem Sinai.

Am 2. Juni 1985 war es soweit: Pater Berno trat die erste Etappe seines zweiten großen Pilgerweges durch Europa an, die zuerst einmal von Passau quer durch Bayern und Oberschwaben in seine Heimat nach Meckenbeuren ging. Nach einer eintägigen Pause und letzten guten Wünschen für den Weg zog er weiter, wobei ihn einige Familienmitglieder auf den ersten Kilometern begleiteten. Doch irgendwann hieß es Abschied nehmen und das fiel Berno dieses Mal ziemlich schwer. „Ich habe dann ganz fest beten müssen. Jesus, jetzt hab ich nur noch Dich. Das hat so gut getan, wie ihr mitgegangen seid, auch wenn dann das allein weitergehen umso mehr ins Gewicht fiel."[135] Doch schon bald war Berno wieder in seinem gewohnten Pilgerrhythmus und auch wenn er aufgrund unklarer Beschilderungen des Jakobsweges ab und zu einen Umweg machte, kam er zügig voran. Wie auf der ersten Reise suchte er sich abends irgendwo einen Schlafplatz im Freien, je nach Witterung mit oder ohne Überdachung. So übernachtete er z.B. einmal auf Brettern in einem überdachten Stapelplatz eines Holzindustriebetriebes, was er als komfortables Nachtlager bezeichnete.[136]

Bis auf wenige Zwischenstopps hatte er die Tagesetappen dieses Mal nicht genau festgelegt. „Ich wanderte unter Sonne und Regen durch den Tag, rollte am Abend nach 50 bis 60 km irgendwo am Straßenrand – am liebsten auf einem abgeernteten Getreidefeld – meinen Schlafsack aus und konnte dann ohne Angst und Sorge einschlafen. Auch ein Bluterguss im rechten Fuß und eine rebellierende Achillessehne taten dem keinen Abbruch, im Gegenteil: umso mehr wuchs das Vertrauen."[137] Wie gut, dass Bernos Brüder beide Ärzte waren und ihn wie bereits in Israel per Post mit Salben und ähnlichem versorgen konnten. Und neben diesen irdischen Helfern vertraute er natürlich vor allem seinem Wegbereiter Jesus, der ihn sicher und gesund ans Ziel bringen würde.

In Fribourg legte Berno einen Zwischenstopp bei den dortigen Salvatorianern ein und erfuhr von den Mitbrüdern so manches über die aktuelle Lage der Kirche in der Schweiz. Beim Besuch der verschiedenen Jakobskirchen hatte er bereits festgestellt, dass es manchmal fast keine Ministranten mehr gab und die Pfarrer teilweise sehr alt waren. Umso mehr freute er sich, als er am Zuger See den jungen Pfarrer aus Cham kennenlernte, der in seiner „... schönen barocken Pfarrkirche – natürlich eine Jakobuskirche – gerade mit 60 jugendlichen Ministranten die Liturgie eines feierlichen Hochamtes einstudierte. Dieser erzählte ihm nachher voller Begeisterung: ‚Ich bin mit Freuden Priester, es gibt keinen schöneren Beruf.' Für den Volksmissionar Berno, der ja auch viel in Sachen geistlicher Berufe unterwegs war, war dies eine ‚frohmachende Botschaft‘, die sein Herz berührte – genauso wie die vielen jungen Ministranten.“[138]

Wieder andere Herausforderungen der Kirche lernte Pater Berno in Frankreich kennen. „Die französische Kirche ist arm; es berührte mich jedes Mal tief, wenn ich in den Kirchen ein Schreiben des Bischofs ausliegen sah mit der Bitte um einen freiwilligen ‚Zehnten‘ für die Kirche und den Pfarrer. In dieser äußeren Armut begegnete ich lebendigen, im besten Sinne charismatischen Gemeinden aber auch armseligen. Nicht Geld und Gehalt füllt unsere Kirchen und Seminare.“[139] All diese Begegnungen erinnerten Pater Berno immer wieder an seinen Vater, der in Frankreich als Kriegsgefangener war und den französische Pfarrer in dieser schweren Zeit getröstet hatten. Eines Morgens lernte er in einer kleinen Dorfkirche einen Pfarrer kennen, der während des zweiten Weltkrieges drei Jahre lang als Kriegsgefangener in Friedrichshafen war. Als der Pfarrer hörte, dass Berno aus dieser Region stammte, erzählte er ihm seine Geschichte und er erwähnte auch, dass er damals gute Erfahrungen mit deutschen katholischen Priestern gemacht hatte. Dies berührte Berno sehr, gerade weil es sich mit den Erfahrungen seines Vaters in Frankreich deckte. „Ich würde den Pfarrer gerne mal einladen, wenn ich in Ferien [zu Hause] bin; ich glaube er war nie mehr in Deutschland ...“, schrieb Berno deshalb an Marieluise und seine Mutti.[140]

Wie auf der Heilig-Land-Reise war Bernos Familie auch dieses Mal in Gedanken mit ihm unterwegs und sie verfolgten eifrig die Strecke, auf der sich „ihr Pilger“ gerade befand. Erleichtert vernahmen sie in seinen regelmäßigen Briefen, dass Rudolf auf dieser Reise tatsächlich sicherer war. „Als Pilger ist man hier wie geschützt; immer wieder bekommt man gesagt ‚bonne route‘, also gute Straße. Ja, die Gefahr, die einzige vielleicht, ist jene, dass ein Verkehrsunfall einen treffen könnte, aber das ist genau dasselbe wie wenn ich in Meckenbeuren zur Kirche gehe und zum Friedhof."[141] In Arthez-de-Béarn hatte Pater Berno einen besonderen Abstecher geplant: „[Ich möchte] in die Bahn einsteigen und in das 60km entfernte Lourdes fahren; ein Abstecher, der zeitlich drin ist. Und zu beten gibt es für und in Lourdes ja genug und auf diese Weise kann ich dann auch Jakobuspilger besuchen, die ich vergangene Woche unterwegs kennengelernt habe und die mich eingeladen haben."[142] Selbstverständlich fuhr Berno anschließend wieder zurück zum Ausgangspunkt seines „Abstechers" und wanderte von dort aus weiter nach St. Jean-Pied-de-Port, dem kleinen, aber sehr bekannten Dorf am Fuße des Passes über die Pyrenäen.

Wenige Tage später traf er am 24. Juli nach erfolgreicher Überquerung der Pyrenäen bei den Salvatorianern in Logrono ein, wo seine drei Neffen bereits auf ihn warteten. Sie hatten die 1.500km von Meckenbeuren nach Spanien, die Berno zu Fuß gegangen war, mit ihrem Golf zurückgelegt, und dieser Golf blieb auch weiterhin ein ständiger Begleiter auf der Pilgerreise. Die drei jungen Leute wechselten sich beim Autofahren ab, so dass jeweils zwei mit Berno zu Fuß unterwegs waren, während der dritte eine „Wanderpause" einlegen konnte. „Und diese Erholung war auch bitter nötig: Man stelle sich nur die Atemnot vor, die sich automatisch einstellt, wenn man in schnellem Laufschritt auch noch den Rosenkranz laut mitbetet."[143] Doch trotz der körperlichen Strapazen machten Bernos Neffen bald ganz ähnliche Erfahrungen beim Gehen wie ihr Onkel. Berno schrieb: „Es war offensichtlich nicht nur mein persönlicher Tick, meine Spinnerei, wie es manche nannten, wenn mit dem Gehen das Beten – die Kontaktaufnahme mit IHM – sich fast wie von selbst einstellte. Meinen Begleitern erging es ähnlich. In dieser Atmosphäre des Glaubens und Vertrauens war es dann leicht, den eigenen Lebensweg, die eigene Berufung, ganz existentiell untereinander zur Sprache zu bringen."[144]

Nach dreizehn Tagen kamen die vier Pilger schließlich in Santiago de Compostela an, wo sie vier Tage verweilten, bevor sie sich wieder auf den Heimweg machen mussten. In diesen Tagen trafen sie viele Pilger wieder, die ihnen oder Berno zuvor begegnet waren und die nun ebenfalls am Grab des Heiligen Jakobus ankamen – die meisten hatten kleinere Tagesetappen wie Berno zurückgelegt. All diese Pilger verband der gemeinsame Weg – und ganz ähnlich, wie man es heute noch vom Jakobsweg hört, schrieb auch Pater Berno bereits 1985: „So seltsam es klingen mag: Nicht das Ziel ist das Wichtigste, sondern der Weg. Nie vergesse ich den Spruch auf meinem Kalenderblatt: ‚Der Weg wählte dich und dafür sollst du danken!'"[145]

„Pater Berno war ein Glücksfall!" – oder: Rumänien statt Russland

Ein neuer Lebensabschnitt

Und damit kehren wir zurück ins Jahr 1990 – zu dem Punkt, als sich abzeichnete, dass die Volksmission ein Ende nehmen würde und die Missionare für andere Arbeitsfelder frei wurden. Wohin würde es Pater Berno wohl als Nächstes verschlagen? Denn eines stand fest – an Energie und Hingabe an seinen Ruf und an das Reich Gottes mangelte es ihm nicht. Und wie sein Ansinnen bezüglich der Taiwan-Mission vor einigen Jahren gezeigt hatte, war er immer noch bereit für etwas Neues.

Vielleicht erinnerten sich Bernos Obere damals an seinen alten Traum, irgendwann einmal Russland zu bekehren. Oder aber der Zeitpunkt war einfach göttliche Fügung, denn erst vor kurzem war der Eiserne Vorhang gefallen und nun ging es darum, in den neu geöffneten Gebieten (wieder) Fuß zu fassen. In Rumänien gab es bereits seit 1898 eine Niederlassung der Salvatorianer – und zwar in der Stadt Temeswar, bzw. Timişoara, wie die Stadt auf Rumänisch heißt. Bei Gründung des Ordens hatte sie zu Österreich-Ungarn gehört und auch jetzt lebten dort neben Rumänen noch viele andere Volksgruppen, auch einige

Deutsche. Durch das strenge kommunistische Regime von Nicolae Ceausescu war die Arbeit der Salvatorianer in den letzten 40 Jahren fast vollständig zum Erliegen gekommen. Das Klostergebäude im Stadtteil Elisabetin[146] musste bereits 1947 an den Staat übergeben werden, so dass die Brüder fortan in verschiedenen Privathäusern über die ganze Stadt verteilt lebten. 1958 war schließlich auch der Klostergarten beschlagnahmt, die Ordensarbeit gänzlich verboten und ein Mitbruder, P. Paulus Weinschrott, verhaftet und zu zehn Jahren Gefängnis verurteilt worden, wo er 1960 verstarb. All dies hatte die Moral der Ordensbrüder sehr stark erschüttert und obendrein bewirkt, dass sie keinen Nachwuchs mehr ausbilden konnte.

Als der *Generalsekretär* P. Nikolaus Wucher und der Provinzial der süddeutschen Provinz, P. Richard Zehrer an Weihnachten 1989 nach Rumänien fuhren, um die Lage zu sondieren, bot sich ihnen ein trauriges Bild. Es gab nur noch sechs Brüder, die alle schon älter und teilweise schwer krank waren. Hier musste dringend etwas geschehen – und im Land selbst schien niemand dafür geeignet zu sein. Man benötigte jemanden, der anpacken, organisieren und gute Entscheidungen treffen konnte, jemanden mit einer hohen Moral und festen Grundsätzen. So jemanden wie Pater Berno – der nächstes Jahr aus der Volksmission frei werden würde. Also gingen seine Oberen auf ihn zu und fragten ihn, was er über eine zeitweilige Versetzung nach Rumänien denken würde.

Ohne lange zu überlegen, beschloss Berno, sich am besten selbst einen Überblick vor Ort zu verschaffen, und deshalb fuhr er im Frühjahr 1990 zum ersten Mal in seinem Leben nach Rumänien – und zwar mit dem Fahrrad. Und bereits kurz nach seiner Ankunft war es für ihn beschlossene Sache, dass er sich der Herausforderung stellen wollte – und musste. Es fehlte einfach an allem, die Armut und Not waren riesig und das Miteinander im Orden war nicht gerade von christlicher Nächstenliebe geprägt. Durch das langjährige Regime der Bespitzelung und des

Verrat war kaum noch Vertrauen unter den Mitbrüdern vorhanden. Jeder war sich selbst der Nächste. Hier musste dringend jemand Verantwortung übernehmen – und Berno war bereit dazu. Noch bevor seine Oberen die Entscheidung getroffen hatten, dass Temeswar tatsächlich die nächste Station in seinem Leben werden sollte, begann er bereits rumänisch zu lernen, wobei ihm seine Latein- und Französischkenntnisse zugutekamen. Außerdem fuhr er 1990 noch zwei weitere Male nach Rumänien – dieses Mal allerdings mit dem Auto, denn so konnte er gleich ein paar dringend benötigte Hilfsgüter mitbringen.

Außerdem nahm er Kontakt mit dem Bischof von Temeswar auf, der von der dynamischen, zupackenden Art des deutschen Paters sehr begeistert war und den Orden dringend bat, ihn so bald wie möglich für die Arbeit in Rumänien freizustellen. „Der Salvatorianer-Orden hat beginnend im vorigen Jahrhundert in unserer Diözese segensreich gewirkt. [...] Und jetzt, in der Stunde großer Hoffnungen und entscheidender Umgestaltung [kann ich] nur schwer auf die Arbeit dieses in der Seelsorge so überaus eifrigen Ordens verzichten", schrieb er in einem Brief an P. General nach Rom.[147] Er betonte deutlich, dass der jetzige Provinzial der Salvatorianer, P. Johannes Blum, dringend abgesetzt werden müsste, auch wenn er das als Bischof niemals selbst machen würde, denn P. Johannes war gleichzeitig auch sein eigener Beichtvater.

Berno war da weniger zimperlich. Als er im Dezember 1990 von seiner dritten Reise nach Rumänien zurückkam, schrieb er einen sehr deutlichen Brief an P. Richard Zehrer: „Mir ist wieder ganz drastisch bewusst geworden, dass P. Johannes und P. Lukas ein verstärkt abschreckendes Beispiel fürs Ordensleben sind. Vergangene Woche hat Kaplan Kovasz, immerhin schon über 60-jährig, eine Ohrfeige von P. Johannes einstecken müssen. Das soll aber kein ‚Ausrutscher' bei P. Johannes sein; unter Mitbrüdern wurde der Neupriester Kaplan Debert schon gefragt, ob er auch schon eine erhalten hätte."[148] Auch bei den Hilfslieferungen ging es nicht korrekt zu. „Als die Spender mit dem LKW weg waren, ließ P. Johannes alle Pakete öffnen, holte das Beste heraus und ließ es von seinen Leuten weiterleiten; du kannst dir vorstellen wohin."[149] Diese ganze Situation ging Pater Berno gehörig gegen den Strich und er forderte seine Vorgesetzten auf, eine Lösung zu schaffen: „Wer hat die Verantwortung für das, was dort geschieht? Wer übernimmt sie? Lösen wir doch die rumänische Provinz auf und unterstellen sie der süddeutschen Provinz! Damit menschliche, christliche und seelsorgerliche Lösungen realisiert werden können. Lieber P. Provinzial, als du damals im März unten warst, kamst du innerlich bewegt zurück; so wirst du auch verstehen, dass es mich eigentlich jedes Mal mehr mitnimmt, wenn ich der Situation der Mitbrüder in Rumänien begegne."[150]

P. Richard nahm Berno seine Ehrlichkeit nicht übel – im Gegenteil. Umgehend leitete er den Brief nach Rom ins Mutterhaus an P. Nikolaus Wucher und an den Generaloberen weiter. Es musste sich auf jeden Fall etwas ändern, auch wenn P. Richard nicht wusste, ob Berno wirklich die richtige Person dafür war: „Bist du der Mann, der durchhalten, durchorganisieren, eine Gemeinschaft aufbauen und in täglicher Treue bei ihr aushalten kann?"[151] Neben Entscheidungsfreudigkeit und Geradlinigkeit war für diese Aufgabe ein langer Atem und Beständigkeit notwendig, und dies war in der Vergangenheit nicht gerade Bernos Stärken gewesen. Dennoch war sein Provinzial bereit, ihn leihweise für eine gewisse Zeit nach Rumänien zu schicken und zumindest den Versuch zu starten, wenn Berno glaubte, dass er der Richtige für die Aufgabe sei. Und für ihn war das beschlossene Sache!

Er hatte bereits angefangen zu träumen, was man in Rumänien alles machen müsste und könnte – und er erzählte seinen Mitbrüdern in Passau sehr lebhaft darüber. Erich Hornstein, der damals Student in Passau war, erinnert sich: „Er versuchte bereits Anfang 1991, mit den Besitzern des alten Klostergebäudes in der Elisabethstadt zu verhandeln. Er träumte von einem Begegnungshaus voller junger Leute, von Exerzitien und Kursen für suchende und interessierte Menschen und natürlich auch von einer Anlaufstelle für Bedürftige und Arme. Pater Berno erzählte so begeistert, dass alle, die am Mittagstisch saßen, nur staunten. Und irgendwie ahnten viele: Wenn das der Berno sagt, pass' auf, der macht das! Aber nicht alle teilten diese Ahnung. Einer der Mitbrüder am anderen Tischende schüttelte den Kopf und murmelte vor sich hin, aber doch so laut, dass es viele verstehen konnten: So ein Spinner!"[152]

Ja, vielleicht war das alles gesponnen, doch das würde sich im Laufe der Zeit zeigen. Und dann würde man auch erkennen, ob Berno tatsächlich der richtige Mann für Rumänien war. Für den Anfang war er auf jeden Fall die beste Wahl, die zur Verfügung stand, und so wurde er am 3. April 1991 vom *Diözesanbischof* Sebastian Kräuter offiziell zum Pfarrer der Parochie Mehala-Timişoara V ernannt. Die Versetzung bzw. „Ausleihung" von Pater Berno nach Rumänien war vorerst auf zwei Jahre begrenzt und an einen klaren Auftrag geknüpft: Er sollte prüfen, ob die Gemeinschaft der Salvatorianer in Temeswar eine Zukunft hatte oder nicht. Im Vorfeld hatten sich die sechs verbliebenen Brüder bereits für einen Anschluss von Rumänien an die österreichische Provinz ausgesprochen. Auf dieser Tagung hatte man außerdem festgelegt, welche Bedingungen erfüllt werden müssen, um die Arbeit in Temeswar weiterzuführen. Die erste Voraussetzung war, dass der Orden das Kloster in der Elisabethstadt zurückbekam, damit die Brüder wieder in Gemeinschaft leben und arbeiten konnten. Daneben brauchte der Orden dringend Zuwachs durch neue, junge Mitbrüder, um weiter bestehen zu können. Wenn diese beiden Bedingungen erfüllt wären, wollte man 1993 erneut prüfen, wie es in Rumänien weitergehen könnte.

Mehala

Und so machte sich Pater Berno im April 1991 an das große Werk, die rumänische Niederlassung wieder aufzubauen – oder sie in Würde zu beenden, falls die gestellten Bedingungen nicht erfüllt werden konnten. Anfangs wohnte er in der Mehala, wie die älteste Niederlassung der Salvatorianer in Rumänien kurz genannt wurde. Die neugotische Kirche in der Elisabethstadt samt dem zugehörigen Klostergebäude war erst 1919 dazugekommen. In der Mehala gab es eine Kirche, ein kleines Ordenshaus sowie einen großen Pfarrsaal neben der Kirche, den auch die Diözese für ihre Treffen benutzte. Für Berno, der an Unterkunft und Komfort keine großen Ansprüche stellte, reichte das kleine Ordenshaus vollkommen aus. Auf diese Weise war er nahe am Geschehen dran und konnte schnell und unkompliziert auf alltägliche Ereignisse einwirken und sie ggf. verändern. Und auch wenn er 1991 noch mehrmals nach Deutschland fahren musste, um die letzten bereits geplanten Gemeindemissionen durchzuführen, startete er in Rumänien von Anfang gleich voll durch.

Unterstützung erhielt er durch den jungen Kaplan Reiner Debert, der seit seiner Priesterweihe im Sommer 1990 in der Mehala tätig war, sowie durch Br. Hugo, der bereits während des Kommunismus in der Mehala gearbeitet hatte. Seine mangelnden Rumänisch- und fehlenden Ungarisch-Kenntnisse überbrückte Berno durch einen Übersetzer sowie durch Hände und Füße und seine lebhafte Mimik und Gestik. Und wie bereits auf den Volksmissionen kam er sehr schnell in Kontakt mit der Bevölkerung. Die meisten Gemeindemitglieder waren sehr froh und dankbar, dass nun endlich jemand für Ordnung sorgte, auch wenn die Veränderungen nicht jedem gefielen.

So löste Pater Berno zum Beispiel gleich zu Beginn das große Vorratslager auf, das die beiden für die Küche zuständigen

Schwestern angelegt hatten. Nach Hilfslieferungen hatten sie dort immer wieder Nahrungsmittel „für schlechte Zeiten" gehortet, anstatt sie den Gemeindemitgliedern zu übergeben. „Damit ist jetzt Schluss. Wir werden alles an die Leute verteilen. Wenn wir irgendetwas brauchen, werden wir es schon wieder bekommen." Unter anderem hatte Pater Berno mehrere Säcke Mehl entdeckt, die er in Kilopäckchen umfüllen und nach dem Gottesdienst an die Gemeindemitglieder verteilen wollte. Und damit bei dieser „Packaktion" alles mit rechten Dingen zuging, stellte er dafür seine Schwester Marieluise und seinen Neffen Wilfried ab, die gerade aus Deutschland zu Besuch waren. Leider war das Mehl schon ziemlich lange im Vorratslager gestanden und so musste es erst einmal durchgesiebt und von Ungeziefer befreit werden, bevor es unter Wehklagen der beiden Schwestern verpackt und verschenkt werden konnte.

Im Großen und Ganzen waren jedoch alle glücklich über die zupackende Art des deutschen Paters, der neben manchen schmerzhaften Veränderungen auch viele positive Entwicklungen einleitete. Zum Beispiel brachte er von seinen Reisen nach Deutschland jedes Mal heiß ersehnte und benötigte Hilfsgüter mit. Und es sollte nicht lange dauern, bis ein wahrer Strom der Hilfe in Temeswar eintraf. Viele Menschen, die Pater Berno in den letzten Jahren als Volksmissionar kennengelernt hatte, hatten von seiner Versetzung nach Rumänien gehört. Die Medien waren damals voll mit erschütternden Bildern über die Armut und Not, die nach der Revolution in Rumänien herrschte. Bilder von Kinderheimen, zerfallenen Gebäuden und Bauruinen, lehmigen Straßen, Pferdefuhrwerken und unvorstellbarer Armut gingen durchs Fernsehen – all das in einem Land, das kaum tausend Kilometer entfernt lag. Die Menschen waren betroffen und wollten helfen – doch die Hilfe sollte auch ankommen. Was lag da näher, als sich an Pater Berno zu wenden, den man als ehrlichen, zuverlässigen und geradlinigen Menschen kennengelernt hatte?

Schon bald trafen die ersten Hilfstransporte mit Kleinbussen und LKWs in der Mehala ein. Altkleider, Lebensmittel, Verbandsmaterial, aber auch Baumaterialien und spezielle Hilfsgüter kamen in Temeswar an und mussten verteilt werden. Und wieder zeigte sich Pater Bernos Motto: *Keiner wird vergessen.* Anstatt all diese Dinge für sich und seine katholische Pfarrgemeinde zu behalten, wollte er, dass auch andere von den Hilfslieferungen profitieren. Der Auslöser dafür war unter anderem ein Hilfstransport von Winfried Kuhn und seiner überkonfessionellen Gruppe „Die Brandstifter" aus Albershausen, die gerne auch andere Kirchen unterstützen wollten. Also begann Pater Berno Kontakt zu anderen christlichen Gemeinden in Timişoara aufzunehmen – und dabei war es ihm vollkommen egal, ob es sich um orthodoxe, lutherische, reformierte, baptistische oder pentekostale Gemeinden handelte. „Wir dienen alle demselben Gott", war Bernos Aussage, „und Er will allen helfen. Er fragt nicht erst, ob jemand katholisch ist, sondern Er erbarmt sich über jeden." Diese Einstellung war in Timişoara und wahrscheinlich in ganz Rumänien eine absolute Neuheit, denn bisher hatten die verschiedenen Konfessionen streng voneinander getrennt gearbeitet und sich teilweise sogar als Konkurrenz betrachtet.

Neben den Hilfslieferungen kamen auch viele Besucher nach Rumänien, für die Pater Berno ebenfalls schnell eine Arbeit fand. Durch die Misswirtschaft war fast alles zerfallen. Die Straßen und Gebäude waren in einem jämmerlichen Zustand und auch vor der Mehala hatte der Verfall nicht Halt gemacht. Es fehlte einfach an den notwendigen Materialien, um die Gebäude in Schuss zu halten, und obendrein waren im Laufe der Jahre viele Fertigkeiten und Kompetenzen verlorengegangen. Wie gut war es deshalb, dass aus Deutschland und Österreich neben Materialien auch praktisch veranlagte Menschen eintrafen, die Reparaturen vornehmen konnten und überall mit Hand anlegten, wo Not am Mann war. Denn auch wenn Berno durch die

Ferienjobs in seiner Jugend selbst viele handwerkliche Fähigkeiten hatte, konnte er unmöglich alles alleine machen.

Leider musste er immer wieder erleben, dass er sich auf seine rumänischen Mitarbeiter noch nicht hundertprozentig verlassen konnte. Die Moral der Christen hatte in den langen Jahren des Kommunismus sehr gelitten und die vorherrschende Armut und der große Mangel halfen nicht gerade, um Werte wie Ehrlichkeit, Solidarität und Gerechtigkeit neu zu beleben. Für Pater Berno mit seinen hohen moralischen Standards war dies sehr herausfordernd, doch er wollte sich nicht geschlagen geben. Gleichzeitig war ihm bewusst, dass er die Menschen nur dann verändern konnte, wenn er ihnen einen anderen Weg vorlebte. Aus diesem Grund ging er rigoros gegen jede Form von Bestechung, Begünstigung und Unehrlichkeit vor, auch wenn er Leute dadurch manchmal vor den Kopf stoßen musste. So bemerkte er unter anderem, dass aus dem Lager über dem Pfarrsaal immer wieder Dinge verschwanden. Das konnte und durfte natürlich nicht sein. Kurzerhand legte sich Pater Berno selbst auf die Lauer, um den Dieb auf frischer Tat zu ertappen – bewaffnet lediglich mit einer Kamera. Und wirklich, kurz nach Einbruch der Nacht hörte er, wie sich jemand an der Türe zu schaffen machte. Also schnell die Kamera in die Hand und sobald die Person durch die Türe trat, drückte er ab. Gott sei Dank war der Dieb so erschrocken durch den Blitz, dass er fluchtartig das Weite suchte und sich nicht auf Pater Berno stürzte, denn sonst hätte dies böse ausgehen können. Doch Gott sei Dank war nochmal alles gut gegangen, und Berno konnte den Dieb, der kein anderer als der Messner einer benachbarten Pfarrei war, am nächsten Tag zur Rede stellen.

Für Berno war so ein Vertrauensmissbrauch sehr schmerzhaft und absolut nicht tolerierbar, selbst wenn er die Lage der Menschen verstehen konnte. Trotzdem machte ihn solch ein Verhalten wütend. Wie konnte man seine eigenen Bedürfnisse so rücksichtslos vor die Not der Gemeinschaft stellen? Auch er hatte in seiner Kindheit Not erlebt, doch in der Familie Rupp war man damit ganz anders umgegangen. Dieses Verhalten wollte er nun auch in Rumänien „einführen", indem er es den Menschen demonstrierte. Und tatsächlich bemerkten die Leute sehr bald, dass ihr neuer Pfarrer anders war. Seine eigenen Bedürfnisse standen an letzter Stelle und wenn jemand etwas brauchte, das eigentlich für ihn bestimmt war, erlebten sie immer wieder, dass er es einfach weiterschenkte. Es berührte die Menschen, wie sehr er sich ihre Not zu Herzen nahm und nach Auswegen und Lösungen für ihre Lage suchte.

Ein Erlebnis ging Berno besonders nahe, das er noch viele Jahre später erwähnte und als Beginn seines sozialen Engagements in Rumänien bezeichnete: Pater Berno musste ein kleines Baby beerdigen, das in den Armen seiner Mutter gestorben war, weil sie wegen Unterernährung keine Milch für das Kind hatte. Das Baby war an der Brust der Mutter regelrecht verhungert – und das mitten in Europa! Berno war sehr betroffen darüber und für ihn stand fest, dass er alles tun würde, was in seiner Macht stand, damit so etwas nie wieder passieren würde. Bereits in der Mehala begann er, *Pfarrcaritas-Gruppen* aufzubauen, die sich um Menschen in Not kümmerten, arme und kranke Menschen besuchten und Lebensmittel und Kleidung verteilten.

Das Kloster in der Elisabethstadt

Neben all diesen Arbeiten bestand noch der eigentliche Auftrag, für den Pater Berno in erster Linie nach Rumänien versetzt worden war: Die Rückgewinnung des Klostergebäudes in der Elisabethstadt und der Neuaufbau der Ordensgemeinschaft. Bereits im Oktober 1991 hatte Berno herausgefunden, dass die Enteignung des Klosters eigentlich gar nicht stattgefunden hatte, denn der Grundbucheintrag für das Gebäude war nicht geändert worden. „Die Mitbrüder sind damals hinausgeworfen worden und eine staatliche Handelsgesellschaft zog ein, doch im Grundbuch figuriert weiterhin die katholische Kirchengemeinde als Besitzer", schrieb er an sein Netzwerk.[153] An diesem Punkt wollte Berno ansetzen, um das Kloster so schnell wie möglich und auf legale Weise, ohne Bestechung wieder in Besitz nehmen zu können. Unterstützung erhielt er vom Oberbürgermeister der Partnerstadt Karlsruhe. Pater Bernos Neffe Ottmar Müller hatte bei seinem Studium in Karlsruhe den Sohn des OB kennengelernt und so den Kontakt zum Vater hergestellt, der sich sehr gerne für diese Sache einsetzte. Trotzdem mahlten die Mühlen in Rumänien langsam, doch schließlich war es geschafft: Am 18. Dezember 1992 wurde der Prozess um das leerstehende Kloster in der „Strada 1 Decembrie 1918" nach langem Hin und Her gewonnen. Zur damaligen Zeit war dies der einzige Prozess, der gegen eine Enteignung gewonnen wurde, wie Pater Berno in einem Interview erzählte.[154]

Nun musste nur noch der zweite Teil der Vereinbarung erfüllt werden: Die Ordensgemeinschaft brauchte Nachwuchs und das Gemeinschaftsleben der Brüder musste wieder aufgebaut werden. Im Jahr zuvor hatte Pater Berno zum ersten Mal nach 30 Jahren *Exerzitien* für die kleine Gemeinschaft organisiert, denn „... nur wenn wir geistliches Leben miteinander suchen und austauschen, werden wir geistlich über-leben."[155] Doch leider war die Gemeinschaft mittlerweile noch kleiner geworden, denn P. Johannes und P. Gottfried waren nach Deutschland übersiedelt und P. Lukas hatte Gott nach schwerer Krankheit zu sich gerufen. Damit blieben von den sechs Brüdern nur noch P. Pius, Br. Bruno und Br. Hugo übrig. Und dann geschah das Wunder: Der junge Diözesanpriester Nikolaus Laus, der seit September 1991 als Kaplan in der Elisabethstadt arbeitete, bat um Aufnahme in den Orden. Ursprünglich war Niki, wie der junge Priester von vielen genannt wurde, zur Unterstützung des kranken P. Lukas in die Elisabethstadt gekommen, und dabei hatte er die Salvatorianer kennenlernt – und eben auch Pater Berno. Das, was er sah, gefiel ihm sehr gut. „Die Patres in der Elisabethstadt haben oft über Berno gelacht; er war so spontan und hat Gitarre gespielt. Ich habe mich ein bisschen darüber gewundert, denn mir hat Berno sehr gut gefallen. Er war für alles offen, hat gearbeitet und alles angepackt. Und ich dachte, so muss man sein – er war unabhängig", erzählte P. Nikolaus[156]. Deshalb hielt er den Kontakt zu Berno auch nach seiner Versetzung in eine andere Pfarrei aufrecht, und im Mai 1993 entschloss er sich schließlich, nach Temeswar zurückzukehren, um in den Orden der Salvatorianer einzutreten. Als dann noch ein junger Student um Aufnahme in den Orden bat, waren die Bedingungen für die Fortführung der Niederlassung Temeswar endgültig erfüllt.

Damit stellte sich die Frage, wie es für Pater Berno weitergehen sollte, denn sein Einsatz in Rumänien war eigentlich auf zwei Jahre begrenzt gewesen. Selbstverständlich war den Oberen sein „erstaunenswerter und unermüdlicher Eifer und Idealismus für Rumänien" nicht verborgen geblieben, und ihnen war auch bewusst, dass die Niederlassung in Rumänien weiterhin auf Hilfe „von außen" angewiesen war. Nachdem Berno selbst gar nicht auf den Gedanken kam, Rumänien so bald schon wieder zu verlassen, wurde schließlich ein Vertrag zwischen der süddeutschen und der österreichischen Provinz über die Freistellung von Pater Berno auf unbestimmte Zeit geschlossen.

Nun konnte mit dem eigentlichen Aufbau des Klosters und der Ordensgemeinschaft begonnen werden. Bereits am 9. Februar 1993, unmittelbar nach Übergabe des Klosters, war Pater Berno aus der Mehala in das völlig heruntergekommene und durch Plünderungen stark beschädigte Gebäude in der Elisabethstadt gezogen. Er wollte verhindern, dass noch weitere Gegenstände und Materialien entwendet wurden. Wie gut, dass Berno keinen Komfort beanspruchte, denn sein Nachtquartier hatte anfangs große Ähnlichkeit mit den Schlafplätzen auf seinen Pilgerreisen. Allerdings war er im Kloster nicht alleine, denn zu seinem Schutz hatte er dieses Mal einen Hund mitgenommen. Und im Sommer 1993 zog auch Niki in das verfallene Gebäude ein. Er erinnert sich noch gut an diese erste Zeit: „Wir haben gearbeitet, das war hart. Man musste von unten bis oben alles erneuern. Die Küche war einmal hier, einmal dort, und wenn es geregnet hat, musste man in den Keller umziehen, denn das ganze Dach war weg."

Bernos große Pläne mit dem ehemaligen Kolleg waren bestehen geblieben. Er wollte daraus „... ein Zentrum für die Pfarrei, für Exerzitien, für die Weiterbildung von Priestern, Ordensleuten und Laien und schließlich für unser zerbrechliches Pflänzchen der klösterlichen Gemeinschaft" machen.[157] Bis dahin war es allerdings ein langer Weg. Als erstes musste der Unrat weggeschafft werden, der sich im Haus und insbesondere im 2. Stockwerk angesammelt hatte. „Teilweise stand der Taubenmist meterhoch und man brauchte insgesamt sieben großer Lastwagen, um den Dreck zu beseitigen", erinnerte sich Bernos Bruder Ottmar.[158] Weil sich seit 1948 niemand um die Dachrinnen gekümmert hatte, waren sie durchgerostet und verstopft, so dass Nässe ins Mauerwerk eingedrungen war. Außerdem waren in einem der letzten Winter sämtliche Wasserrohre zugefroren und aufgeplatzt. Die elektrischen Leitungen waren ebenfalls an so vielen Stellen defekt, „... dass das ganze Haus in seinen eisenführenden Teilen unter Spannung stand."[159] Durch das Architekturbüro seines Schwagers in Meckenbeuren ließ sich Pater Berno erst einmal Baupläne inklusive einer genauen Kostenaufstellung erarbeiten.

Und dann legte er gemeinsam mit P. Niki und vielen Helfern aus seiner Familie, dem Orden und seinem Freundeskreis los. Arbeitseinsatz in Temeswar – das war fortan das Urlaubsprogramm von vielen Menschen in Pater Bernos Umfeld – und seltsamerweise machten sie es alle gerne, denn wenn Berno von etwas begeistert war, konnte er auch andere begeistern. Aus dem Salvatorkolleg in Bad Wurzach kamen ganze Schülergruppen, die gemeinsam mit ihrem Lehrer P. Hubert Veeser ein bis zwei

Wochen ihrer Sommerferien für Rumänien investierten. Und so wurde Taubenmist geschaufelt, Drainagen gelegt und viele Maurer-, Flaschner- und sonstige Bauarbeiten durchgeführt, die sich manch einer vorher gar nicht zugetraut hätte. Berno war dabei stets mittendrin, er war sich für keine Aufgabe zu schade. „Am Anfang war das schon sehr abenteuerlich", erinnerte sich P. Hubert. „Ich hatte z.B. ein Zimmer im 2. Stock, von dem man nach oben durch das Dach schauen konnte."[160] Als Niki im September 1993 für ein Jahr ins Noviziat nach Österreich und Deutschland gehen sollte, erhielt Pater Berno Verstärkung durch Franz Brugger aus Bad Wurzach, der nach Timişoara gezogen war, um als Volontär beim Wiederaufbau des Klosters zu helfen. Und während er mit Pater Berno diverse Reparaturarbeiten durchführte, spürte er, dass Gott ihn mit beinahe 50 Jahren noch in den Orden der Salvatorianer berief.

Straßenkinder

Franz Brugger war es auch, der den Kontakt mit den Straßenkindern herstellte, die tagsüber auf dem Platz vor der großen Kirche herumlungerten und bettelten. Anfangs waren sie noch scheu und wollten sich auf kein Gespräch einlassen, doch mit der Zeit entwickelte sich eine Vertrauensbeziehung zwischen Franz Brugger und den Kindern. Ihre Situation ging ihm zu Herzen und er sprach eines Abends mit Pater Berno und Niki darüber, was man für diese Kinder tun könnte. Weil es im Winter zu kalt war, um auf der Straße zu schlafen, hatten sich die sieben Kinder nachts in einen Schacht der Fernwärme vor der Kirche verkrochen, der nur mit einem dünnen Drahtgitter abgedeckt war. Selbstverständlich war Pater Berno sofort bereit zu helfen – das, was er hatte, wollte er gerne mit den Kindern teilen. Man könnte ihnen zum Beispiel ein warmes Mittagessen anbieten – gerade im Winter wäre das auf jeden Fall eine Hilfe. Gesagt, getan. Und so startete an Weihnachten 1994 zum ersten Mal die Suppenküche im Kloster, die bis Frühjahr 2020 ohne Unterbrechung weiterlaufen sollte und teilweise bis zu 80 Kinder und später auch andere Obdachlose verköstigte, denn nach der Revolution gab es sehr viele Straßenkinder in Rumänien. Sie waren größtenteils aus staatlichen Waisenhäusern geflohen, in denen sie während des Kommunismus teilweise unter menschenunwürdigen Zuständen gehaust hatten. Durch Ceausescus Familienpolitik und das strenge Verbot von Verhütungsmitteln und Abtreibung gab es viele ungewollte Kinder in Rumänien, die von ihren Eltern nicht ernährt werden konnten, und deshalb einfach ausgesetzt oder in Waisenhäusern abgegeben wurden. Nach dem Zusammenbruch des Regimes waren sie auf der Straße gelandet, weil sie lieber ihre eigenen, teilweise harten Regeln aufstellten, als weiterhin der Willkür in den Heimen ausgesetzt zu sein. Temeswar war nach Bukarest die Stadt mit den meisten Straßenkindern und Pater Berno wollte selbstverständlich etwas dagegen unternehmen.

Schon bald waren ihm die Kinder sehr ans Herz gewachsen. Auch wenn sie schmutzig waren, unangenehm rochen und großteils kaum Manieren hatten, kannte er keine Berührungsängste. Sobald er die Kinder sah, ging er auf sie zu und nahm sie in den Arm – ob das in der Suppenküche oder auf der Straße war. Er besuchte sie sogar in ihrem „Zuhause" in den Schächten der Fernwärme und es entstand eine sehr herzliche Beziehung zwischen den Kindern und „ihrem" Pater. Selbst die Schüchternen kamen auf ihn zugelaufen, wenn sie ihn irgendwo in der Stadt oder bei der Essensausgabe im Kloster trafen. „Es hat mein Herz immer sehr bewegt, wenn ich Berno mit ‚seinen' Kindern sah. Man spürte die gegenseitige Wertschätzung und Liebe – von beiden Seiten", erzählte Schwester Rosa[161].

Natürlich ging es manchmal hoch her, wenn sich die vielen Straßenkinder bei der Essensausgabe im Kloster trafen. Sie waren gewöhnt, dass sie um alles kämpfen mussten und nur der

Stärkere etwas erhielt. Außerdem gab es unter ihnen Rivalitäten und Gruppenbildungen, so dass es immer wieder zu Beschimpfungen, Streit und Reibereien kam. Das wollte und konnte Pater Berno nicht dulden. Er erkannte sehr schnell, dass er feste Regeln aufstellen musste, denn Liebe und Annahme hieß für ihn nicht, alles durchgehen zu lassen. „Manchmal muss man schon streng sein, denn sie dürfen uns nicht auf der Nase herumtanzen. Und sie sollen ja auch etwas lernen", erklärte er Besuchern, die ihn auf seinen Umgang mit den Kindern ansprachen.[162]

Für Berno war es wichtig, dass die Kinder nicht nur Hilfe bekamen, von der sie abhängig waren. Stattdessen wollte er ihnen einen Weg zeigen, um langfristig ein anderes Leben führen zu können. „Veränderung fängt manchmal schon mit einem besseren Benehmen an. Die Kinder haben ja bisher kaum Erziehung genossen – und wenn wir da einen kleinen Beitrag leisten können, dann wollen wir das tun", meinte er. Deshalb wollte er es auch nicht nur bei einer warmen Mahlzeit belassen. Als er sah, wie verwahrlost die Kinder teilweise waren und dass sie fast keine warme Kleidung hatten, wollte er auch hier helfen. Kurzerhand ließ er im Keller des Klosters zwei Duschen einbauen, damit sich die Kinder wenigstens einmal in der Woche waschen konnten. Anschließend erhielten sie saubere und warme Kleidung, die sie vor allem im Winter dringend brauchten. „Wenn wir am Samstag einen Kleiderbasar hatten, durften sich die Straßenkinder bereits am Freitag neue Sachen aussuchen", erzählte Pater Berno. „Sie haben die besten Sachen bekommen, zum Beispiel einen guten Anorak. Da waren manche Leute auch böse auf mich, aber mir war das egal."[163]

Ein großes Problem war, dass die Kinder auf der Straße sehr leicht mit Drogen in Berührung kamen. Viele von ihnen schnüffelten die billige Straßendroge „Aurolack", ein synthetisches Verdünnungsmittel, um für einige Zeit das Elend der Straße zu vergessen. Leider war dieses Teufelszeug sehr giftig und verätzte ihnen regelrecht die Lungen, bzw. verursachte Herz- und Hirn-erkrankungen, so dass etliche Kinder daran starben. Zudem lös-ten die giftigen Dämpfe Halluzinationen aus, unter deren Ein-fluss sich die Kinder selbst verletzten oder aggressiv gegenüber anderen wurden. „Zum Schutz der Kinder mussten wir auch hier klare Regeln aufstellen", erklärte Pater Berno. „Wenn die Kinder mit Aurolack voll sind, können sie nicht zu uns kommen, dann müssen wir sie leider rauswerfen." Pater Berno wusste, dass Liebe das Wohl des anderen sucht, und wenn sich dieser schadet, muss Liebe aktiv werden und etwas unternehmen. Die-sen christlichen Grundsatz lebte er – und niemand, der ihn ein-mal mit seinen Kindern gesehen hatte, wäre auf den Gedanken gekommen, an seiner Motivation und Liebe für sie zu zweifeln.

Arbeit in der Pfarrei und im Kloster

Neben den Straßenkindern gab es im Kloster und in der Pfarrei noch jede Menge andere Aufgaben. „Seelsorge, Predigt, Arbeit mit den verschiedenen Gruppen – das meiste davon mussten wir wieder neu aufbauen. Dabei kommen wir Salvatorianer nicht mit festen Programmen, sondern wir versuchen, den Menschen einfach in ihren Nöten beizustehen."[164] Während des Kommu-nismus hatte es abgesehen von den Gottesdiensten kaum noch Möglichkeiten zur Ausübung des Glaubens für die Katholiken gegeben. P. Pius und Niki hatten nach der Wende zwar bereits einiges begonnen, doch mit dem Einzug von Pater Berno in der Elisabethstadt wehte dort schon bald ein anderer Wind. Denn auch wenn das Gebäude noch eine halbe Ruine war, hinderte ihn dies nicht daran, sofort mit der Gemeindearbeit zu beginnen und diese auszubauen.

Die Gemeindemitglieder waren vor allem rumänischer und ungarischer Abstammung, doch es gab auch eine kleine Anzahl von Deutschstämmigen. Aus diesem Grund wurden sonntags drei Gottesdienste abgehalten, in deutscher, ungarischer und rumänischer Sprache. Natürlich wollte Pater Berno die deutsche Messe übernehmen, aber auch im rumänischen Gottesdienst versuchte er mitzumischen, selbst wenn sein Rumänisch noch nicht perfekt war. Schon bald lernten die Gemeindemitglieder viele neue und moderne Kirchenlieder kennen, die neben den altbekannten ihre Gottesdienste bereicherten. Und man gewöhnte sich daran, dass diese Lieder nicht wie gewohnt von der Orgel, sondern von Pater Berno mit der Gitarre und mit seiner kräftigen Stimme begleitet wurden. Auch seine Predigten waren bei den Leuten sehr beliebt, weil sie so lebensnah waren und gleichzeitig von Bernos tiefem Glauben und seiner Beziehung zu Gott zeugten. „Das war etwas anderes, als das, was wir im Kommunismus gewohnt waren. Er hat mich von Anfang an sehr bewegt, denn er war ein barmherziger, hochintelligenter Mensch, der viel Verständnis für die schlimme Situation in Rumänien hatte", erzählte Frau Dr. Serban, die Pater Berno in der deutschen Messe kennenlernte[165].

Neben den Gottesdiensten baute Pater Berno auch in der Elisabethstadt eine *Pfarrcaritas* auf, die sich um Notleidende in der Gemeinde kümmerte und die Alten und chronisch Kranken besuchte. „Er ging eigentlich auf alle zu, auf Jugendliche, Familie, ältere Leute. Und er hat ganz viel in Bewegung gebracht", erinnerte sich P. Niki[166]. So führte er zum Beispiel ein Kirchweihfest im Klosterhof ein, zu dem er die ganze Gemeinde einlud. „Ich bin in einem Dorf groß geworden und da war das normal", erzählte P. Niki. „Aber hier in der Stadt gab es normalerweise nur den Gottesdienst und nachher aßen die Pfarrer und ein paar wichtige Gemeindemitglieder zusammen und das war es."[167] Doch Berno wollte mit der ganzen Gemeinde feiern und plünderte dazu die Gärten der Ordensgemeinschaft in den Vororten Giroc und St. Andres, um genügend Salat für alle zu bekommen. Die Gemeindemitglieder waren anfangs zögerlich, denn sie waren es nicht gewöhnt, dass es Essen für alle gab. Doch weil sie

Berno mittlerweile besser kannten, kamen immer mehr Menschen, bis schließlich alle Plätze belegt waren.

Für seine Mitbrüder war es nicht immer einfach, mit diesen Neuerungen und mit Bernos enormem Tempo und Energie mitzuhalten. Damit die Gemeinschaft so schnell wie möglich zusammenleben konnte, hatten Berno, Niki und ihre diversen Helfer als erstes die Zimmer im ersten und zweiten Stock wieder bewohnbar gemacht und dafür gesorgt, dass die sanitären Anlagen funktionierten. So konnten die Salvatorianer 1994 nach mehr als 45 Jahren endlich wieder in ihr Kloster ziehen. Damals bestand die Gemeinschaft aus drei rumänischen Brüdern, die das kommunistische Regime überlebt hatten (P. Pius, Br. Bruno und Br. Hugo), aus Pater Berno als ihrem Superior sowie aus Niki und Innocentiu, den beiden Neuzugängen. Daneben gab es immer wieder junge Anwärter und Studenten, die ebenfalls für gewisse Zeit im Kloster lebten. Auch Franz Brugger wohnte bis Anfang 1995 im Kloster in der Elisabethstadt, bevor er nach Österreich zog, um seine *Kandidatur* bei den Salvatorianern zu beginnen. Seine Liebe zu den Straßenkindern und zu Rumänien blieb ihm allerdings auch weiterhin erhalten, so dass er fast jeden Monat mit Hilfslieferungen nach Timișoara kam. Für Berno war er von Anfang an sehr wichtig gewesen – und nicht nur wegen seinen vielseitigen praktischen Begabungen: „Ich verdanke ihm vor allem eine gute Weggemeinschaft im Glauben."[168]

Eine von Bernos Aufgaben als Superior des Klosters war es, eine Brücke zwischen den „alten" und den „jungen" Brüdern zu bauen und die Gemeinschaft neu zu beleben, die in den vergangenen Jahrzehnten beinahe zum Erliegen gekommen war. Und diese Aufgabe sollte sich als gar nicht so einfach erweisen. Die Neulinge im Kloster waren in der Regel begeistert von Pater Berno. „Er hat volle Power gelebt, das hat mich begeistert", erzählte P. Niki. „Und er hat uns junge Leute immer unterstützt, wenn wir Ideen hatten und etwas machen wollten."[169] Die älteren Mitbrüder konnten dagegen nicht so leicht mit Bernos unkonventioneller, direkter Art umgehen und auch das gegenseitige Misstrauen, das sich während des Kommunismus gebildet hatte, war bei weitem noch nicht ausgeräumt. Es blockierte gute Beziehungen, insbesondere zwischen Berno und P. Pius, der eine ziemliche andere Vorstellung vom Ordensleben hatte und sich von Pater Berno übergangen fühlte. Immer wieder kam es zu Spannungen und Auseinandersetzungen, bis Berno im Sommer 1996 an seinen Provinzial nach Deutschland schrieb, dass er unter diesen Voraussetzungen nicht weiter in Rumänien arbeiten könne. Schließlich traf der österreichische Provinzial die Entscheidung, dass P. Pius pensioniert wurde und die Leitung der Pfarrei an P. Nikolaus ging, auch wenn dieser noch ziemlich jung war.

In der Zwischenzeit war die Renovierung des Klosters weiter fortgeschritten, denn Berno hatte diese große Aufgabe nie aus dem Blick verloren. Nach den Zimmern für die Patres waren im ersten und zweiten Stock diverse Gästezimmer eingerichtet worden, in die Berno sogar einfache Nasszellen einbauen ließ. Diese Zimmer waren sehr regelmäßig in Gebrauch, um die vielen Bauhelfer aus dem deutschsprachigen Raum unterzubringen, die nach wie vor zahlreich kamen. Durch diese tatkräftige Hilfe konnten in den ersten drei Jahren die komplette Elektrik und die sanitären Anlagen erneuert, sowie die Wände und die Inneneinrichtung von vielen Räumen Stück für Stück renoviert werden. Außerdem ließ Pater Berno eine Zentralheizung einbauen, denn die bisherige Heizmethode mit Öfen war sehr kostspielig und wenig effektiv. Genau vier Jahre nach seinem Einzug ins Kloster wurde die neue Heizung in Betrieb genommen.[170] Mit dem Ausbau des Dachgeschosses war 1995 begonnen worden. Berno hatte dort weitere Gästezimmer vor allem für Jugendgruppen einbauen lassen, um seinen Traum von einem Begegnungszentrum zu verwirklichen. Auch diese Zimmer waren bald regelmäßig belegt und die Zahl der Gäste im Kloster stieg kontinuierlich an. Aus diesem Grund wurde schließlich im ersten

Stock eine große Küche eingebaut und eine Köchin angestellt, denn die Gruppen mussten auch verköstigt werden.

Natürlich gab es bei all diesen Bauarbeiten immer wieder Herausforderungen und Hindernisse, die überwunden werden mussten. In solchen Situationen waren seine Helfer und Mitbrüder immer wieder überrascht, wie hartnäckig Berno nach einer Lösung suchte. Unmöglich schien es für ihn nicht zu geben. Selbst als die Finanzen wegen der hohen Inflation und den deutlich gestiegenen Preisen in Rumänien eng wurden, schien er gelassen zu bleiben – zumindest äußerlich. „Nachts konnte er oft nicht schlafen wegen all den Sorgen", erzählte P. Niki. „Da hat er dann gebetet und Gott gesucht – und morgens war er wieder ruhig."[171] Dennoch war im Sommer 1997 ein Punkt erreicht, an dem „... ich unserem Baumeister unsere Zahlungsunfähigkeit eingestehen musste." Doch auch dieses Mal durfte Berno erleben, dass Gott Seine Hand über dem großen Werk hielt, denn: „In dieser unangenehmen Situation kam plötzlich ein Brief von Renovabis[172] mit der Aufforderung, unsere Unterlagen endlich einzureichen. Sie können sich vorstellen, wie erleichtert ich wurde."[173]

Auch die notleidenden Menschen in seinem Stadtteil hatte Pater Berno nie aus dem Blick verloren. Nach wie vor lebte ein Großteil der rumänischen Bevölkerung am oder unter dem Existenzminimum, und immer wieder mussten die Patres Menschen beerdigen, die schlichtweg verhungert waren. Für Berno waren dies unhaltbare Zustände und er wollte so vielen Menschen wie möglich helfen, auch wenn er natürlich nicht für alle da sein konnte. Wie gut, dass er so viele Kontakte im deutschsprachigen Raum hatte, die gerne bereit waren, etwas von ihrem Überfluss abzugeben und sich für die Menschen in Rumänien zu engagieren. Nach wie vor kamen viele Hilfstransporte mit Kleidung, Fahrrädern, Lebensmitteln und anderen Hilfsgütern in Temeswar an, und Berno fuhr selbst regelmäßig zwischen Rumänien und Deutschland hin und her und sammelte Spenden ein. Nie kam er in Temeswar ohne einen randvollen Transporter an.

Neben den Kleiderbasaren, die bereits in der Einleitung erwähnt wurden, unterstützte Pater Berno vor allem die chronisch kranken und alten Menschen, die oftmals unter unmenschlichen Bedingungen und in bitterer Armut lebten. Obwohl sie ihr ganzes Leben lang gearbeitet hatten, bekamen sie fast keine Rente und mussten von einem Hungerlohn leben, der manchmal nicht einmal für Strom und Nahrung reichte. Als Berno das mitbekam, wollte er auch hier einen Unterschied machen. „Ich habe geschaut, dass sie jeden Monat Lebensmittel erhalten. Das ist bis auf den heutigen Tag so.", erzählte er in einem Interview im Jahr 2004.[174] Die Lebensmittel kaufte er einerseits vom Erlös der Kleiderbasare und andererseits erhielt er immer wieder größere Lieferungen von seinen Spendern, wie zum Beispiel von Franz Schmalhofer aus Grafenau-Freyung in Bayern, der ihm regelmäßig größere Zuckerlieferungen brachte.

Außerdem erhielt Pater Berno besonders in der Weihnachtszeit viele kleine Lebensmittelpakete, die er an kinderreiche und bedürftige Familien, in die Kinderklinik von Timișoara sowie an ein Waisenheim verteilte. Als er angefangen hatte, sich in Rumänien zu engagieren, kamen Schulen, Kindergärten und Kirchengemeinden auf ihn zu, die gerne etwas für Kinder in Osteuropa tun wollten. Daraus war die Weihnachtspäckchen-Aktion entstanden, an der sich diverse Gruppen im „Großraum Meckenbeuren" beteiligten. Auch im österreichischen Groß St. Florian bei Graz sammelten Johann und Maria Pucher mit ihrer Gemeinde fleißig Lebensmittel und Spielsachen, die anschließend in kleine Päckchen verpackt wurden. Damit in den Paketen möglichst dieselben Dinge enthalten waren, schickte Berno bereits im Herbst Packlisten an seine Schwester Marieluise, das Ehepaar Pucher und an diverse andere Sammelstellen. Und Anfang Dezember machte er sich mit seinem Transporter auf den Weg nach Deutschland und Österreich, um die vielen Pakete abzuholen, die jedes Jahr mehr wurden.

Verbündete und Freunde

Bis die Spenden aus dem deutschsprachigen Raum in Rumänien verteilt werden konnten, mussten sich Berno und seine Unterstützer allerdings zuerst mit der rumänischen Bürokratie auseinandersetzen. Auch wenn das gebeutelte Land dringend auf Hilfe aus dem Ausland angewiesen war, machten sie es den Helfern nicht leicht, die Waren an Ort und Stelle zu bringen. Immer neue Hürden mussten überwunden werden und die Abwicklung der Transporte wurde von Jahr zu Jahr komplizierter. Pater Berno brauchte Unterstützung und deshalb nahm er Ende 1993 Kontakt mit der *Diözesancaritas* Timişoara auf, die Anfang des Jahres gegründet worden war. Ursprünglich ging es vor allem um ein wichtiges Dokument, das ab 1994 für Hilfstransporte benötigt wurde: Die „Accept de Donatie", eine Art Schenkungsurkunde für Spenden. Pater Berno hatte versucht, dieses Dokument über den Bischof zu erhalten, doch leider konnte ihm dieser nicht helfen. Deshalb wandte er sich an Herbert Grün, den Leiter der Caritas, und fragte ihn, ob es eine Möglichkeit gäbe, die Hilfstransporte zukünftig über die Caritas abzuwickeln. Herr Grün stimmte sofort zu und übergab Pater Berno mehrere Blankodokumente für seine Transporte. „Und wenn Sie neue brauchen, kommen Sie einfach wieder", meinte Herr Grün[175].

Damit begann die Zusammenarbeit zwischen Pater Berno und der Caritas und vor allem mit Herbert Grün selbst. Durch die „Accept de Donatie" wurde die Verzollung von sämtlichen Transporten für Pater Berno von nun an über die Caritas abgewickelt. Viele Stunden verbrachten Herr Grün, Pater Berno und die verschiedenen Transporteure beim Zoll in Temeswar, oder sie warteten in Herbert Grüns Büro, bis der Zoll endlich grünes Licht für die Ladung gab. Und dabei hatte man viel Zeit, sich kennenzulernen, gemeinsam über die Lage in Rumänien zu sprechen und zu überlegen, was man hier alles machen konnte und musste, um die Situation für die arme Bevölkerung zu ändern. Selbstverständlich wollte Pater Berno die Caritas nicht nur für seine Zwecke nutzen, sondern er interessierte sich auch sehr für ihre Arbeit im Landkreis Timiş. Er begann, ihre Projekte durch Spenden und Hilfslieferungen zu unterstützen und schickte seine eigenen Gönner zu Herbert Grün, um in Zukunft auch der Caritas zu helfen. Aus all diesen Begegnungen entstand eine tiefe Freundschaft zwischen den beiden sehr unterschiedlichen Männern, durch die in Zukunft noch sehr viel Gutes in der Region erwachsen sollte.

Neben der Caritas arbeitete Pater Berno weiterhin mit diversen Kirchengemeinden zusammen und das ökumenische Netzwerk, das er bereits in der Mehala aufgebaut hatte, wuchs immer weiter. Auch die jüdische Gemeinde mit ihrem Rabbi Neumann zählte für ihn dazu, selbst wenn die Gemeinde nicht auf Hilfsgüter angewiesen war. Im Unterschied zum übrigen Land hatte es in Timişoara in den letzten Jahrzehnten immer eine jüdische Gemeinde gegeben, die stets gute Beziehungen zu den Christen gepflegt hatte. Als Pater Berno den seit 1941 amtierenden Rabbi einmal fragte, wie viele Juden während des zweiten Weltkrieges deportiert worden seien, antwortete dieser: „Sie werden sich wundern: nicht ein einziger, denn wir sind hier in Temeswar – hier steht einer für den anderen ein."[176] Sowohl Rabbi Neumann als auch Pater Berno war sehr offen für die Religion des anderen und es entwickelte sich eine Freundschaft zwischen ihnen, die bis zum Tod des Rabbis bestehen blieb.

Auch zu den Menschen in den umliegenden Dörfern pflegte Berno viele Kontakte, denn dort war die Notlage zum Teil noch verheerender als in der Stadt. Durch Ceausescus radikale Siedlungspolitik hatte die Landwirtschaft viele Nachteile hinnehmen müssen und die Armut der Dorfbevölkerung war sehr groß. Natürlich wollte Berno auch hier so gut wie möglich helfen. „Es gab keine Stelle oder Organisation, von deren Not Pater Berno erfuhr, wo er nicht geholfen hätte", erzählte Doina Osorheian, die Pater Berno in dem kleinen Ort St. Andres kennengelernt hatte, als er noch in der Mehala war[177]. Er war damals als Vertretung für den verstorbenen Pfarrer in die Kirche gekommen und hatte neben dem Gottesdienst auch Religionsunterricht für die Kinder angeboten. Weil Pater Berno damals nur sehr wenig Rumänisch sprach, hatte Doina ihn unterstützt und auch den Religionsunterricht für die rumänischen Kinder übernommen.

Die Gemeinde in St. Andres war genauso begeistert von Pater Bernos lebendiger Art wie die Menschen in der Mehala. Und als er ihnen 1993 mitteilte, dass er nicht länger nach St. Andres kommen konnte, weil er das Kloster in der Elisabethstadt zurückbekommen hätte, wollten die Leute ihm beim Wiederaufbau des Klosters helfen. Dieses Angebot nahm Berno gerne an und so fuhr er in den nächsten Monaten jeden Samstagmorgen nach St. Andres, um seinen Bus mit Kindern und Frauen zu füllen, die beim Putzen und Steine sortieren im Kloster halfen. „Pater Berno konnte einen für jede Arbeit begeistern, auch wenn man das noch nie zuvor gemacht hatte", erinnerte sich Doina.[178] Auch der erste Hund, mit dem Pater Berno 1993 ins Kloster einzog, stammte aus St. Andres: Doinas Sohn war eines Tages mit zwei Rassehunden angekommen, die er gerne behalten wollte, doch die Familie konnte keine zwei Hunde versorgen. Also ging Doina auf Pater Berno zu und fragte ihn, ob sie ihm etwas schenken durften. Seine Antwort lautete: „Das hängt vom Geschenk ab." Als er dann jedoch die große schwarze Dogge sah, die auf den Namen Lady hörte, war dies Liebe auf den ersten Blick und er nahm sie sehr gerne an.[179]

Auch nachdem die ersten Aufräumarbeiten im Kloster erledigt waren und nun eher „Männerarbeit" anstand, blieb der Kontakt zu St. Andres und insbesondere zu Doina und ihrer Familie erhalten. Als Doina einige Jahre später in Rente ging, fragte sie Pater Berno, ob er im Kloster eine Aufgabe für sie hätte. Zuerst fiel ihm nichts ein, doch eines Tages bat er sie, die neue Bibliothek im Kloster zu übernehmen und sehr bald zeigte sich, dass

Doinas Sprachkenntnisse in dem Mix aus Rumänisch, Deutsch und Ungarisch, der im Kloster herrschte, ebenfalls sehr hilfreich waren. Immer öfter wurde sie als Übersetzerin für diverse Unterlagen wie zum Beispiel für Exerzitien eingesetzt, und auch wenn Bernos Rumänischkenntnisse mittlerweile sehr viel besser geworden waren, griff er gerne auf Doina zurück.

Eine weitere wichtige Beziehung entstand, als Pater Berno in seiner Pfarrei die Ärztin Frau Prof. Dr. Serban kennenlernte, die die onkologisch-hämatologische Abteilung des Kinderkrankenhauses Nr. 3 „Louis Țurcanu" leitete. Frau Dr. Serban engagierte sich mit großer Hingabe für Kinder, die teilweise an sehr schweren und unheilbaren Krankheiten litten und vom rumänischen Staat nur unzureichend unterstützt wurden. Das Krankenhaus bekam nicht genügend Geld, um über die Runden zu kommen, und es fehlte eigentlich an allem. Neben den dringend benötigten Medikamenten mangelte es an grundlegenden Dingen wie Spritzen, Einweghandschuhen, Desinfektionsmittel und Verbandsmaterial, aber auch an Nahrungsmitteln für die Kinder.

Als Pater Berno Frau Dr. Serban das erste Mal in der Klinik besuchte, war er erschüttert über die Lage. Die Krankenzimmer waren vollgestopft mit Kindern, teilweise lagen mehrere in einem Bett. Weil es aus finanziellen Gründen nicht genügend Personal gab, mussten Eltern oder Verwandte oft mithelfen, um die Kinder in der Klinik zu versorgen, sofern es sich nicht um Waisenkinder handelte. Es konnte durchaus passieren, dass sich in einem kleinen Krankenzimmer mehr als zehn Personen aufhielten. Hier musste etwas geschehen! Deshalb brachte Pater Berno mehrere Gruppen aus seinem Unterstützerkreis in Verbindung mit Frau Dr. Serban und dem Kinderkrankenhaus. Er führte sie selbst durch die Klinik und forderte sie auf, ab sofort ihre Spenden nicht mehr an ihn, sondern an das Krankenhaus zu überweisen. „Ich habe genügend Spender", sagte er immer wieder, „aber die Kinder in der Klinik sterben, wenn ihr euch nicht um sie kümmert."[180]

„Durch die Hilfe aus Deutschland, Südtirol und Österreich konnten wir vieles in unserer Klinik entwickeln und nach und nach auch die Behandlungskonzepte aus Westeuropa umsetzen, die viele unserer Kinder retten", erzählte Frau Dr. Serban. „Auch die erste Knochenmarktransplantation in Rumänien wurde bei uns durchgeführt."[181] Und Pater Berno beschränkte sich nicht nur darauf, andere ins Kinderkrankenhaus zu schicken, sondern er ging selbst immer wieder hin, um Zeit mit den Kindern zu verbringen, sie in den Arm zu nehmen und ihre schwere Situation aufzulockern. „Er kam zum Beispiel an Weihnachten und auch an Ostern. Dann hatte er seine Gitarre mitgebracht und gesungen, so wunderschön. Die Kinder bekamen Geschenke und Pater Berno war der Mithelfer vom Christkindl. Das hat allen gut getan.", erinnerte sich Frau Dr. Serban.[182]

Neben der Kinderklinik hatte Frau Dr. Serban gemeinsam mit ihrem Mann noch ein weiteres großes Projekt gestartet: die Cristian-Serban-Stiftung zur Unterstützung von chronisch kranken Kindern mit Diabetes und Hämophilie. Das Ehepaar Serban hatte vor etlichen Jahren ihren einzigen Sohn auf tragische Weise verloren und sie wollten nun etwas für andere Kinder tun. Aus diesem Grund hatten sie ein medizinisches Zentrum in Buziaş, einer etwa 35km von Timişoara entfernten Kleinstadt, aufgebaut. Auch dieses Projekt unterstützte Pater Berno, indem er die Serbans mit geeigneten Spendern in Kontakt brachte. Natürlich durfte diese Hilfe nie auf Kosten der Kinderklinik gehen. Für Pater Berno gab es kein Entweder-Oder – wenn er von einer sinnvollen Sache hörte, die Unterstützung brauchte, musste das selbstverständlich „zusätzlich" möglich gemacht werden. Und irgendwie fand er immer einen Weg. „Das haben wir von Pater Berno gelernt", sagte Frau Dr. Serban, „Wo ein Wille ist, da ist auch ein Weg! Er war immer so entschlossen und gleichzeitig hilfsbereit und barmherzig und hat uns geholfen, wo er konnte."[183]

Salvatorianerinnen

Um den vielen Nöten in Rumänien zu begegnen, brauchte Berno weitere Helfer und dadurch entstand ein weiterer Traum in ihm: Er wollte gerne einen Schwesternzweig der Salvatorianer in Temeswar eröffnen, um noch mehr bewirken zu können und gleichzeitig seine Vision von einem Weiterbildungs- und Begegnungshaus voranzutreiben. Auf seiner Pilgerreise ins Heilige Land hatte er gesehen, was die Salvatorianerinnen in Emmaus, Bethlehem und Nazareth alles auf die Beine stellten – und er wünschte sich das auch für „seine" Stadt. Aus diesem Grund fragte Berno bei seinen Stippvisiten in den deutschsprachigen Niederlassungen des Ordens immer wieder nach, ob es Schwestern gäbe, die gerne nach Temeswar kommen wollten.

Und 1996 wurde er schließlich fündig. Bei einem Besuch in Meran kam er ins Gespräch mit Schwester Rosa, die zu ihm sagte: „Ich möchte so gerne nach Rumänien gehen – lieber gestern als morgen." Daraufhin unterhielten sich die beiden lange über die Arbeit in Rumänien und schließlich fragte Pater Berno noch einmal: „Möchtest du wirklich gehen oder hast du das einfach nur so gesagt?" Und Sr. Rosa erwiderte: „Doch, ich möchte schon gehen, aber nicht allein." Das war für Berno das kleinste Problem: „Wenn erst einmal eine Schwester sicher ist und gehen will, dann finde ich schon noch jemanden."[184] Und tatsächlich fand sich sowohl in der deutschen als auch in der österreichischen Provinz je eine Schwester, die bereit war, nach Rumänien zu ziehen. Am 29. Oktober 1996 konnte Pater Berno Sr. Rosa Mair aus Südtirol, Sr. Friederike Ammershuber aus Deutschland und Sr. Bernadette Führacker aus Österreich in ihren Niederlassungen abholen und nach Timișoara bringen. Dort mussten sie natürlich zuerst einmal die rumänische Sprache lernen und sich mit Land und Leuten vertraut machen. Dazu sollten die Schwestern in den ersten Wochen an verschiedenen Orten im

Land leben und Berno nutzte die Gelegenheit, um eine fünftägige Rundreise durch Rumänien für „seine" Schwestern zu organisieren. „Ihr sollt eure neue Heimat gleich von ihrer schönsten Seite kennenlernen", sagte er.[185]

Nach dem Sprachstudium kamen die Schwestern vorerst im Kloster in der Elisabethstadt unter, weil die Renovierungsarbeiten an ihrem zukünftigen Heim nicht rechtzeitig fertig geworden waren. Aus der Zeit des Kommunismus besaßen die Salvatorianer noch ein kleines Haus in der nahegelegenen Odobescu-Straße, in das die Schwestern ziehen sollten. Im Nachhinein stellte es sich als gut heraus, dass die Schwestern am Anfang im Kloster lebten, denn auf diese Weise sahen sie sehr schnell, woran es am meisten mangelte. „Es war halt eine Männerwirtschaft", erzählte Sr. Rosa, die als Oberin eingesetzt wurde. „Da war es gut, dass wir gekommen sind. Die Gäste sagten immer wieder – mit den Schwestern ist die Wärme ins Kloster gezogen."[186] Schon bald konnte man sich das Kloster ohne Schwestern gar nicht mehr vorstellen.

Weil Ausländer in Rumänien kein Gehalt beziehen durften, wurden die Schwestern genau wie Berno weiterhin von ihren Heimatstandorten bezahlt. Schwester Rosa arbeitete vor allem in der Hauskrankenpflege mit, die über die Sozialstation der Caritas Timişoara organisiert wurde. „Wir sind ein Team von Krankenschwestern, die regelmäßig die Kranken zu Hause pflegen. Die Medikamente bekommen die Patienten bei einer ärztlichen Verordnung gratis. Für ein kleines Entgelt können Pflegemittel wie Betten, Rollstühle, Krücken etc. ausgeliehen werden. Die Kranken sind sehr dankbar. Sie können gar nicht glauben, dass die Pflege umsonst ist. In Rumänien ist es üblich, dass in den Krankenhäusern und Heimen jeder Handgriff im Voraus bezahlt werden muss", schrieb Sr. Rosa im Rundbrief.[187]

Sr. Bernadette und Sr. Friederike begannen bereits Anfang 1997, im Untergeschoss des Klosters eine Nähschule für Frauen und Mädchen einzurichten. Pater Berno hatte siebzehn Nähmaschinen geschenkt bekommen, mit denen die Frauen lernten, Kleidung für sich und ihre Familien zu nähen. Die Stoffe konnten sie für einen kleinen Unkostenbeitrag im Kloster erwerben, denn die meisten von ihnen konnten es sich nicht leisten, neue Stoffe in einem Geschäft zu kaufen. Sr. Rosa bot zusätzlich einen Strickkurs an, in dem die Frauen ebenfalls Kleidung, aber auch Handschuhe und Mützen herstellen konnten. Durch diese Kurse kamen die Schwestern sehr schnell in Kontakt mit den Menschen aus der Pfarrei und aus dem Umfeld des Klosters. Unterstützung bei ihren Aufgaben erhielten sie von Doina, die oft als Dolmetscherin einsprang, aber auch praktisch mit Hand anlegte.

Außerdem hatte Sr. Friederike angefangen, den deutschsprachigen Kindern Religions- und Erstkommunionsunterricht zu geben, während Doina die rumänischen Kinder unterrichtete. „Bei den Kindern, die freiwillig zum Unterricht kommen, spüre ich eine große Offenheit. Mein Anliegen ist, den Kindern eine frohe Botschaft zu vermitteln", schrieb Sr. Friederike im Rundbrief.[188] Und auch mit anderen Religionslehrern der Diözese Timişoara kam sie in Kontakt. In der Diözese war es üblich, dass sich die Lehrer 14-tägig zum Austausch trafen und bei einem dieser Treffen baten sie Sr. Friederike, mit ihnen neue Formen für den Religionsunterricht zu erarbeiten. „Ich kann nur staunen, mit welcher Offenheit und Freude sie dabei sind. Für mich ist zunächst das wichtigste Anliegen, dass sie sich selber auf einen liebenden Gott einlassen können statt nur einen strafenden Richter vor sich zu sehen", schrieb sie Ende 1997.[189]

In der Zwischenzeit wurde an dem Haus in der Odobescu-Straße fleißig gearbeitet, und am 11. Oktober 1997 war es soweit: Das Haus wurde von Bischof Sebastian Kräuter feierlich eingeweiht und es erhielt den Namen „Haus Bethanien". Nach knapp einem Jahr im Kloster konnten die Schwestern endlich in ihre eigenen vier Wände ziehen und darüber freuten sie sich sehr. Nun konnte die Schwesterngemeinschaft so richtig aufblühen – so wie der wunderschöne Garten dort, der in all den Jahren stets von Bruder Bruno gepflegt worden war. Selbstverständlich waren die Schwestern nach wie vor fast täglich im Kloster und der „warme Geist", der dort mit ihrer Ankunft eingezogen war, blieb auch weiterhin erhalten.

100-jähriges Jubiläum

Schließlich war das Jahr gekommen, das sich Pater Berno als Ziel für die Renovierungs- und Ausbauarbeiten des Klosters gesetzt hatte: Das 100-jährige Bestehen der Salvatorianer in Temeswar. Am 21. November 1898 war die Urkunde vom damaligen Bischof Dessewffy unterzeichnet worden, die die Gründung des Salvatorianerkollegs in der Mehala besiegelte. Und diesen wichtigen Anlass wollte Pater Berno natürlich feiern. Deshalb lud er sämtliche Freunde und Unterstützer ein, im kommenden Jahr selbst einmal nach Temeswar zu kommen und sich mit eigenen Augen anzuschauen, was im Laufe der Jahre alles entstanden war. Damit die 32 Gästebetten, die nun im Kloster zur Verfügung standen, nicht nur von fleißigen Helfern und Transporteuren genutzt wurden, hatte er sich eine Reihe von feierlichen Anlässen für einen Rumänienbesuch einfallen lassen. Im Februar sollten Exerzitien inklusive einer Fußwallfahrt nach Maria Radna, einem bedeutenden Banater Wallfahrtsort, stattfinden. Im Juni lud Berno zum Kirchweihfest der Pfarrkirche ein und im August war ein europaweites Jugendtreffen der Salvatorianer zum Thema „Wer nicht brennt, der zündet nicht" geplant. Außerdem sollte im August auch die offizielle Einweihung des renovierten Klosters stattfinden. Und am 21. November stand zu guter Letzt die eigentliche Jubiläumsfeier an.[190]

Man sollte meinen, dass sich die Arbeit in Rumänien damit konsolidiert hätte und Pater Berno in seinem Alter so langsam etwas ruhiger treten oder sich zumindest auf die bestehenden Aufgaben beschränken würde. Denn natürlich gab es an dem großen Gebäude und im Hof und Garten des Klosters auch weiterhin genügend zu tun, und die Arbeit mit den Straßenkindern und in der Pfarrei ging ebenfalls weiter. Auch Bernos Transporte aus dem deutschsprachigen Raum hatten in den letzten Jahren immer größere Ausmaße angenommen. Erst im vergangenen Mai hatte sein schwarzer Bus einen neuen Motor erhalten, weil der alte wegen den schlechten Straßenverhältnissen einen irreparablen Schaden gehabt hatte. Nach knapp einem Jahr hatte der neue Motor bereits wieder 74.000km auf dem Buckel, die alle von Pater Berno gefahren worden waren! Doch wer glaubt, dass ihn dies daran hinderte, weiter zu träumen und größere Projekte ins Auge zu fassen, kennt den rastlosen Pater aus Oberschwaben noch nicht gut genug. Nicht umsonst hatte er von einigen Ordensanwärtern den Spitznamen Speedy Gonzales erhalten, der nun die Türe seines Zimmers schmückte. Doch bevor wir uns der weiteren Entwicklung in Rumänien zuwenden, wollen wir zuerst einen Blick auf die vielen Helfer und Kontakte aus Bernos Netzwerk werfen, ohne die weder die jetzige noch die zukünftige Arbeit möglich gewesen wäre.

Das Netzwerk – oder: „Er hat uns alle eingefangen!"

Bereits in den letzten Kapiteln wurde deutlich, wie wichtig für Pater Berno die Menschen in seinem Umfeld waren. Seine Familie, die Salvatorianer und die vielen, vielen Kontakte, die er in Lochau, Stuttgart-Giebel, München und bei den zahllosen Volksmissionen geknüpft hatte, waren zu einem riesigen Netzwerk geworden, auf das er in Rumänien nun zurückgreifen konnte. Und es kamen immer neue Personen dazu – so viele, dass es unmöglich ist, alle Menschen vorzustellen, die eine Rolle in Pater Bernos Leben gespielt haben. Trotzdem wäre ein Buch über ihn nicht vollständig, wenn nicht zumindest ein paar exemplarische Personen, bzw. Personenkreise erwähnt würden, auch wenn sie wirklich nur eine sehr kleine Auswahl darstellen.

Für diejenigen, die an dieser Stelle leider nicht genannt werden können, gilt das Motto von Pater Berno: *Keiner wird vergessen!* Das Engagement jeder einzelnen Person war und ist wichtig, und es wurde und wird auch weiterhin gesehen! Aus diesem Grund hatte Pater Berno sich angewöhnt, jeden Morgen in seiner Kapelle für alle Spender, Unterstützer und Kontakte zu beten. „Sie mögen lächeln über meine hilflose Geste: Ich bewahre die Spendenliste von Passau, wo ihre Namen und ihre Spende monatlich aufgeführt sind, im Tabernakel unsrer neu renovierten Hauskapelle auf, so dass ER sie immer vor Augen hat."[191] Gott sieht tatsächlich jeden einzelnen – ja, man könnte sogar sagen, dass Er selbst dieses Netzwerk aufgebaut hat, um die Arbeit in Rumänien zu ermöglichen, zu der Er Pater Berno berufen hat.

Die Familie

Wenn man über Pater Bernos Netzwerk spricht, muss natürlich als erstes seine Familie erwähnt werden, die ihn sein ganzes Leben lang geprägt und getragen hat. Sie war sein Fundament und sein fester Halt, und er pflegte in allen Lebensphasen eine sehr enge Beziehung mit seinen Familienmitgliedern. Die Eltern, Geschwister und später auch die vielen Neffen und Nichten waren seine Begleiter und Ratgeber und die Personen, an die er sich als erstes wandte, wenn er Hilfe brauchte. Und seine Familie war selbstverständlich für ihn da, wenn er sich meldete, auch wenn es noch so unpassend war. Man konnte und wollte ihn nicht im Stich lassen und suchte nach Wegen, um ihm zu helfen. Und Berno schätzte das sehr und betonte in seinen Rundbriefen immer wieder, wie stolz er auf seine Familie war, auf die er sich hundertprozentig verlassen konnte.[192]

Der enge Zusammenhalt und die Werte, die Bernos Eltern ihren Kinder vermittelt hatten, waren in all den Jahren bestehen geblieben, auch wenn die Geschwister mittlerweile erwachsen waren und ihre eigenen Wege eingeschlagen hatten. Und sie hatte diese auch an die nächste Generation weitergegeben. Bei den Rupps blieb es selbstverständlich, dass man Anteil am Leben der anderen nahm und wenn einer in eine Notlage geriet, wurde sie zur Familiensache erklärt. Jeder musste seinen Teil dazu beitragen, um einen Ausweg und eine Lösung für das Problem zu finden. Berno schätzte diese enge Verbindung zu seiner Familie sehr und er betonte das auch immer wieder. „Ich finde es überhaupt gut, wenn Geschwister so fest zusammenhalten", schrieb er zum Beispiel von Israel aus an die Schwester seiner Mutter.

„Ich spüre es gerade auf dieser meiner Pilgerreise ganz stark, wie sehr ich an meinen Geschwistern hänge und sie brauche, auch wenn ich sie nicht ‚brauche‘! Ich glaube, da kann man eigentlich nicht zu viel tun, um miteinander die Sorgen, Freuden, Hoffen und letztlich auch den gemeinsamen Glauben zu teilen."[193]

Wenn Berno Unterstützung brauchte, rief er die Personen an, die ihm gerade in den Sinn kamen oder sich „in der Nähe" befanden. So erzählte sein Bruder Ottmar schmunzelnd von einer Begebenheit, als Berno auf der Autobahn an einer Raststätte zwischen Rothenburg und Feuchtwangen zum Tanken angehalten hatte. Als es ans Bezahlen ging, konnte Berno seinen Geldbeutel nicht finden, und ohne groß darüber nachzudenken, rief er seinen Bruder Ottmar an, ob dieser „mal schnell" kommen und ihm aushelfen könnte. „Das sind von uns aus Würzburg immerhin 80km! Aber ich bin natürlich trotzdem hingefahren und habe seine Tankrechnung bezahlt. Danach ist er gleich in sein Auto gesprungen und weitergefahren und ich konnte dann wieder nach Hause fahren", erinnerte sich Ottmar. „Und an der nächsten Tankstelle hat er dann nochmal angerufen, dass er seinen Geldbeutel wieder gefunden hat. Er lag neben ihm auf dem Beifahrersitz!", ergänzte seine Frau Gerlinde[194].

So war Berno. Er hatte viel im Kopf, war viel unterwegs und ging einfach davon aus, dass ihm seine Familienmitglieder helfen würden. Doch nicht nur für seine persönlichen Anliegen war die Familie Bernos erste Anlaufstelle, sondern auch für seine diversen Aufgaben als Priester – und zwar von Anfang an. „Zum Beispiel musste ich ihm sämtliche Faschingskostüme von uns nach Lochau schicken, weil er mit den Jungen dort Theater spielen wollte", erzählte Marieluise. „Er hat schon immer die ganze Familie in seine Aufgaben involviert – egal, ob man wollte oder nicht. Du musstest es halt machen."[195] Doch auch wenn Marieluise und die anderen Geschwister manchmal über seine Anfrage stöhnten, halfen sie ihm im Grunde genommen gerne. Für sie war es selbstverständlich, ihre eigenen Fähigkeiten in den Dienst der anderen zu stellen. So war Marieluise als Schneiderin dafür zuständig, Bernos komplette Garderobe inklusive seiner diversen *Habite* zu nähen. Ottmar und Hansjörg, die beide Ärzte, wurden bei medizinischen Fragen zu Rate gezogen und nachdem die Schwester Berta auch noch einen Architekten geheiratet hatte, war selbst für Aufgaben wie eine Klosterrenovierung das notwendige Know-How vorhanden.

Doch auch Berno stellte seine Fähigkeiten in den Dienst der Familie. Wie bereits erwähnt war er seit seiner Weihe zum Familienpriester für sämtliche Glaubensfragen und kirchlichen Feste geworden. „Irgendwie erschien es den Müllers-Kindern so, als wäre ein Sakrament nur dann gültig, wenn es von unserem Familienpater mitgefeiert wird", schrieb seine Nichte Gabriele.[196] Sämtliche Kinder in der Großfamilie wurden von ihrem „Bartonkele" getauft, gefirmt und später auch verheiratet. Natürlich war das angesichts seines unsteten Lebens in der Volksmission und auch später in Rumänien nicht immer leicht zu koordinieren, doch die Rupps und Müllers waren es gewöhnt, ihre Termine an die Reisetätigkeit des Onkels anzupassen. „Oder man rief ihn einfach an und sagte: Bartonkele, an dem und dem Tag musst du in Meckenbeuren sein", fügte sein Neffe Wilfried hinzu.[197]

Eine besondere Beziehung hatte Pater Berno zu seiner Mutti, von der er insbesondere gelernt hatte, in schwierigen Situationen auf Gott zu vertrauen, selbst wenn man mit Enttäuschung zu kämpfen hatte. „Unsere Mutti war eine sehr starke Frau und sie hat schwere Zeiten erlebt, in denen sie viel tragen musste. Aber sie hatte Herzensbildung und hat immer an ihrem Glauben festgehalten und daraus Kraft gezogen", erzählte Marieluise.[198] Ihr tiefes Vertrauen in Gottes „rechtzeitiges Eingreifen", kombiniert mit dem Einsatz ihrer ganzen Kraft und Fähigkeiten, hatten Pater Bernos eigenes Handeln geprägt. Und auch seine Menschenfreundlichkeit hat er von Mutti übernommen. Immer wieder hatte sie betont: „Jeder Mensch hat gute Seiten, auch wenn er sich noch so schlecht benimmt. Man muss sie nur finden."[199] Diese Einstellung sollte für Pater Berno vor allem in Rumänien eine große Hilfe sein, als er immer wieder erleben musste, dass die Leute dort teilweise sehr unterschiedliche Werte als er hatten. Als seine Mutti mit 92 Jahren am Karfreitag 1996 starb, war dies für Berno und für die ganze Familie ein großer Verlust, denn „… wir hätten uns noch gerne an ihrem Humor und Glauben gefreut und ihre Fragen und Bemerkungen ertragen, mit denen sie uns unbestechlich zur Wahrheit verhalf." Natürlich übernahm Pater Berno die Beerdigung seiner Mutti selbst und er schaffte es auch, seine Familie zu trösten: „Er ließ uns Angehörigen diese leidvolle Erfahrung als etwas begreifen, für das wir zeitlebens dankbar sein dürfen. Dankbar dafür, dass wir unsere Oma so lange haben durften."[200]

Zum Vater hatte Pater Berno ebenfalls eine enge Beziehung, wie bereits im ersten Kapitel deutlich wurde. Außerdem hatte er von ihm so manche Leidenschaft übernommen – unter anderem die Stammbaumforschung der Familien Rupp und Berlinger. Vor allem während seiner Zeit bei der Volksmission nutzte er viele Kurzurlaube in Meckenbeuren, um die umliegenden Pfarrämter abzuklappern und in den dortigen Chroniken nach Nachfahren zu suchen. „Man musste dicke Wälzer mit Namen durchblättern, bis man mal den richtigen fand. Das war zwar mühsam, aber auch spannend", erinnerte sich seine Nichte Monika Scheeff, die er auf diese „Familienjagd" öfter mitnahm.[201] Um den Stammbaum und gleichzeitig auch den Kontakt zur Großfamilie weiter zu pflegen, organisierte Berno außerdem regelmäßige Verwandtschaftstreffen in Meckenbeuren. „Da waren dann 120 Leute bei uns im Garten und man lernte die Cousinen und Cousins fünften Grades kennen", erzählte sein Neffe Christoph Müller. „Ich glaube, der Zusammenhalt in der Großfamilie ist auch deshalb so geblieben, weil wir uns zu diesen Stammbaumtreffen versammelt haben, die s'Bartonkele forciert hat. Dadurch hat jeder jeden gekannt."[202]

Für Bernos Nichten und Neffen waren die Zeiten mit ihrem Onkel immer etwas Besonderes und sie haben mit ihm so manches Abenteuer erlebt. „Wenn s'Bartonkele da war, war gleich was los und man durfte Sachen machen, die sonst nicht erlaubt waren", erzählte Monika. „Mit ihm war es immer spannend." Zum Beispiel unternahm er einmal mit sämtlichen Neffen und Nichten aus Meckenbeuren und Wangen, insgesamt zehn Kinder im Alter von fünf bis fünfzehn Jahren, eine Bergtour, auf der außer ihm nur noch Marieluise dabei war. „Wir waren alle angeseilt, damit niemand verloren geht. Das haben wir schon zu Hause am Bach geübt", erinnerte sich Monika. „Und damit es nicht langweilig ist, hat s'Bartonkele das dann natürlich in eine Geschichte verpackt." Übernachtet hatte die ganze Bande damals in einer Berghütte, an die sich die Müller-Kinder und Marieluise noch sehr gut erinnern. „Nachts war es so dunkel, dass man nicht einmal die Hand vor Augen sah", erzählte Marieluise. „Dann hat Rudolf zu den Kindern gesagt: Gell, jetzt habt ihr Angst? Aber das braucht ihr nicht – wir sind ja da, und außerdem ist da einer, der schützt uns."[203]

Leider war der Onkel in der Regel nicht sehr lange zu Besuch. „In meiner Erinnerung kam s'Bartonkele immer mit der Gitarre unter dem Arm und mit seinem orangen Rucksack zu Besuch", erzählte Christoph. „Und meistens war er kurz darauf schon wieder auf dem Weg zum Bahnhof, um zu seiner nächsten Volksmission zu fahren."[204] Trotzdem blieb die enge und intensive Verbindung in der Familie bestehen und die Geschwister wussten anhand einer Liste stets, wo ihr Bruder gerade war und was er machte. Auch als Berno nach Rumänien zog, änderte sich daran nichts, im Gegenteil. Ab sofort war es selbstverständlich, dass sich auch seine Familie für Rumänien einsetzte – nun war die Rumänienhilfe zur Familiensache geworden, die sich jeder auf die Fahne schrieb.

Besonders Bernos Schwester Marieluise, die mittlerweile bei der Mutter in Meckenbeuren wohnte, investierte viel Zeit und

Kraft in die Arbeit. Am liebsten hätte Berno sie mit nach Rumänien genommen, doch da streikte Marieluise. „Daheim mache ich alles für dich, aber nach Rumänien gehe ich nicht! Was du da alles machen willst ... das kann ich nicht!"[205] Doch zu ihrem Wort, „alles" von zu Hause aus für ihn zu machen, stand sie. Und auch wenn sie nicht nach Rumänien ziehen wollte, war sie dennoch sehr häufig dort, um zuerst in der Mehala und später in der Elisabethstadt mitzuhelfen. In Meckenbeuren entstand schon bald eine sehr umfangreiche Logistik, um den Strom an Spenden in den Griff zu bekommen. Das große Grundstück mit Bernos Elternhaus und dem Haus der Familie Müller, das bisher der Dreh- und Angelpunkt von Familientreffen war, wurde nun zur Schaltzentrale für die oberschwäbische Rumänienhilfe. Hilfsgüter von Privatpersonen, Kindergärten und Schulen wurden abgegeben, teilweise sortiert und anschließend in Bananenkartons verpackt, die für den Transport am geeignetsten waren. Natürlich halfen neben der Familie auch andere Bekannte und Freunde aus Meckenbeuren und Umgebung mit, doch die Fäden liefen vor allem bei Marieluise zusammen.

Doch auch Bernos übrige Geschwister, deren Kinder (Berno hatte insgesamt 17 Neffen und Nichten) sowie diverse Tanten, Onkel, Cousins und Cousinen waren tatkräftig in die Rumänienhilfe involviert. So organisierten seine Cousins aus Rötenbach beispielsweise jährlich ein Gartenfest, um Geld für Rumänien zu sammeln, und sie organisierten außerdem viele Hilfstransporte nach Temeswar. Auch Bernos Neffen und Nichten blieben von so mancher Gewaltaktion, die ihnen ihr Onkel abverlangte, nicht verschont. „In der Rumänienzeit waren wir Neffen und Nichten die Leidtragenden seiner Spontanität, denn wenn er eine neue Idee für etwas hatte, konnte es schon vorkommen, dass er anrief und uns sagte, wir müssen am Wochenende ,mal kurz' nach Rumänien kommen, um ihm bei etwas zu helfen", erzählte Christoph. Und Wilfried ergänzte: „Wenn man zum Bartonkele fuhr, war es normal, dass man auch seine Arbeitskluft dabei hat."[206] Dennoch halfen sie gerne, denn sie liebten ihren Onkel sehr und sahen, dass er nicht für sich, sondern immer für andere engagiert war. Und da wollten sie ihn natürlich nicht hängenlassen. „Für Berno haben sie alles gemacht, was er wollte, auch wenn es das Letzte war", erzählte Marieluise[207]. Und so war schon bald die ganze Familie durch diverse Aktionen, Transporte und Arbeitseinsätze mit Rumänien verbunden.

Die Salvatorianer

Neben dem Rupp-Berlinger-Clan hatte Pater Berno noch eine zweite Familie, mit der er sich ebenfalls sehr verbunden fühlte und der gegenüber er hundertprozentig loyal war: Seine Ordensfamilie. Seit seiner Schulzeit hatten ihn die Salvatorianer geprägt und er hatte bei ihnen den Platz gefunden, um seinen Lebenstraum zu verwirklichen. Denn auch wenn Berno schon als Schüler gewusst hatte, dass er Priester und Missionar werden wollte, konnte er sich nie vorstellen, ein „normaler" Diözesanpriester zu sein. Er hatte sein Leben lang Menschen um sich gehabt und wollte auch als Priester einer Gemeinschaft angehören. „Und da haben die Salvatorianer mit ihrer Weite und Weltoffenheit ganz wunderbar zu Berno gepasst", meinte P. Hubert Veeser. „Wahrscheinlich hätte er keinen besseren Orden für sich finden können."[208] P. Franziskus Jordan hatte die Salvatorianer 1881 vor allem mit einem Ziel gegründet: „Eigentlich ging es Pater Jordan einfach darum, eine Vereinigung von Priestern zu gründen, die versuchte, das Evangelium mit allen möglichen Mitteln zu verkünden."[209] Dies soll auch der Leitvers der Salvatorianer aus Johannes 17,3 zum Ausdruck bringen: „Das aber ist das ewige Leben: dass sie dich, den einzigen wahren Gott, erkennen und den du gesandt hast, Jesus Christus."

Pater Berno war von Anfang an begeistert von dieser schlichten, aber klaren Botschaft. Es gefiel ihm, dass sich die Salvatorianer nicht auf einen bestimmten Bereich beschränkten, sondern sowohl die ganze Welt als auch alle möglichen Menschen erreichen wollten, um ihnen Christus in Wort und Tat zu bezeugen.

„Wir Salvatorianer sind überzeugt, dass das wahre Heil allumfassend ist und deshalb alle Aspekte des Lebens eines Menschen einbezieht, und das auf allen Ebenen: der physischen ebenso wie der intellektuellen, moralischen und spirituellen."[210] Für Berno mit seiner Abenteuerlust, seinem Pioniergeist und seiner großen Liebe zu Menschen war dieser Orden wie geschaffen. Und genau wie Pater Jordan wollte er das Evangelium mit allen Mitteln verkünden – mit der Gitarre, in seinen Predigten, aber auch durch ganz praktische Taten, wie zum Beispiel in der Suppenküche oder durch Hilfslieferungen an Bedürftige.

Im Laufe seines Lebens betonte Pater Berno immer wieder: „Aus der Kirche könnte ich manchmal schon austreten, aber aus dem Orden nie."[211] Für ihn war die Zugehörigkeit zu den Salvatorianern tatsächlich so bindend und unauflöslich, wie er es in seinem Gelübde bei der ewigen Profess versprochen hatte. Trotzdem veränderten sich die Beziehungen zu seinen Mitbrüdern im Laufe seines Lebens natürlich. Als er nach der Schule mit sieben Klassenkameraden auf dem Klosterberg eintraf, waren die jungen Männer durch den eingeschlagenen Weg sehr eng miteinander verbunden und auch während des Studiums in Passau und Rom pflegte er intensive Beziehungen mit seinen Mitbrüdern. So manches Studentenfest wurde erst durch Berno und seine Gitarre so richtig lebendig und auch die Entdeckungstouren durch Rom wären ohne seine verrückten Ideen und Erzählungen nicht halb so spannend gewesen. Selbstverständlich änderte sich die Intensität dieser Beziehungen, als die jungen Männer nach ihrem Studium in die ganze Welt verteilt wurden und nun nicht mehr unter einem Dach zusammenlebten. Und als Pater Berno sein Wanderleben als Volksmissionar aufnahm, wandelten sich die Beziehungen zu seinen Mitbrüdern erneut. Einerseits lebte er nun auf dem Klosterberg wieder in Gemeinschaft und hatte so mehr Kontakt zu seinen Mitbrüdern, doch gleichzeitig war er auch ständig auf dem Sprung. Schon damals begann sich ein Muster abzuzeichnen, das später charakteristisch für Berno werden sollte: Er war da, erzählte begeistert von irgendetwas und kurz darauf war er schon wieder unterwegs zur nächsten Aktion, Mission oder Reise. Für Berno war das in Ordnung, denn für ihn hing die Verbindlichkeit und Loyalität in einer Beziehung nicht von der gemeinsam verbrachten Zeit ab, doch für seine Mitbrüder war es nicht immer leicht, mit seiner Sprunghaftigkeit umzugehen.

„Er war schon ein bunter Vogel mit seinen Pilgerreisen und seinen verrückten Ideen, vor allem später in Rumänien", meinte P. Hubert Veeser, „aber dennoch haben wir ihn sehr geschätzt!"[212] „Der Berno halt", lautete der schmunzelnde Kommentar, wenn sein Stil mal wieder besonders unorthodox war, und P. Markus Huchler, der während der Volksmissionszeit einer seiner Provinziale war, meinte dann oft knochentrocken: „Jetzt spinnt er wieder."[213] Gleichzeitig bewunderten ihn seine Mitbrüder für diese verrückten Ideen und für sein Engagement und seine Hartnäckigkeit bei ihrer Umsetzung, denn irgendwann wurden die meisten Ideen tatsächlich Realität – ob es sich um eine Reise handelte, eine verrückte Idee für eine Glaubensmission oder später um die Arbeit in Rumänien. Für Berno war es sehr wichtig, diesen Rückhalt von seinen Brüdern zu haben, und auch wenn er nicht lange an einem Ort war, fühlte er sich in seinem Orden und in der süddeutschen Provinz immer zu Hause. Sie war und blieb seine Familie.

Besonders zu seinen Oberen pflegte Pater Berno in all den Jahren ein gutes Verhältnis. Er respektierte und ehrte sie, auch wenn ihn das nie davon abhielt, seine Meinung klar und deutlich zu äußern. Gleichzeitig hatte er jedoch gelernt, ihren Rat und ihre Entscheidung anzunehmen und zu gehorchen. „Er hat sich immer eingeordnet und keine Alleingänge gemacht, auch wenn man das bei seinem Charakter vielleicht denken könnte", erzählte P. Richard Zehrer. „Für ihn war unsere Sicht ein wichtiger Maßstab, nach dem er sich gerichtet hat, selbst wenn er anderer Meinung war."[214] Und auch seine Oberen akzeptierten und schätzten ihn trotz aller Unkonventionalität und Direktheit. „Man hat ihn so angenommen, wie er war", sagte P. Richard. „Auch wenn er manchmal sehr schmutzig war, wenn er zu uns aus Rumänien kam. Doch wir wussten ja, dass er nicht irgendwo im Dreck rumgelegen ist, sondern wirklich geschuftet hat." Und P. Hubert ergänzte: „Wenn man über ihn gesprochen hat, gab es immer eine gute Mischung zwischen Bewunderung und Schmunzeln, aber insgesamt waren alle sehr wohlwollend. Er war hoch geschätzt und sein Engagement wurde bewundert."[215]

Allerdings trafen ihn seine Mitbrüder seit seinem Umzug nach Rumänien fast nur noch auf der Durchreise an. „Er kam eigentlich immer unangemeldet und war jedes Mal auf dem Sprung, wenn er bei uns vorbeischaute", erinnerte sich P. Richard.[216] „Berno hatte es immer eilig – entweder musste er irgendwo Pakete abholen, einen Vortrag halten, oder er war auf dem Rückweg nach Rumänien, wo die Waren in seinem Bus schon sehnsüchtig erwartet wurden." Diese Unstetigkeit machte es manchen Brüdern schwer, weiterhin eine gute Beziehung mit Pater Berno zu pflegen. „Er hat nie mit jemand Kontakt aufgenommen und sich immer sehr zurückgehalten oder ist gleich wieder gegangen, obwohl er oft in der Heimat war", berichtete sein Mitbruder P. Günther Mayer, mit dem er vor allem in Rom eine sehr intensive Beziehung gehabt hatte. „Ich habe mich sehr gewundert und dies bedauert. Die Achtung vor ihm und die Bewunderung seiner Lebensleistung sind dennoch ungebrochen und ungetrübt."[217]

Der beste Weg, wie Bernos Mitbrüder mit ihm in Kontakt bleiben konnte, war ein Besuch in Rumänien, um sich mit eigenen Augen anzuschauen, was er dort alles auf die Beine gestellt hatte. Viele Mitbrüder machten dies tatsächlich und sie staunten nicht schlecht, als sie sahen, wie seine Träume Stück für

Pater Berno am Morgen nach der Überreichung des Bundesverdienstkreuzes am Bande

oben: Neupriester Berno Rupp mit Eltern
unten links: Priesterweihe
unten rechts: Primizfeier mit Heimatpfarrer Duttle

oben links: Neupriester Berno Rupp an der Gitarre
oben rechts: Berno Rupp mit Pfadfindern
unten: Pater Berno beim Fasching auf dem Klosterberg in Passau

oben: Qumran 1990
unten: Nazaret 1990

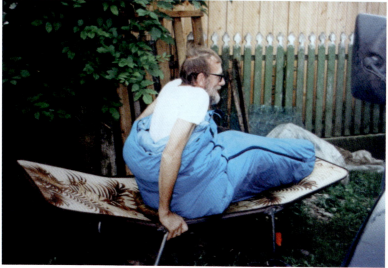

oben: Wallfahrt nach Trondheim 2000
unten: Bernos Schlafplatz auf Reisen mit dem Bus

5

Mehala

oben: Innenhof der Pfarrei im Stadtteil Mehala
unten: Erster Hilfstransport der Familie Zyche

Pater Berno beim Verteilen von Hilfsgütern

oben: Warten am „beliebten" Zoll am Nordbahnhof in Temeswar
unten: Mittagessen für Wohnsitzlose in der Suppenküche des Klosters

9

Kirche Heiliges Herz Jesu in der Elisabethstadt

Berno immer in Aktion

Werbung für Pater Berno

oben: Pater Berno liebte alle Tiere und die Tiere liebten ihn
unten: Abladen in Bacova

oben: Wohnhaus für Straßenkinder auf der Jugendfarm in Bacova
Mitte: Pater Berno beim Gottesdienst anlässlich seines 80. Geburtstags
unten: Überraschungschor unter der Leitung des jetzigen Oberbürgermeisters
von Timişoara, Dominic Samuel Fritz

14

oben: Gottesdienst im Hof bei den Salvatorianerinnen
unten: Doina und Berno nach der Verleihung des Bundesverdienstkreuzes am Bande

oben: Sarg von Pater Berno bei der Trauerfeier in Meckenbeuren
unten: Letzte Ruhestätte in Temeswar

16

Stück Wirklichkeit wurden. Berno freute sich immer, wenn ihn seine Brüder in Rumänien besuchten und Anteil an seiner Arbeit nahmen. Gleichzeitig war es für ihn selbstverständlich, seine Ordensfamilie genauso wie seine Geburtsfamilie für die Sache in Rumänien einzuspannen. Egal ob es um finanzielle Unterstützung ging oder um Hilfsgüter, die nicht so leicht aufzutreiben waren, seine erste Adresse war neben seinen Geschwistern immer der Orden in Passau oder München. Und seine Mitbrüder halfen ihm, so gut sie konnten, was Berno auch zu schätzen wusste: „Der Klosterberg mit der *Missionsprokura*, mit dem Superior P. Nikolaus und der ganzen Hausgemeinschaft ist ja das ganze Jahr über die Drehscheibe für alles, was zu uns nach Temeswar fließt.“[218]

Eine Besonderheit der Salvatorianer stellt die enge Verbindung zur Geburtsfamilie ihrer Mitbrüder dar, sofern diese dazu bereit ist. Und für die Familie Rupp stand es außer Frage, die Beziehung zu Bernos „neuer Familie“ zu pflegen. Wenn einer der Patres in der Nähe von Meckenbeuren zu tun hatte, war es selbstverständlich, dass er bei den Rupps vorbeischaute und ihre Gastfreundschaft in Anspruch nahm. Und wenn ein neuer General in Rom oder ein Provinzial in Süddeutschland berufen wurde, verfolgte dies Bernos Familie mindestens genauso interessiert wie Berno und seine Mitbrüder. „Alle Patres, mit denen s'Bartonkele unterwegs war, kannten wir ebenfalls und sie waren auch bei uns in Meckenbeuren. Sie haben eigentlich auch zu unserer Familien gehört“, bestätigte Bernos Nichte Monika. „Und Pater Nikolaus spielte sogar einmal den Nikolaus für meine eigenen Kinder.“[219]

Als Berno nach Rumänien versetzt wurde, verstärkte sich die Beziehung zwischen den Rupps und den Salvatorianern noch mehr, weil beide „Familien“ schon bald zusammenarbeiteten, um das große Werk in Temeswar zu unterstützen. „Das ist bei der Familie Rupp schon besonders, dass sie sich so für Bernos Aufgabe in Rumänien eingesetzt haben“, erklärte P. Hubert Veeser. „Das ist so nicht immer der Fall, auch wenn es ein Anliegen des Ordens ist, Beziehungen zur Familie zu pflegen."[220] Zum Beispiel begann die Weihnachtspäckchen-Aktion durch die Schwester von P. Leonhard Berchtold, die Rektorin an einer Schule in Memmingen war. Als sie über ihren Bruder von den Zuständen in Rumänien hörte, wollte sie mit ihren Schülern helfen und beschloss, Schuhkartons zu packen und sie über die Salvatorianer nach Temeswar zu schicken. Diese Aktion gefiel Pater Berno sehr gut und schon bald brachte er die Rektorin mit seiner Schwester Marieluise in Kontakt, um die Aktion auf seine Heimat und andere Schulen auszuweiten. Und als das Internat am Salvatorkolleg in Bad Wurzach aufgelöst wurde, kam Bernos Neffe Wilfried auf die Idee, das Gebäude vor dem Abriss für die Klosterrenovierung auszuschlachten. Für Berno war diese Verbindung zwischen seinen beiden Familien sehr wichtig, denn sie standen ihm beide nahe und es war für ihn naheliegend, dass sie sich auch untereinander kannten und schätzten.

Das weitere Netzwerk

Neben diesen beiden „Familien" hatte Pater Berno wie gesagt noch viele weitere Beziehungen, die nach seiner Versetzung nach Rumänien eine besondere Rolle spielen sollten. „Dieses Zusammenspiel zwischen Berno und seinen vielen Kontakten, die er vor allem aus der Volksmission hatte, war eine einmalige Konstellation, die man schon als Idealfall bezeichnen kann. Und das zusammen mit Bernos Talent, Menschen für seine Arbeit einzuspannen", erklärte P. Leonhard.[221] Überall im süddeutschen und österreichischen Raum entstanden diverse Hilfsvereine für Rumänien, die Altkleider, Lebensmittelpakete, Weihnachtspäckchen und natürlich Spenden sammelten, um sie an Pater Berno weiterzuleiten. Exemplarisch sollen an dieser Stelle einige wenige Kontakte vorgestellt werden, die von Anfang an eine wichtige Rolle in Rumänien spielten, auch wenn sie wie gesagt nur als Beispiele für viele, viele Helfer verstanden werden dürfen!

Einige Personen, die Pater Berno in der Volksmission kennengelernt hatte, wurden ja bereits in Kapitel 3 erwähnt. Sowohl das Ehepaar Pucher als auch Winfried Kuhn engagierten sich in Rumänien, sobald sie von Bernos Umzug dorthin erfuhren. Bereits im Sommer 1991 verbrachte Maria Pucher ihren Sommerurlaub mit einer Freundin in Timişoara, um Pater Berno zu besuchen und sich dabei selbst ein Bild von der Lage zu machen. Im Sommer darauf war ihr Mann Johann zum ersten Mal mit von der Partie und die beiden fingen sofort an, sich praktisch zu engagieren. Zum Beispiel half Johann Pucher mit, den Dachboden des Pfarrheims in der Mehala in einen Lagerraum für die vielen Hilfsgüter umzubauen, und er kümmerte sich auch um die gesamte Elektroinstallation. Darüber hinaus begannen die Puchers auch zu Hause mit der Sammlung von Hilfsgütern und insbesondere bei der Weihnachtspäckchen-Aktion war sie sehr aktiv beteiligt. Als Pater Berno 1993 das verfallene Kloster zurückbekam, brachten sie sich dort ebenfalls tatkräftig mit ein, auch wenn sie im ersten Jahr auf dem Fußboden mit Mäusen übernachten mussten.

Viele Jahre lang war es Tradition für die Puchers, mindestens zwei Wochen ihres Urlaubs in Temeswar beim Arbeitseinsatz zu verbringen. So sammelte Johann Pucher beispielsweise Fliesen für die Nasszellen in den Gästezimmern bei diversen Händlern und bei der anschließenden Verlegung half er ebenfalls mit. „Die Bäder sind deshalb so bunt geworden, weil von manchen Fliesen nur einige Quadratmeter vorhanden waren", erzählte er.[222] Überall, wo sie gebraucht wurden, packten die beiden mit an. „Wir halfen das Dach über den Garagen zu decken und Pflastersteine zu verlegen; auch im Garten, in der Küche und am Computer gab es immer etwas zu tun."[223] Selbst bei der Versorgung der Straßenkinder waren sie dabei und so erlebten sie im Laufe der

Jahre, wie aus der Klosterruine tatsächlich das Begegnungszentrum entstand, von dem Pater Berno gesprochen hatte. Und sie sahen natürlich auch, was Berno sonst noch alles auf die Beine stellte. „Jedes Jahr staunten wir, dass schon wieder neue Projekte in Angriff genommen wurden. Wir sahen, wie den Menschen in ihrer materiellen und spirituellen Not geholfen wird und konnten miterleben, welche gewaltige Leistung Pater Berno mit seinem riesengroßen Engagement in diesen Jahren vollbracht hat."[224]

Winfried Kuhn fing ebenfalls bereits 1991 an, gemeinsam mit seiner ökumenischen Arbeitsgemeinschaft „Die Brandstifter" einen Hilfstransport nach Rumänien zu organisieren. Und weil Winfried Kuhn ein genauso groß denkender Mensch wie Pater Berno ist, wollte er nicht nur mit einigen Transportern nach Temeswar fahren. Stattdessen organisierte die Gruppe junger Erwachsener drei 7,5-Tonner plus Anhänger und machte sich damit über Pfingsten 1992 mit Altkleidern, Lebensmitteln und sogar mit einer gebrauchten Zahnarztpraxis auf den Weg in den Osten. Leider hatten sie am Ende nur einen Tag Aufenthalt in Temeswar, denn die zwei Tage Aufenthalt an der ungarischen und rumänischen Grenze hatte den Plan der Gruppe komplett über den Haufen geworfen. Keiner hatte geahnt, was für ein Papierkrieg damals im Osten Europas herrschte. Doch trotz der kurzen Zeit in Rumänien waren Winfried Kuhn und seine „Brandstifter" schockiert über die große Not, die sie in diesen wenigen Stunden zu sehen bekamen. Die Menschen auf den Straßen hatten einen so traurigen Gesichtsausdruck und die vielen Kinder in Lumpen und ohne Schuhe, die sofort auf unsere LKWs zuliefen, wenn wir an Ampeln halten mussten, waren einfach bedrückend. Für Winfried Kuhn war vollkommen klar, dass sie im nächsten Jahr wiederkommen würde.

Nach vier Transporten wollte die Gruppe ihr Engagement im Sommer 1994 eigentlich einstellen, doch Pater Berno protestierte: „Winfried, wenn ihr jetzt mit eurer Arbeit aufhört, dann sterben hier Menschen!" Daraufhin brachte er die Gruppe ins Kinderkrankenhaus von Timişoara und stellte sie Frau Dr. Serban vor – und danach starteten die Brandstifter erst richtig durch. Im nächsten Jahr kamen sie zum ersten Mal mit großen LKWs und neben Altkleidern, Fahrrädern und Lebensmitteln brachten sie nun einerseits auch sehr kleine, aber dringend benötigte Päckchen mit Medikamenten und sonstigem Bedarf fürs Kinderkrankenhaus mit – und andrerseits brachten sie landwirtschaftliche Maschinen mit. Über diese Maschinen kamen die Brandstifter in den nächsten Jahren auch mit anderen Projekten im Land in Berührung, die sie ebenfalls unterstützten. Trotzdem wurde die Verzollung der Transporte nach wie vor über Pater Berno und die Caritas Timişoara durchgeführt, die die Waren anschließend als Schenkungen an die anderen Organisationen verbuchten.

Neben den Brandstiftern gab es noch einen weiteren „Großtransporteur" von Pater Berno, den er ebenfalls bei einer Volksmission kennengelernt hatte: Franz Schmalhofer aus Thurmansbang. Wie die Brandstifter hatte auch seine Gemeinde die Bilder in den Medien vom Sturz des Ceausescu-Regimes verfolgt und als sie hörten, dass Pater Berno dorthin versetzt wurde, wollten sie aktiv werden. Also gründeten sie 1991 die „Rumänienhilfe des Dekanats Freyung-Grafenau", sammelten diverse Hilfsgüter und „... machten sich auf ins Ungewisse. Man wusste nicht genau, was auf einen zukommt – aber, und darüber waren sich alle einig, es musste geholfen werden!"[225] Schon bald fuhren die Thurmansbanger jedes Jahr mehrere Mal mit ihrem vereinseigenen LKW nach Temeswar, um „... Unmengen von Sachspenden, in Form von Kleidung, Möbeln, Baumaterial, Lebensmitteln uvm. nach Rumänien zu bringen."[226]

Pater Berno war sehr dankbar für diese große Hilfe, die er natürlich sehr gut gebrauchen konnte, doch gleichzeitig wollte er wie immer, dass möglichst viele Menschen davon profitieren. „Durch die Vermittlung von Pater Berno und der Caritas Temeswar kamen im Laufe der Zeit Kinderheime, Klöster, Altenheime und Krankenhäuser im ganzen Land dazu, von Temeswar bis nach Braşov und von Bukarest bis in die nördliche Bukovina", berichten die Thurmansbanger. „Alle Stationen werden von uns selbst angefahren, damit man mit den Menschen vor Ort reden kann."[227] Neben den Altkleidern, Lebensmitteln und Baumaterialien war es Franz Schmalhofer ebenfalls wichtig, landwirtschaftliche Maschinen ins Land zu bringen, um Hilfe zur Selbsthilfe zu ermöglichen. „Da er selber Landwirt ist, weiß er, worauf es ankommt und was benötigt wird. Nicht einmal vor dem Transport eines Mähdreschers schreckte er zurück."[228] Außerdem brachte Franz Schmalhofer immer wieder Waren für andere Vereine nach Rumänien, die keine geeigneten Transportmöglichkeiten dafür hatten. Auf diese Weise ging die Zahl der Transporte der Thurmansbanger schon bald in die Hunderte, wie Pater Berno in seinen Rundbriefen immer wieder dankend erwähnte.[229]

Neben solchen Großtransporten gab es unzählige kleinere Transporte mit Kleinbussen und Anhängern, die in Temeswar genauso willkommen waren wie die großen LKWs. Ein Beispiel dafür ist der Pfarrverband Flossing, wo Pater Berno im Oktober 1991 eine seiner letzten Volksmissionen hielt, während er bereits in Rumänien lebte. Dort lernte er unter anderem das Ehepaar Gerd und Helga Ziche kennen, die von ihm genauso begeistert waren wie viele andere. Zu Weihnachten wollten sie ihm gerne ein Geschenk machen und sie fragten in einem Brief nach, was er sich wünschen würde. „Unsere briefliche Anfrage wurde umgehend mit einer langen Auflistung beantwortet. Aus dem Päckchengedanke wurden die Sammel- und Transportunternehmungen."[230] Im April 1992 kamen Gerd und Helga Ziche mit einem völlig überladenen VW-Bus inklusive Anhänger in Timişoara an, „... unwissend und ahnungslos, was uns erwartet und deshalb mit seltsamen Gefühlen in uns. Die Fahrt und Ankunft in Timişoara bleiben uns in steter Erinnerung: Es gab kaum eine Straßenbeleuchtung, also eine fast dunkle Stadt. Es fehlten viele Gullideckel und die Schlaglöcher waren riesengroß. Auf den Landstraßen fehlten oft ganze Straßenteile oder Fahrbahnhälften ohne jede Vorwarnung oder Straßenschild."[231]

Auch bei den Ziches sollte es nicht bei diesem einen Transport bleiben. „Einmal Rumänien – immer Rumänien, so lautete bald unser Motto nach all den Erlebnissen. Die Schaffenskraft, die Pater Berno zeigte, war Ansporn und Herausforderung für uns, ebenfalls unser Mögliches zu leisten."[232] Schon bald wurde ihr VW-Bus durch größere Fahrzeuge ersetzt, die sie sich von diversen Firmen ausleihen konnten. Und auch wenn die Strapazen der Grenz- und Zollabfertigung die Ziches manchmal an den Rand ihrer Kraft brachten, hörten sie mit ihrem Engagement nicht auf und kämpften sich mühsam durch die immer neuen Anforderungen. „Zusammenfassend möchte ich es so ausdrücken: Pater Berno hat ein Schiff gebaut, in dem er als Kapitän und Steuermann steht und neben ihm stehen viele Menschen, die beim Bau des Schiffes beteiligt waren. Damit jedoch das Schiff schwimmen kann, haben wir und viele, viele Menschen die Tropfen für einen See gesammelt."[233]

Für Pater Berno waren all diese Bauhelfer, Groß- und Kleintransporteure und auch alle anderen Sammler von Hilfsgütern und Spenden nie selbstverständlich und er war jedes Mal aufs Neue gerührt, wenn er von ihrer Großzügigkeit sprach. Vielleicht fragt sich der eine oder andere Leser, warum Pater Berno so viele Helfer dazu bringen konnte, gerade zu ihm nach Rumänien zu kommen und sich dort so lange zu investieren. Pater Berno beantwortete diese Frage gerne mit einem Lied, das Winfried Kuhn für einen Hilfstransport der Brandstifter geschrieben hatte. „Es bringt für mich sehr stark zum Ausdruck, warum ich selber hier hin und ich glaube auch, warum Ihr alle Euch hierher habt ziehen lassen", schrieb Berno im Rundbrief.[234] Der Titel des Liedes lautet: Warum Rumänien?

Fragst du den Baum, warum er seine Wurzeln grade hier in die Erde gräbt? Fragst du den Wind, wann er bunte Blätter durch deine Straßen weht? Fragst du das Gras an welcher Stelle, wo und wann die Blumen blühen? – Und du fragst uns, warum wir nach Rumänien ziehen.

Fragst du den Mensch, warum er einen andrem plötzlich so wie sein Leben liebt? Nur ein Moment, ein dünner Hauch, der beide lebenslang umgibt. Weißt du es noch, als aus zwei Augen plötzlich nur noch Sonne schien? – Und du fragst uns, warum wir nach Rumänien ziehen.

Kennst du das Kind, das ohne deine Hilfe heute nicht mehr am Leben wär? Kennst du den Mann – ohne deine alten Schuhe hätt er keine mehr? In diesem Land – die Wege führen immer noch zum Abgrund hin. – Und du fragst uns, warum wir nach Rumänien ziehen.

Kennst du das Wort, das Gottes Pläne heute noch zu Menschen trägt? Mit welcher Kraft hat Gottes große Liebe unser Herz bewegt? ER ist der HERR! – Alles, was wir haben, kommt doch nur von IHM! – Und du fragst uns, warum wir nach Rumänien ziehen.[235]

Pater Bernos Gottesbeziehung – oder: „Ein Sturkopf mit einem unverschämten Glauben!"

„Mit welcher Kraft hat Gottes große Liebe unser Herz bewegt?" heißt es in der letzten Strophe von Winfried Kuhns Lied „Warum Rumänien". Genau das hat Pater Berno bei all seinem Engagement in Rumänien angetrieben und bestimmt: Gottes große Liebe, die er selbst erfahren hatte und die er mit seinem ganzen Leben – in Worten und Taten – an andere weitergeben wollte. Genau deshalb wollte Rudolf schon als Kind Priester werden, „... aber nicht Weltgeistlicher und auch nicht Lehrer in einem Orden, sondern Missionar!"[236] In seiner Familie hatte er erlebt, wie der Glaube und die Liebe Gottes ihren Alltag prägte, und er wollte sein Leben dafür hingeben, um diese Botschaft an andere weiterzugeben – durch seine Kraft, seine Zeit, seinen Besitz und mit seiner ganzen Persönlichkeit. Sein Glaube war stets der Motor, der Pater Berno in jeder Lebensphase angetrieben hatte. Doch wodurch ist dieser Glaube so stark und tief geworden, dass er sein ganzes Handeln prägte?

Die Leute in seinem Netzwerk waren sich einig, dass Pater Berno ein sehr außergewöhnlicher Mensch war und sein Lebenswerk wahrscheinlich erst durch diese besondere Persönlichkeit sowie durch seinen starken Glauben zustande gekommen ist. Die unterschiedlichen Facetten seines Charakters, die vielfältigen Gaben und die tiefe Beziehung zu Gott, die ihn von klein auf geprägt hatte, waren eine einmalige Kombination, auch wenn er ganz und gar nicht perfekt war. Und auch nicht ohne Widersprüche. „Ein Chaot war er! Er hat einfach Dinge gemacht, ohne groß darüber nachzudenken." „Ja, aber irgendwie hat es dann trotzdem immer funktioniert!" „Er hatte fast schon ein unverschämtes Gottvertrauen! Und absolut keine Angst – in keiner Situation!" Solche und ähnliche Aussagen fielen immer wieder, als ich mit verschiedenen Personen sprach, die mit Pater Berno eine mehr oder weniger lange Wegstrecke zurückgelegt haben.

Er selbst wusste genau, dass er nicht vollkommen war, und er wollte das auch niemals sein. „Ich habe einfach geschaut, was zu tun ist und dann habe ich das gemacht, was notwendig war", so beschreibt Pater Berno sein Engagement in Rumänien.[237] Diese Bescheidenheit, kombiniert mit seiner enormen Energie und Tatkraft ist bereits in den letzten Kapiteln ersichtlich geworden. Und es wurde auch deutlich, dass Pater Berno einen sehr ausgeprägten Charakter hatte, der für die Menschen in seinem Umfeld nicht immer leicht zu ertragen war. Allerdings wurde dieser Charakter von Anfang an auch durch den starken Glauben und die tiefe Beziehung zu Gott geformt, die Berno hatte. Und deshalb soll diesem besonderen Glauben auch ein besonderer Platz eingeräumt werden, denn bei all seinem Tun sah sich Pater Berno in erster Linie als Missionar, der seinen Glauben an Gott möglichst vielen Menschen nahebringen wollte.

Wie wir bereits erfahren haben, wuchs Pater Berno in einem sehr frommen Elternhaus auf, in dem der Glaube nicht nur eine religiöse Pflichtübung war, sondern die Grundlage des täglichen Lebens bildete. Frau Rupp hatte immer mit ihren Kindern gebetet, doch gleichzeitig hatte sie alles getan, was in ihrer Macht stand, um einer Notsituation zu begegnen – oft über ihre Kraft hinaus. Und Berno hatte diese Einstellung von seiner Mutter und später auch von seinem Vater übernommen. „Ich glaube fast, dass es bei uns Rupps immer so sein wird, dass wir nur unter viel Arbeit alles tun können", schrieb er bereits im Studium an seinen Vater. „Wir haben so viel zu tun, dass wir es uns nicht gut vorstellen können, wie es gegangen wäre, wenn es noch ein wenig mehr gewesen wäre. Und eigenartig, es ist nie zu viel; wir bringen gerade so noch alles unter Dach und Fach. Und mir scheint es gut zu sein, wenn man viel Arbeit hat, auch, bzw. trotz dem innerlichen Leben; wo es Muße fürs geistliche Leben gibt, hat man immerhin Muße, und das kann zum wenigsten verführerisch und gefährlich werden."[238]

Durch das Vorbild seiner Eltern hatte Rudolf im Laufe seiner Kindheit eine eigene Gottesbeziehung entwickelt. Er hatte gelernt, sich Gott ganz anzuvertrauen, und seine Eltern hatten dies auch stets gefördert. Ein Beispiel dafür findet sich in dem Brief, den ihm sein Vater zur Erstkommunion geschrieben hatte: „Du besitzt nun Gott, den lieben Heiland selbst und solange du IHN im Herzen hast, kann dir nie etwas passieren."[239] Der neunjährige Rudolf nahm das wörtlich, und womöglich entwickelte sich daraus bereits die beinahe grenzenlose Furchtlosigkeit, für die er später bekannt war. Rudolf liebte Christus von ganzem Herzen und deshalb war es für ihn vollkommen logisch, dass er Gott sein ganzes Leben schenken wollte. Und weil es bei den Rupps normal war, dass man Gutes teilte, wollte er seinen Glauben auch an andere weitergeben. Was lag da näher, als Missionar zu werden – jemand, der sein Leben dafür investierte, um den Glauben mit Worten und praktischen Taten zu verkünden?

Im Noviziat und Studium verstärkte sich Rudolfs (bzw. Bernos) Sehnsucht, sich Gott voll und ganz hinzugeben. Für ihn war das selbstverständlich: Wenn er Gott dienen wollte – und das wollte er von ganzem Herzen – dann musste er sich selbst vollkommen aufgeben. Einen Mittelweg gab es für ihn nicht – so wie er auch sonst keine halben Sachen machte. „Immer will ich Novize sein, immer in der ersten Liebe stehen, wir müssen immer streben, immer bergansteigen, wie schon am 1. Tag des Noviziats. Vorsätze will ich keine neuen mehr machen, ich habe schon viele und klare und gute; ich will sie nur mit Noviziatsschwung immer mehr verwirklichen", so schrieb er anlässlich seiner Professerneuerung 1958.[240] Voller Leidenschaft stürzte er sich in dieses Leben mit und für Gott und ging mit sich selbst streng ins Gericht, wenn er merkte, dass ihn andere Dinge noch zu sehr anzogen. Seine Vorgesetzten mussten ihn teilweise sogar bremsen, wenn er zu sehr bemüht war, sich Gott zu weihen, doch gleichzeitig freuten sie sich natürlich über diesen ideal gesinnten Frater und seine ehrliche Hingabe an Gott.

Während seines Studiums in Rom kam Berno dann auch mit zwei Strömungen in Berührung, die seinen Glauben ebenfalls stark prägen sollten: die Theologie der orthodoxen Kirche, die er aufgrund von seiner Liebe zu Russland aufsaugte – und das zweite Vatikanischen Konzil. „Seine Spiritualität hatte ganz verschiedene Pole, die er miteinander verband", erzählte P. Hubert Veeser. „So liebte er zum Beispiel die orthodoxen Gesänge, die er mehrstimmig in Gemeinden eingeführt hat – und zwar nicht nur in Rumänien, wo die Orthodoxie bekannt war."[241] Außerdem hatte Pater Berno eine Vorliebe für *Ikonen*, die ebenfalls in der Ostkirche beheimatet sind. Seit seinem Studium hatte er zu unterschiedlichen Anlässen Ikonen geschenkt bekommen, so dass er in seinem Zimmer in Rumänien sogar eine eigene *Ikonostase* aufbauen konnte. Sie war für ihn viel mehr als eine Wand aus Bildern von Christus und von Heiligen – es war ein weiterer Zugang, um seine Beziehung mit Gott zu leben, auch wenn das viele um ihn herum nicht nachvollziehen konnten.

Das zweite Vatikanum hatte ebenfalls einen großen Einfluss auf Pater Berno, der die Vorbereitungen des Konzils in Rom hautnah mitbekam und sich freute, dass in der katholischen Kirche so viele Veränderungen diskutiert und beschlossen wurden. Vieles davon kannte er schon von den Salvatorianern, denn Pater Jordan hatte bereits Ende des 19. Jahrhunderts eine große Weite gehabt und viele Dinge im Orden verankert, die erst etliche Jahre später in der Kirche aktuell wurden. So hatte er zum Beispiel Wert auf eine „stärkere Einbindung von *Laien*" gelegt, das ein wesentlicher Aspekt des 2. Vatikanischen Konzils war. „Von Anfang an gehörte die Mitarbeit der Laien zur Vision Pater Jordans. Als er 1881 die „Apostolische Lehrgesellschaft" ins Leben rief, sollten sowohl *Kleriker* als auch Laien – Männer und Frauen – an der Verkündigung des Wortes Gottes mitarbeiten und einen konkreten Beitrag zum Heil der Menschen einbringen."[242] Für Berno war die Umsetzung dieses Wertes selbstverständlich und er hatte dies an seinen verschiedenen Einsatzstellen auch immer verfolgt: Er förderte die Einbeziehung der Laien in Gottesdiensten und war insbesondere während den Volksmissionen aktiv daran beteiligt, dass Mädchen ebenfalls zu Ministranten werden konnten und damit das Zweite Vatikanum auch umgesetzt wurde.[243].

Auch die Öffnung gegenüber anderen christlichen Konfessionen und die neue Betonung der Ökumene waren Themen, die Pater Berno am 2. Vatikanischen Konzil gefielen. Die katholische Kirche war für ihn nur ein Gefäß neben vielen anderen. Obwohl er selbst von ganzem Herzen katholisch war und das auch lebte, war es für ihn nicht wichtig, zu welcher Kirche ein Christ gehörte. Er betonte immer wieder, dass alle demselben Gott dienen, nur eben in unterschiedlicher Form. Aus diesem Grund pflegte er die Gemeinschaft mit anderen Konfessionen und feierte mit ihnen auch gerne Gottesdienste. Den Begriff der Ökumene definierte Pater Berno dabei weit. „Er wollte nicht nur die Trennung in katholisch und evangelisch überwinden, ihm schienen die diversen Schismen bis hin zu Konstantinopel als unbiblisch und entgegen der Einheit der Christen in der Welt."[244] Selbst die Juden gehörten für ihn zur Ökumene dazu und seine enge Beziehung zu Rabbi Neumann demonstrierte dies immer wieder. „Er konnte jeden stehen lassen und hatte Vertrauen zu Gott, dass er das schon auf die richtige Weise macht", erzählte

Johann Pucher. „Er hat die anderen Konfessionen voll akzeptiert und beim Glaubensbekenntnis zum Beispiel gebetet: Wir glauben an die heilige katholische, orthodoxe, anglikanische, protestantische, usw. Kirche."[245]

Ein dritter Punkt des 2. Vatikanischen Konzils, durch den Bernos Glaube ebenfalls sehr geprägt wurde, war die Neubetonung der Charismen – und zwar nicht nur beim *Klerus*, sondern auch bei Laien. Durch diese neue Offenheit konnte die charismatische Erneuerung Ende der 1960er-Jahre in der katholischen Kirche Fuß fassen – und mit ihr hielten vor allem viele neue, zeitgemäße Lieder Einzug in den Gemeinden. Pater Berno als leidenschaftlicher Musiker stürzte sich auf diese Lieder und durch die Weite seiner eigenen Frömmigkeit schaffte er es auf wunderbare Weise, sie mit der alten, traditionellen Liturgie der katholischen Kirche und mit anderen kirchlichen Ritualen zu kombinieren. „Ich kann mich noch gut daran erinnern, als ich zum ersten Mal das *Stundengebet* mit Pater Berno erlebte. Als evangelischer Christ kannte ich den Ablauf nicht richtig und wusste nicht, wann man Pausen machte, usw. Doch bei Berno spielte das keine Rolle, denn er wandelte den strengen Ablauf ohnehin oft ab, indem er z.B. ein modernes Lied anstatt eines Psalms sang. Wenn er merkte, dass jemand nicht weiter wusste, unterbrach er den Ablauf, ging zu der Person und schlug ihr das *Stundenbuch* an der richtigen Stelle auf. Dabei war er keinesfalls leise und andächtig, sondern so natürlich und laut wie immer. Trotzdem war die Atmosphäre sehr tief und wunderschön – selbst die Nichtchristen in unserer Gruppe nahmen vor dem Essen gerne daran teil."[246]

Außerdem fand Verkündigung für Pater Berno nicht nur in Gottesdiensten und Gebetszeiten statt. Er lebte seinen Glauben auch, wenn er mit den Schülern in Stuttgart-Giebel Fußball spielte, das Kloster renovierte oder mit Jugendlichen während einer Volksmission über „Liebe zwischen Schulbank und Traualtar"[247] diskutierte. Außerdem konnte er seine Kirche auch kritisch hinterfragen und mit Menschen über ihre Zweifel und Anfragen sprechen. Man spürte, dass Kirche für ihn kein Selbstzweck war, sondern dass es in erster Line um die Menschen ging. „Er hatte eine große Weite und man konnte mit ihm sogar über die Kirche scherzen. Wenn man bei allem Problematischen in der Kirche Menschen wie s'Bartonkele kennenlernt, dann merkt man, dass die Kirche ein großer Verein ist, in dem es alles Mögliche gibt – wie sonst auch", erzählte sein Neffe Christoph Müller.[248]

„Das große Plus von Berno war, dass er immer authentisch war – ob er vorne auf der Kirchenbank mit der Gitarre stand und rumbrüllte oder ob er bei Fußwallfahrten vorneweg marschierte und den *Rosenkranz* betete", erinnerte sich P. Hubert Veeser[249]. Und sein Mitbruder P. Martin Gal meinte: „Berno war ein Freigeist, aber im guten Sinne. Er hat das Vatikanische Konzil, das er voll miterlebt hat, auch tatsächlich in die Praxis umgesetzt."[250] Durch Verkündigung, Gespräche, praktisches Vorleben und Gemeinschaft wollte Pater Berno den Menschen zeigen, wie sie ihren Glauben entwickeln und im Alltag umsetzen können, bzw. wie sie einen Zugang zu Gott erhalten können. „Er hatte einen unbändigen Wunsch, die Liebe Gottes an die Menschen weiterzugeben. Das hat ihn geprägt – und sein Gottvertrauen!", erinnerte sich Dominic Fritz, der Pater Berno im Rahmen seines Freiwilligendienstes kennengelernt hatte. „Er hat auch uns Freiwillige immer ermutigt, wenn wir Probleme hatten, und gesagt: Das wird schon, ihr müsst nur auf Gott vertrauen."[251]

Bei seinen Volksmissionen war diese Sehnsucht, die Menschen in einen alltagstauglichen Glauben hineinzuführen, bzw. diesen zu erneuern und zu vertiefen, der Hauptantrieb für seine Arbeit. Deshalb war es für Pater Berno selbstverständlich, dass er ein Programm kurzerhand über den Haufen warf, wenn es für die Besucher nicht richtig zu passen schien. Die Leute sollten Gott begegnen, ehrliche Antworten auf ihre Fragen bekommen und nicht nur an einem Programm teilnehmen. Für Pater Berno gab es bei den Missionen keine Tabuthemen, die er nicht aufgreifen wollte, und es gab auch keine „unerlaubten Fragen". Zusammen mit seinem eigenen, sehr lebendigen und authentischen Glauben und der immer wieder erwähnten musikalischen Begabung und Leidenschaft, kam diese Haltung besonders bei Jugendlichen sehr gut an. So sagte zum Beispiel ein Schüler nach einem Gottesdienst während der Volksmission in Groß St. Florian zu seiner Lehrerin: „Ich weiß, wer dieser Pater ist. Das ist in Wirklichkeit ein Rocker!"[252]

Pater Berno war nahbar und echt – und das spürten die Menschen um ihn herum. Aus diesem Grund konnten sie seinen Glauben akzeptieren und sich darauf einlassen, selbst wenn sie bisher keinen Bezug zu Gott gehabt hatten. „Er hat ihnen einen Geschmack vom Christentum gegeben. Dabei war es egal, ob sie bisher bereits in der Kirche waren oder nicht. Er hatte Charisma und man hat ihm abgenommen, dass er das, was er sagt, auch lebt. Und er lebte das auch tatsächlich!", erzählte Winfried Kuhn[253]. Für Pater Berno war sein Glaube viel mehr als die Erfüllung von bestimmten Regeln und Ritualen. Er hatte eine tiefe Beziehung zu Jesus Christus und lebte diese in allen Lebensbereichen aus. Die Form war ihm dabei nicht so wichtig, sondern es kam auf den Inhalt und auf die Begegnung mit Gott an. Dennoch bedeutete seine Freiheit und Unkonventionalität nicht, dass er die Rituale und die Liturgie der katholischen Kirche ablehnte. Im Gegenteil, er machte sie lebendig und führte die Anwesenden dadurch in eine eigene Gottesbegegnung hinein, selbst wenn das für manche traditionsbewusste Gläubige am Anfang gewöhnungsbedürftig war.

Aus seinem Glauben und der tiefen Gottesbeziehung heraus entstand auch die fast unbegrenzte Furchtlosigkeit, für die Pater Berno bekannt war. Besonders auf seinen Pilgerreisen wurde das deutlich. Wenn ihn jemand fragte, ob er keine Angst hätte, wenn er ganz alleine auf einem Friedhof übernachtete, lautete seine Antwort lediglich: „Was soll mir denn da passieren?" Er wusste, dass sein Leben in Gottes Hand war und dass Er ihn beschützen würde – auf seinen Pilgerreisen genauso wie später in Rumänien. Für Berno waren diese Reisen eine wichtige „Auszeit mit Gott" und deshalb war er auch am liebsten alleine unterwegs. Während er Tag für Tag viele Kilometer zurücklegte, betete er fast ständig. Manchmal nutzte er dazu ritualisierte Gebete, wie z.B. den Rosenkranz, und manchmal legte er Gott die Anliegen von sich und seinen Mitbrüder, Familienmitgliedern und Freunden auch ganz direkt vor. Außerdem war es für Berno wichtig, auf seinen Pilgerreisen täglich die *Eucharistie* zu feiern, denn darin begegnete er Christus auf besondere Weise. Und gerade auf diesen Reisen, auf denen er sich neu auf Gott ausrichten und sich ihm weihen wollte, war diese Begegnung für ihn ein wichtiger Bestandteil.

Neben der intensiven Zeit des Gebets und des Alleinseins mit Gott waren die Pilgerreisen für Pater Berno gleichzeitig auch eine Charakterschule, wie er besonders in seinen Briefen während der Heilig-Land-Reise immer wieder betonte. Und dabei zählten weder das Überwinden der Angst vor möglichen Gefahren noch der Umgang mit Unbequemlichkeiten und schmerzenden Füßen und Knochen zu Bernos großen Herausforderungen. Für ihn wurde sein Glaube viel mehr auf die Probe gestellt, wenn etwas nicht nach seinem Kopf ging oder er irreführende Informationen von Mitmenschen erhielt, die ihn „unnötige" Zeit kosteten. Dennoch war sich Berno bewusst, dass er gerade an diesen Punkten weiterkommen musste und wollte – und dazu sollten die Reisen unter anderem dienen. Gott durfte an seinem Charakter schleifen, damit Gottes Wesen immer mehr an Berno sichtbar wurde und Sein Wille und Seine Liebe durch ihn fließen konnten.

In Rumänien wurde diese Liebe, die sich vor allem an Bernos großer Barmherzigkeit zeigte, noch deutlicher als zuvor. Mit voller Kraft, großer Empathie und dem tiefen Vertrauen in Gottes Eingreifen setzte er sich für seine Mitmenschen ein und versuchte, einen Unterschied in ihrer Notlage zu machen. Unmöglich gab es für ihn nicht, denn schließlich diente er einem Gott, der sagt: „Alles ist möglich, dem der da glaubt." Und Berno glaubte fest, dass Gott die Lösung für jede Situation rechtzeitig zeigen würde. „Pater Berno hatte volles Vertrauen, dass Gott immer hilft. Er hat einfach gesagt: Herrgott, schau her, das brauchen wir. Du weißt, wie es den Leuten geht, hilf jetzt oder zeig uns einen Weg, wie wir helfen können", erinnerte sich Maria Pucher.[254] Wenn er eine Idee, aber kein Geld dafür hatte, dann betete er – und anschließend handelte er entsprechend dieses Gebetes, d.h. er kaufte das, was er brauchte. Und dabei spielte es keine Rolle, ob es sich um kleinere Summen oder um Großausgaben für die Renovierung des Klosters handelte. Beten und Tun gehörte für Pater Berno schon immer zusammen, und in Rumänien wurde diese Einstellung noch sichtbarer als bisher. „Für Pater Berno gab es keine Besonderheit des Priesterstandes. Früher war der Priester jemand, den man ehren musste, aber bei Berno war das anders. Er war sich für keine Arbeit zu schade, ging auf die Leute zu und trug im Alltag ganz normale Kleidung", erzählte P. Niki.[255] Egal, ob er sich stundenlang zum Gebet in die Kapelle zurückzog, ob er in der Suppenküche mit den Straßenkindern rechnete oder mit Hammer und Meißel am Klostergebäude arbeitete – für ihn war all das Gottesdienst.

Selbst die Tiere bezog Pater Berno in diesen Gottesdienst mit ein. Für ihn waren sie ebenfalls Gottes Geschöpfe, die genauso viel Liebe und Wertschätzung brauchten wie die Menschen. Und deshalb war es für ihn auch selbstverständlich, dass er seine Dogge Lady manchmal mit in den Altarraum nahm, wenn er Gottesdienst feierte. „Bei der Taufe unseres dritten Sohnes war der Hund in der Kirche dabei", erzählte seine Nichte Monika. „Ich habe mir dabei zuerst gar nichts gedacht. Erst als ich zu der Verwandtschaft meines Mannes blickte, ist mir aufgefallen, wie seltsam das wirken konnte. Für uns war das schon normal." Winfried Kuhn ergänzte: „Berno hat immer gesagt, Lady wäre auch ein Mitglied der Salvatorianer, weil sie schwarz ist."[256] Neben seinen eigenen Hunden und Katzen kümmerte sich Berno auch um verletzte Tiere, die teilweise halbtot über den Zaun des Klosters geworfen wurden. „Manchmal hatten wir bis zu elf Katzen und viele Hunde, einmal sogar zwei Küken", erzählte Doina. „Pater Berno hat die Tiere gesund gepflegt und dann geschaut, dass sie wieder ein Zuhause finden. Teilweise hat er sie sogar mit nach Deutschland genommen."[257] Und wenn seine eigenen Tiere krank waren, litt Pater Berno darunter genauso sehr, als wenn ein Mensch erkrankt war. Für ihn gehörten die Tiere genauso zu seiner Familie wie seine Mitbrüder. „In seiner Liebe zu den Tieren hat er die Liebe Gottes gesehen", erklärte Sr. Rosa.[258]

Bei all seinem Tun war sich Pater Berno stets bewusst, dass er das große Werk in Rumänien trotz seiner Begabung und Kraft nur mit Gottes Hilfe durchführen konnte. „Er hatte ein grenzenloses Gottvertrauen und hat Ihm alles hingegeben. Er sagte immer: Es ist nicht mein Werk, es ist Gottes Werk; da war er wie unser Gründer", erzählte Sr. Rosa. „Sein Leben war geprägt von Glauben und Vertrauen und er hat viel gebetet."[259] Pater Berno baute stets darauf, dass Gott sich den Notleidenden selbst zuwenden und sich um sie kümmern würde – er selbst war lediglich der verlängerte Arm, durch den Gott hier auf Erden wirken konnte. Er vertraute, dass Gott den Rest dazugeben würde, wenn er sich mit ganzer Kraft für eine Sache einsetzte. „Pater Berno war jemand, der Gottes Wunder in seine Kalkulation mit einbezogen hat. Er sagte immer: Wenn Gott das will, dann klappt das schon", erinnerte sich Winfried Kuhn. „Da gab es dann keinen Widerspruch mehr, denn er hat das wirklich ernst gemeint. Unsere Welt würde anders aussehen, wenn es mehr Menschen gäbe, die so handeln würden wie er."[260]

Rumänien im großen Stil – oder: „Wir können jetzt nicht aufhören!"

Weil Pater Berno dieses tiefe Vertrauen in einen guten Gott hatte, der sich über die Menschen erbarmt und ihnen voll Liebe begegnete, kam es für ihn nicht in Frage, sein Engagement in Rumänien auf die bestehenden Tätigkeiten zu beschränken. Solange es so viel Leid, Not und Elend um ihn herum gab, wollte er nicht aufhören, sich mit ganzer Kraft und Gottvertrauen für die Menschen einzusetzen. Und er hatte noch viele Visionen und Träume, was man alles tun könnte. Als er Ende 1997 von der Salvator-Schule in Berlin-Waidmannslust beinahe 42.000 DM für die rumänischen Straßenkinder erhielt, wollte er einen dieser Träume in die Tat umsetzen: „Ich habe mich gleich mit Herrn Grün von der Temeswarer Diözesancaritas in Verbindung gesetzt, damit er Verhandlungen mit der Stadt aufnimmt zwecks Errichtung eines Obdachlosenheimes für unsere ‚boschetari' (so nennen sich die Straßenkinder jeden Alters, weil sie unter den Büschen in den Parks übernachten müssen). Es ist dies ein lange gehegter Plan von mir, mit dem aber die Gründung eines entsprechenden Mitarbeitervereines einhergehen muss, was allerdings nicht so leicht ist wie Geld für das obige Projekt zu sammeln. Aber nun packen wir es an."[261]

Nachtasyl

Zur damaligen Zeit gab es in Rumänien keine Obdachlosenheime oder ähnliches und Herbert Grün musste viele Gespräche mit der Stadtverwaltung führen, um die rechtliche Seite zu klären und die erforderlichen Genehmigungen zu erhalten. Auch ein geeignetes Gebäude zu finden, war nicht so leicht, wie Pater Berno sich das vorgestellt hatte, obwohl es seit der Revolution viele leerstehende Häuser gab. Im Spätsommer 1998 hatte er schließlich ein passendes Objekt gefunden. Das Haus lag nicht weit vom Kloster entfernt am Bulevardul Constantin Brâncoveanu und es schien einfach ideal zu sein. Kurzentschlossen kaufte es Pater Berno im Name der Caritas, über die das Projekt in Zukunft laufen sollte, auch wenn er das notwendige „Kleingeld" noch gar nicht beisammen hatte. Selbst einen Namen für das neue Nachtasyl hatte er bereits gefunden: Im Gedenken an den Gründer der Salvatorianer sollte es „Pater-Jordan-Haus" heißen, denn „... am 09. Juni 1998 waren es exakt 100 Jahre, dass Pater Jordan nach Temeswar kam."[262]

Damit das Haus Nr. 50 tatsächlich als Nachtasyl für Straßenkinder genutzt werden konnte, mussten selbstverständlich einige Umbauten gemacht werden. Trotzdem wollte Pater Berno es zumindest provisorisch eröffnen, denn er hatte sich in den Kopf gesetzt, dass „seine Kinder" im kommenden Winter nicht mehr auf der Straße übernachten mussten. Und er würde alles daransetzen, um das zu realisieren. Also rief er direkt nach dem Kauf des Hauses seinen Neffen Markus Müller an, der Architekt in Meckenbeuren war. „Ihr müsst nächstes Wochenende runterkommen und ein Haus vermessen." Mal kurz „runterkommen" bedeutete damals noch fast 24 Stunden Fahrt einfach, denn an den Grenzen nach Ungarn und vor allem nach Rumänien musste man oft viele Stunden warten. Doch was tat man nicht alles für den Onkel! Also fuhren Markus und sein Bruder Christoph „mal wieder" nach Rumänien, um das neugekaufte Haus zu besichtigen und Pläne für den Um- und Ausbau zu erstellen. Als Vorbild für das Nachtasyl diente die „Gruft" in Wien, ein Obdachlosenprojekt der dortigen Salvatorianer, das Pater Berno kannte und von dem er schon viel Gutes gehört hatte.

Das Geld für das bereits gekaufte Haus war zu diesem Zeitpunkt wie gesagt noch nicht komplett vorhanden. „Da bekommt Gottvertrauen plötzlich eine ganz andere Bedeutung", meinte Bernos Neffe Christoph. „Er macht etwas, ohne Geld zu haben, ohne groß zu planen und zu überlegen. Man braucht das und dann geht es schon irgendwie. Und es geht dann auch tatsächlich irgendwie!"[263] So auch beim Nachtasyl. Berno rührte die Werbetrommel für Spenden und kurze Zeit später waren auf dem Straßenkinder-Konto in Passau bereits 100.000 DM eingegangen „… und die fehlenden 40.000 DM werden wir wahrscheinlich von der Landesregierung Südtirol bekommen", schrieb Berno begeistert in seinem Rundbrief.[264]

Doch auch wenn das Haus noch nicht abbezahlt war und vor dem Winter keine Zeit für aufwendige Umbauten blieb, wollte Pater Berno es auf jeden Fall noch dieses Jahr eröffnen. Und dafür brauchte er zumindest eine Grundausstattung an Möbeln, bei der ihm sein großes Netzwerk erneut zu Hilfe kam. „Stockbetten konnten wir über Frau Ziche von der Bundeswehr erwerben. Spinde kamen vom Betrieb meiner Schwester (am idealsten wären Schließfächer wie bei der Bahn, damit jeder unserer Gäste ein eigenes Fach für persönliche Sachen und frische Kleidung haben konnte), Tische und Stühle in entsprechend robuster Ausführung bräuchten wir noch."[265] Außerdem benötigte Pater Berno Mitarbeiter für den provisorischen Umbau und den laufenden Betrieb des neuen Nachtasyls, denn die kleine Ordensgemeinschaft konnte das große Projekt nicht alleine stemmen und die Caritas hatte ebenfalls keine freien Mitarbeiter. Also wandte sich Berno an seine Pfarrgemeinde in der Elisabethstadt: „Ich suche nach ‚oamenii cu suflet şi inimă' – also nach Menschen mit Geist und Herz – die bereit sind, immer wieder mal eine Nacht für diese Kinder zu opfern."[266] Und tatsächlich fand sich ein Hausvater für den ersten Winter 1998/99: Veres Imre und seine Frau. Auch die Jugend der Pfarrei wollte mit anpacken und beim provisorischen Umbau für den Winter mit Hand anlegen.

Doch dann passierte etwas, das die Eröffnung des Nachtasyls beinahe verzögert hätte: P. Nikolaus hatte am 11. Oktober einen sehr schweren Autounfall, den er nur durch ein Wunder und durch den Gebetssturm von vielen Menschen überlebte. Wieder einmal zeigte sich, wie schlecht die medizinische Ausstattung der Krankenhäuser in Rumänien war. „Es ist schlimm, feststellen zu müssen, dass ein anderer in solch einer Situation dort im Krankenhaus hundertprozentig gestorben wäre und zwar nicht wegen des mangelnden Einsatzes der Ärzte und Krankenschwestern, sondern wegen den fehlenden Mitteln. Dass sie im Fall von P. Nikolaus herbeigeschafft werden konnten und nun in der Intensivstation mit diesen Geräten noch vielen Patienten das Leben gerettet werden kann, ist dem intensiven Einsatz von außen zu danken."[267] Gott sei Dank konnte P. Niki nach einigen Tagen soweit stabilisiert werden, dass er zur weiteren Behandlung und Rehabilitation nach Wien ausgeflogen werden konnte.

Für Pater Berno bedeutete dieser Unfall neben den Sorgen um P. Niki auch zusätzliche Arbeit in der Pfarrei, vor allem weil P. Pius ebenfalls seit vielen Wochen ausgefallen war. „Der lange Totalausfall der beiden hat deutlich gemacht, in welch prekärer personeller Lage wir hier immer noch sind. Ich war des Öfteren am Ende meiner leiblichen Kräfte – Glaubensfreude und geistliche Hochstimmung waren dafür umso größer."[268] Doch trotz der personellen Herausforderung wollte Berno seine Pläne mit dem Nachtasyl nicht aufschieben. Am 16. Dezember zog er mit Herrn und Frau Veres, den *Kandidaten* Adi und Attila sowie mit neunundzwanzig Jungen und zwölf Mädchen mit vier Babys in das Haus in der Brâncoveanu-Straße. Nach kurzer Zeit kamen weitere Straßenkinder und auch andere Obdachlose dazu und die Mitarbeiter stellten fest, dass die Schlafplätze oft nicht ausreichten. „Und dabei haben wir noch gar nicht begonnen die Straßenkinder und Penner vom Bahnhof und der Olympiahalle einzuladen."[269]

Nun war allen klar, warum Pater Berno von Anfang an von einem Ausbau und einer Erweiterung auf 100 Betten gesprochen hatte. Man brauchte tatsächlich so viel Platz, wenn man zumindest einem Teil der Bedürftigen helfen wollte, die auf der Straße lebten. Mittlerweile waren auch die Finanzen für das große Projekt gesichert, denn das Land Südtirol hatte über 200.000 DM für das Nachtasyl und die Straßenkinderarbeit gespendet. Deshalb wurde das Obdachlosenheim am Ende des Winters im April 1999 noch einmal geschlossen und der große Um- und Anbau begann. Vom Keller bis zum Dachboden wurde gehämmert und gemeißelt, Wände wurden eingerissen und neu errichtet, Böden wurden ausgebessert und das Dach komplett erneuert. Außerdem wurde die Fassade zum Innenhof durch eine große Glasfront ersetzt, so dass es im ganzen Haus wunderbar hell war – für Rumänien damals eine absolute Rarität. Am Ende hatte das Nachtasyl acht Schlafräume, zwei Aufenthalts- bzw. Speiseräume, eine Küche, einen Duschraum, einen Freizeitraum und einen Werkraum.

Die feierliche Einweihung im neuen Gewand fand am 1. Mai 2000 gemeinsam mit dem Temeswarer Bischof Martin Roos, einer Delegation aus Südtirol sowie diversen Gästen aus dem In- und Ausland statt. Anschließend wurde das Nachtasyl sofort für den Dauerbetrieb freigegeben und es wurde von Anfang an sehr gut besucht. Wenn die Mitarbeiter um 19:00 Uhr die Türen öffneten, wartete jeden Abend bereits eine Traube Menschen vor dem Haus. Als erstes wurde jeder Besucher registriert, bzw. in der Anwesenheitsliste abgehakt, denn den regelmäßigen Gästen war bereits ein festes Bett und ein Spind für ihre persönlichen Habseligkeiten zugewiesen worden. Erst wenn ein Gast dreimal hintereinander nicht auftauchte, wurde sein Bett an eine andere Person weitergegeben, von denen es besonders im Winter genügend gab. Um 20:00 Uhr wurden die Türen des Nachtasyls für Ankommende geschlossen und die Gäste erhielten ein Abendessen, bevor sie sich mit verschiedenen Freizeitaktivitäten beschäftigen konnten. Um 23:00 Uhr begann die Nachtruhe, auf die bei so vielen Menschen sehr streng geachtet werden musste. Und bevor die Obdachlosen am nächsten Morgen zurück auf die Straßen gingen, erhielt jeder von ihnen noch ein Frühstück.

Natürlich gab es besonders am Anfang jede Menge Schwierigkeiten, die man nicht vorhergesehen hatte. Für alle Gäste galten klare und teilweise sehr strenge Regeln, ohne die ein solches Projekt nicht möglich wäre. Pater Berno hatte sich im Vorfeld bei anderen Obdachlosenprojekten wie der „Gruft" in Wien erkundigt, auf welche Dinge man besonders achten musste. Für die Straßenkinder und Obdachlosen war es jedoch gar nicht so leicht, sich an diese strengen Regeln zu halten. Sie waren ihre Freiheit gewöhnt und etliche von ihnen hatten zudem Probleme mit diversen Abhängigkeiten, die im Nachtasyl nicht toleriert werden konnten. So durften beispielsweise Personen, die alkoholisiert waren oder Aurolack geschnüffelt hatten, nicht im Nachtasyl übernachten. Die Mitarbeiter kontrollierten dies bereits am Eingang und sie mussten die Leute gegebenenfalls abweisen, auch wenn ihn das noch so leid tat. Die sieben Mitarbeiter waren oft bis aufs Äußerste gefordert und fühlten sich nicht selten sogar überfordert. „Wir bräuchten viel mehr und qualifizierte Helfer. Bei der *Vesper*[270] ist dies jeden Abend unsere wichtigste Fürbitte. Ich vertraue darauf, dass Ihr uns in dieser Sorge nicht allein lasst", schrieb Berno an seine Unterstützer.[271]

Und tatsächlich ging es mit der Zeit immer besser. Man sammelte eigene Erfahrungen und lernte, wann Strenge angebracht war und wann man mit Barmherzigkeit und Liebe weiter kam. Außerdem konnten die Mitarbeiter, die nicht bereits Sozialarbeit an der Universität studierten, einen sechsmonatigen Kurs bei der „assistenza sociale" absolvieren. In diesem Kurs lernten sie viele wichtige Dinge im Umgang mit Menschen am Rande der Gesellschaft und gleichzeitig konnten sie hilfreiche Kontakte zu anderen Sozialeinrichtungen in der Stadt knüpfen. Die tägliche Routine und diese Kontakte und Weiterbildungen halfen, dass das Nachtasyl schon bald ein eingespielter, wenn auch nicht einfacher Betrieb wurde.

Jugendfarm

Bereits bei der Gründung des Nachtasyls hatte Berno noch einen zweiten Traum gehabt, den er ebenfalls so bald wie möglich umsetzen wollte: Er wollte einen Weg finden, damit die Straßenkinder mittelfristig aus dem Armutskreislauf aussteigen konnten. Sie sollten nicht ihr Leben lang auf die Hilfe anderer angewiesen sein, sondern einen Beruf erlernen und ihren eigenen Lebensunterhalt verdienen können. Diese Idee war in Pater Berno gereift, als er die Straßenkinder eines Tages zeichnen ließ, was sie sich für die Zukunft wünschten. Die meisten von ihnen malten ein Haus und einen Baum und daraus schloss er, dass sie genauso wie andere gerne ein Zuhause hätten. Dies berührte Pater Berno sehr und er beschloss, sein Möglichstes zu tun, um diesen Traum in Erfüllung gehen zu lassen. Von staatlicher Seite gab es hierfür keine Hilfe, denn die Kinder hatten keine Schulbildung und sie hielten es auch nicht sehr lange in einem staatlichen System aus – dafür waren sie zu sehr an die Freiheit der Straße gewöhnt.

Aus diesem Grund kam Berno auf die Idee, selbst einen Ort zu schaffen, an dem die Kinder auf ihre Weise und in ihrem Tempo lernen konnten – und eine Farm schien ihm dafür der beste Ort zu sein. Bereits 1999 hatte er den ersten Versuch gestartet und auf einem Bauernhof in dem 40km entfernten Dorf Cruceni gemeinsam mit den Straßenkindern acht Hektar Land mit Kartoffeln, Karotten und Zwiebeln bebaut. Leider war dieses Projekt nicht erfolgreich, denn „... die Leute vor Ort haben im Kampf gegen das Unkraut leider auch unsere zarten Pflänzchen tot gespritzt."[272] Doch so leicht wollte sich Pater Berno nicht geschlagen geben. Durch die Erfahrungen in Cruceni hatte er erkannt, dass man selbst vor Ort sein musste, wenn ein solches Projekt gelingen sollte. Am besten wäre wahrscheinlich eine große Farm, auf der die Kinder und Jugendlichen leben und gleichzeitig in der Landwirtschaft, Viehzucht, usw. arbeiten konnten. Durch diese Gedanken kam das Dorf Bacova in Bernos Fokus, „... wo die Caritas bereits einen Landwirtsbetrieb mit 100 ha, eine Nudelfabrik, eine Schreinerei, eine Auto-Werkstätte und das große Zentrallager mit fast 30 Beschäftigten hat."[273] Ganz „zufällig" war in Bacova gerade eine ehemalige Kolchose zur Versteigerung ausgeschrieben, für die sich bisher noch kein Käufer gefunden hatte. Mit ihren acht großen Gebäuden und den vier Hektar Land schien sie geradezu ideal für das Vorhaben zu sein – hier musste Gott seine Hand im Spiel haben. Vor seinem inneren Auge sah Berno bereits ein Wohnheim für die Straßenkinder auf dem großen Gelände entstehen, daneben einen Hühnerhof und einen Schweinestall, in denen die Kinder mitarbeiten konnten. Und natürlich hatte er noch viele andere Ideen, was man auf dem Grundstück sonst noch machen könnte: „Mir schwebt auch der Gedanke eines ‚Spielelandes' vor Augen", schrieb er.[274]

Also beauftragte er erneut seinen Freund und Partner Herbert Grün, die Kolchose zu erwerben – allerdings nur zum halben Preis und auch dieses Mal wieder nach dem Motto: „Das Geld wird dann schon kommen, wenn es Gottes Plan ist." Und Herbert Grün machte das Unmögliche mit Gottes Hilfe möglich. Weil es nach wie vor keinen anderen Interessenten gab, konnte er die Kolchose im Sommer 1999 tatsächlich für 198.000 DM kaufen – genau der halbe Preis. Am Ende konnte er diesen sogar noch weiter senken: „Ich habe dem Finanzdirektor der Bank erklärt, was wir mit der Kolchose vorhaben und dass wir deshalb keine Mehrwertsteuer für das Grundstück bezahlen müssen. Er zweifelte zwar sehr daran, dass wir auf der Farm tatsächlich mit Obdachlosen arbeiten wollten, aber die Mehrwertsteuer gab er uns trotzdem zurück", erzählt Herr Grün auch heute noch mit einem Grinsen im Gesicht.[275] Auch das Geld war mittlerweile vorhanden: „Zum Jahresende konnten wir mit einem ‚Kredit' der Salvatormissionen Passau die 170 000 DM aufbringen, um das Areal und alle Gebäude der Kolchose in Bacova für unsere Jugendfarm bezahlen zu können. Am 1. Mai wollen wir dort einige Bäume pflanzen und mit dem Einrichten von Wohnungen, etc. beginnen.", schrieb Berno voller Freude in seinem Osterbrief 2000.

Damit blieben die Arbeitseinsätze in Temeswar nach der Renovierung des Klosters und dem Umbau des Nachtasyls auch weiterhin bestehen – ab sofort fanden sie eben in Bacova statt. Die Kolchose war genauso heruntergekommen wie das Kloster nach der Rückgabe und man brauchte schon die Phantasie von Pater Berno, um darin eine Jugendfarm zu sehen. Doch für Berno gab es keinen Zweifel, dass seine Vision Wirklichkeit werden würde. „Über den Winter wollen wir die Dächer herrichten, Wasserleitungen legen, ein Wasserreservoir einrichten, den Wohnbereich umzäunen, etwa Tausend Obstbäume pflanzen und während all dem diese oder jenen dort ansiedeln."[276] Denn natürlich sollten die Straßenkinder so bald wie möglich nach Bacova ziehen – lieber heute als morgen. Auch wenn die Logistik der Farm noch nicht feststand und kein richtiges Konzept für die Arbeit mit den Jugendlichen vorhanden war, konnte es ihm nicht schnell genug gehen. In seinem Kopf war das Projekt bereits fertig und deshalb wollte er auch loslegen.

Wie gut, dass Pater Berno es verstand, seinen immer größer werdenden Spenderkreis in seine Projekte mit einzubeziehen. Sämtliche Besucher, die nach Rumänien kamen, wurden ab sofort auch nach Bacova gebracht, wo er sie selbst durch das wachsende Projekt führte. Und dort erlebten die Besucher dasselbe, was Pater Bernos Neffen und Nichten mit ihrem Onkel erlebt hatten: Wenn er von seiner Jugendfarm erzählte, rückten die verfallenen Gebäude und das brachliegende Land in den Hintergrund und man sah einen blühenden Betrieb mit Tieren, Landwirtschaft und vielen Straßenkindern vor sich. Und plötzlich hörte sich all dies gar nicht mehr so unrealistisch an. Man konnte sich tatsächlich vorstellen, wie aus der alten, abgewirtschafteten Kolchose ein großartiges Sozialprojekt wurde, durch das ein Straßenkind nach dem anderen die Chance auf ein neues Leben bekommt.

Obwohl es noch einige Zeit dauerte, bis tatsächlich Straßenkinder in Bacova leben konnten, ging der Aufbau der Jugendfarm erstaunlich schnell voran. Bereits im ersten Jahr wurde eines der bestehenden Gebäude in einen Schweinestall umgebaut und schon bald tummelten sich darin die ersten Schweine und Ferkel. Berno musste die Tiere natürlich bei jedem Besuch persönlich begrüßen und in den Arm nehmen und er konnte nicht verstehen, warum seine Besucher wegen des strengen Geruchs der Schweine lieber draußen blieben. Auch Bernos Unterstützer kamen immer wieder mit neuen Ideen und Spenden für die Farm nach Temeswar: Von Peter Landthaler aus Südtirol wurde eine Mühle für die Jugendfarm gestiftet, die ebenfalls in einem der acht Gebäude untergebracht wurde. Nun konnte das Getreide von den Feldern der Caritas selbst gemahlen und anschließend direkt zur Nudelfabrik und in die Bäckerei der Caritas transportiert werden. Diverse Landmaschinen und andere Großgeräte wurden von Franz Pachner aus Odelzhausen nach Bacova gebracht, der seit 1999 mit Berno zusammenarbeitete und den ersten Traktor auf die Jugendfarm lieferte. Und Franz Schmalhofer trieb sogar eine komplette Schreinerei auf, die ebenfalls in den ehemaligen Großstallungen untergebracht wurde und Erträge für den Betrieb erwirtschaften sollte.

Außerdem erhielt Pater Berno Geld von seinem Mitbruder P. Albert, um das erste Wohnhaus (das sogenannte „Gelbe Haus") zu bauen, damit die Mitarbeiter und die ersten Straßenkinder nicht mehr täglich aus der Stadt nach Bacova pendeln mussten. „Ich selber bin immer mehr begeistert und verwundert, mit welchem Elan und Feuereifer unsere Leute in Bacova am Werkeln sind", schrieb Berno im folgenden Jahr. „Die Schweine gedeihen prächtig, bald werden die Größten für die Kinder im Sommerlager ihr Leben opfern müssen. Bei den Hühnern müssen wir nochmals neu starten, denn die 100, die wir aus einer Batteriehaltung freigekauft hatten, konnten sich nicht mehr auf das neue Leben in Freiheit einstellen und zeigten ein kannibalisches Verhalten. Sie fraßen ihre eigenen frisch gelegten Eier sofort auf, obwohl es ihnen nicht an Kalk oder Futter mangelte. So wandern sie nun eben selber über kurz oder lang in den Kochtopf und wir fangen mit einem eigenen Hühnerkindergarten an."[277] Berno ließ sich durch solche Rückschläge nicht entmutigen, und weil es mit den Schweinen so gut geklappt hatte, wollte er weitere Tiere für die Farm anschaffen: Drei Kälber und zwei Jungstiere, die sowohl Fleisch als auch Milch liefern sollten. Neben der Resozialisierung der Straßenkindern hatte die Jugendfarm nämlich noch eine zweite Funktion: Durch die Landwirtschaft sollte ein Teil des Lebensmittelbedarfs für das Nachtasyl und für die übrigen Projekte der Caritas wie Essen auf Rädern, Suppenküchen und Waisenheime gedeckt werden.

In den kommenden Jahren wuchs die Jugendfarm Stück für Stück und unzählige Helfer beteiligten sich an ihrem Auf- und Ausbau. So wurden zum Beispiel die traditionellen „Ora et Labora et Lude"-Tage der Temeswarer Pfarrjugend in Bacova abgehalten. Die Jugendlichen halfen in dem 15ha großen Garten sowie beim Ausbau des Schweinestalls und beim Setzen eines Zaunes mit und sie übernachteten in einem großen Armeezelt, das Franz Schmalhofer organisiert hatte. Jeden Abend kam P. Nikolaus aus der Stadt zu ihnen und beim Feedback am Ende der Woche erklärten sie diese „Ora et Labora"-Woche zur besten von allen bisherigen Wochen. Für Berno waren „... vor allem ihre Eindrücke und Erfahrungen wichtig, die sie mit den Angestellten auf der Farm gemacht haben. Ich konnte daraufhin ein sehr fruchtbares Gespräch mit Herrn Grün und Gabi, dem verantwortlichen Chef auf der Farm, über die Organisation der Arbeit führen."[278]

Mit der Fertigstellung des gelben Hauses fand am 2. Juni 2003 schließlich die offizielle Einweihung der Jugendfarm statt, die dabei auch einen neuen Namen erhielt: In Erinnerung an den rumänischen Mitbruder und Märtyrer P. Paulus Weinschrott wurde die ehemalige Kolchose auf den Namen „Pater-Paulus-Farm" getauft. Neben den vier Wohneinheiten im großen Haus hatte Berno von Anfang an geplant, eine Art Jugenddorf mit kleineren Häusern zu errichten, in denen jeweils zehn bis fünfzehn Straßenkinder in einer familiären Struktur leben konnten. Auf diese Weise sollten die Jugendlichen neben der Arbeit auch soziale Kompetenzen erwerben. Von seinem Neffen Markus Müller hatte er sich bereits Pläne für so ein Dorf erstellen lassen, doch natürlich mussten diese Häuser auch bezahlt und gebaut werden. Jahr für Jahr schwärmte Berno seinen Unterstützern von den Vorzügen eines Jugenddorfes vor und 2006 war es schließlich soweit: Über Michael Diestel vom Verein „Kultur...FÜR... humanitäre Hilfe" war ein Kontakt zu „Renovabis", einer Hilfsaktion in der katholischen Kirche, hergestellt worden. Und nachdem Pater Berno und Herbert Grün das Projekt im Advent 2005 dort vorgestellt hatten, bekamen sie zu Pfingsten 2006 die Genehmigung für den Bau von zwei Häuschen, sowie zusätzliche Finanzmittel für diverse Landmaschinen und weitere Renovierungen an den bestehenden Gebäuden der Farm.

Und damit konnte 2007 endlich das eigentliche Integrationsprojekt für Obdachlose in der Jugendfarm begonnen werden, von dem Pater Berno so viele Jahre lang geträumt hatte. Von nun an hatten jeweils 16 Obdachlose die Chance auf den Einstieg in ein geregeltes Leben. Gemeinsam mit den Angestellten der Caritas konnten sie tagsüber in der Landwirtschaft, der Tischlerei, der Mühle oder in der Werkstatt arbeiten und sie erhielten dafür neben Kost und Logis auch einen Monatslohn, über den sie frei verfügen konnten. Darüber hinaus hatten sie die Möglichkeit, soziale, psychologische und ärztliche Betreuung und Beratung in Anspruch zu nehmen. Außerdem hatte Herbert Grün es mittlerweile geschafft, eine Zusammenarbeit mit dem Sozialamt des Landkreises Timiş ins Leben zu rufen, die das Projekt zumindest teilweise finanziell unterstützten, auch wenn die Hauptkosten der Farm weiterhin von Pater Bernos Spenderkreis getragen wurden.

Weitere Projekte für Straßenkinder

Neben dem Nachtasyl hatte Pater Berno im Winter 1998 „... noch ein weiteres ‚Haus' für seine Straßenkinder gekauft: vier Grabplatten im Friedhof der Mehala."[279]. Der Anlass dafür war der Tod eines Jungen, den alle sehr gemocht hatten und der nicht „... wie ein Hund irgendwo im Armenfriedhof unter Ausschluss der Öffentlichkeit verscharrt werden sollte."[280] Gemeinsam mit 60 anderen Straßenkindern und fünf freiwilligen Helfern, die damals im Kloster lebten und im Kinderkrankenhaus und im Waisenhaus mitarbeiteten, erlebte Pater Berno „eine der ergreifendsten Beerdigungen" seines Lebens. Dieses Grab für die Straßenkinder besteht bis heute und es wurden darin schon etliche Kinder begraben, die aufgrund der harten Lebensumstände der Straße gestorben waren oder sich das Leben nahmen. Für Berno war es wichtig, dass die Kinder ein würdiges Begräbnis erhielten, egal woran sie gestorben waren. Und deshalb pflegte er dieses Grab gemeinsam mit verschiedenen Familienmitgliedern und Herbert Grün bis zu seinem eigenen Tod auch selbst.

Ein weiteres Projekt für Straßenkinder begann an Weihnachten 1999. Im Jahr zuvor hatte Berno bei der Beerdigung eines anderen Straßenjungen Cerbu Vicentiu und Nadine Piclisan-

Perrin kennengelernt, die ein Tageszentrum für Straßenkinder leiteten. Cerbu war selbst auf der Straße aufgewachsen und hatte ein großes Herz und viel Verständnis für die Kinder. Er wollte ihnen gerne helfen, aus ihrem Alltag auf der Straße auszusteigen und hatte deshalb gemeinsam mit seiner Frau Nadine, die 1998 aus Neuseeland nach Timişoara gekommen war, um ein Praktikum zu machen, den Verein „Association Mana" gegründet. Genau wie Pater Berno hatten auch Cerbu und Nadine große Träume, die sie mit Gottes Hilfe verwirklichen wollten. Sie wollten ein Zuhause für Mädchen schaffen, die auf der Straße besonders gefährdet waren, in einen Kreislauf von Vergewaltigung und Prostitution zu geraten.

Als Berno die beiden jungen Leute näher kennenlernte und von ihrer Idee hörte, wollte er ihnen gerne helfen und so brachte er sie in Kontakt mit seinen Spendern. Ein passendes Haus am Stadtrand mit großem Garten war schnell gefunden und nun ging es wie bei allen anderen Projekten um das notwendige „Kleingeld" für den Kauf des Hauses. Gemeinsam mit Pater Berno vereinbarten Cerbu und Nadine, bis Weihnachten 1999 für die fehlenden 25.000 DM zu beten – und wieder geschah das Wunder: „Zu meinem Geburtstag am 15. November gratulierte mir mein Bruder Hansjörg und erwähnte nebenbei, dass uns jemand 25 000 DM schenken wolle. Für mich sofort klar, wofür ER diese Summe haben wollte. So konnten wir das Haus erwerben und am Heilig Abend konnten vier Mädchen vom Kanal in ein warmes Nest ziehen."[281]

Cerbu und Nadine und vor allem die Mädchen waren sehr dankbar für die Unterstützung durch Bernos viele Spender, die nicht nur beim Erwerb des Hauses halfen, sondern auch teilweise selbst bei „Mana" mitarbeiteten. Schon bald lebten zwölf Mädchen im Alter von 0–20 Jahren im Mädchenhaus, wobei das jüngste Kind das Baby der ältesten Bewohnerin war, das kurz nach ihrem Einzug geboren wurde. Das Haus wurde familiär geführt, denn Cerbu und Nadine war es wichtig, dass die Mädchen, die alle aus sehr dysfunktionalen Familien stammten, ein möglichst normales Leben kennenlernten. Das Mädchenhaus sollte ihr Zuhause sein und ihnen gleichzeitig die Chance zur Weiterentwicklung bieten. Aus diesem Grund fand vormittags Unterricht statt, denn die meisten Mädchen hatten bisher noch nie eine Schule besucht und konnten deshalb nicht einfach in staatliche Schulen integriert werden. Im Mädchenhaus lernten sie Schreiben, Lesen, Rechnen und diverse andere nützliche Fähigkeiten. Am Nachmittag konnten die Mädchen zwischen verschiedenen Freizeitaktivitäten wie Rollschuhlaufen, Fahrradfahren, Nähen, Gartenarbeit und künstlerischen Tätigkeiten wählen. Auch außergewöhnliche Aktivitäten fanden statt: „Vor kurzem konnten unsere Mädchen eine besondere Sportart, nämlich Skilaufen, erlernen, als wir eine Woche lang im Urlaub in den Bergen waren. Es war das erste Mal, dass überhaupt eine von ihnen in den Bergen war, und sie genossen diese Erfahrung wirklich sehr", schrieb Cerbu in Pater Bernos Rundbrief.[282]

Die Arbeit im Tageszentrum von „Association Mana" ging ebenfalls weiter. Ab Frühjahr 2000 durften sie dafür übergangsweise das Pater-Jordan-Nachtasyl nutzen, weil ihnen die vorherigen Räume nicht mehr zur Verfügung standen. Dort nahm ein weiterer Traum von Cerbu und Nadine Gestalt an: „Auch wenn die Kinder das Tageszentrum lieben, fragen sie ständig nach einem Jungenhaus, in dem sie so wie die Mädchen fest wohnen können. Wir hoffen nun, dass wir im nächsten Jahr in der Lage sein werden, eine Farm für mindestens 15 Jungen eröffnen zu können."[283] Auch dabei wollte Pater Berno sie gerne unterstützen, denn für ihn war dieses Projekt keineswegs eine Konkurrenz oder Kopie der Jugendfarm in Bacova. „Für die Straßenkinder kann es nicht genügend solcher Projekte geben, damit möglichst viele die Chance auf ein neues Leben haben."[284]

Allerdings sollte das Jungenhaus und die Farm von „Association Mana" noch einige Jahre auf sich warten lassen, denn Cerbu und Nadine wollten auf keinen Fall, dass die bestehende Arbeit unter einem neuen Projekt litt. 2006 konnten sie schließlich eine Farm in Ianova, einem ca. 20km von Timișoara entfernten Dorf in der Nähe des Flughafens, erwerben. In Eigenarbeit wurde nach und nach ein Haus für Jungs gebaut und auch dieses Mal wurde die Arbeit von Spendern aus Pater Bernos Netzwerk unterstützt. Die Farm selbst sollte nicht wie in Bacova in erster Linie landwirtschaftlich genutzt werden. Stattdessen entstand eine Art Streichelzoo mit ganz verschiedenen Tieren, um die sich die Kinder gemeinsam mit ihren Betreuern kümmerten. Diese Arbeit sollte einerseits den Heilungs- und Entwicklungsprozess der Jungen unterstützen und ihnen andererseits Verantwortungsgefühl für andere Lebewesen vermitteln. Erst in zweiter Linie dienten die Nutztiere wie Hühner, Schweine und Ziegen zur Selbstversorgung und Unterstützung des Lebensmittelbedarfs des Projektes.

JEVs

Als die Arbeit im Nachtasyl begann, suchte Pater Berno einen Weg, um neben den fest angestellten Mitarbeitern auch freiwillige Helfer einzustellen. Gemeinsam mit dem Bistum Erfurt schuf er 1999 eine Zivildienststelle in Temeswar für einen jungen Mann, der sowohl im Nachtasyl als auch in der Pfarrjugend mithelfen sollte. Daneben nahm Berno Kontakt mit den „Jesuit European Volunteers", kurz JEVs, auf, um über die Caritas Timișoara weitere Stellen für Freiwillige zu schaffen. Junge und junggebliebene Menschen, die gerne ein Jahr lang in Sozialprojekten im Ausland mitarbeiten wollten, waren genau das, was Pater Berno brauchte – und bei der Caritas gab es genügend Aufgaben für sie. Im September 2001 wurden schließlich vier Stellen für JEVs bei der Caritas Timișoara eingerichtet: eine im Kinderheim in Freidorf, eine in der Behindertentagesstätte in Carani, eine in der Caritas-Kantine und eine im Nachtasyl.

Wohnen konnten die vier JEVs anfangs im Kloster in der Elisabethstadt, bis ihre eigene Wohnung in der Stadt hergerichtet worden war. Die JEVs waren gerne im Kloster und verstanden sich sehr gut mit Pater Berno und den Schwestern, auch wenn sie keine Jesuiten, sondern Salvatorianer waren. Außerdem erhielten sie dort Rumänisch-Unterricht von Doina, was für ihre Arbeit in den verschiedenen Projekten sehr nützlich war. „Für mich ist das Kloster ein wichtiger Anker gewesen, ein zweites Zuhause!", schrieb Christel Tomaszek, eine der ersten Freiwilligen. „Pater Berno hat uns schon bald wie selbstverständlich zum sonntäglichen Mittagessen eingeladen, d.h. wir sollten einfach Bescheid sagen, wenn wir *nicht* kommen konnten. Egal was wir brauchten, ob Fahrrad, etwas für die Wohnung, einen Raum für Rumänisch-Unterricht oder auch ´mal das ein oder andere Marmeladeglas, um unsere Vorräte aufzufüllen, wir konnten uns jederzeit an ihn wenden. Im Gegenzug hat Pater Berno nie etwas von uns gefordert oder um Hilfe gebeten, obwohl wir ja Freiwillige waren. Das fand ich am Anfang etwas verwirrend."[285] Doch für Berno war diese Haltung selbstverständlich, denn er wollte die jungen Leute auf keinen Fall ausnutzen. Sie waren nach Rumänien gekommen, um in den Projekten mitzuarbeiten, nicht für ihn. Wenn sie ihm trotzdem helfen wollten, musste das aus eigenem Antrieb geschehen.

Außerdem war es ihm wichtig, dass sie neben der Arbeit auch Spaß hatten und etwas von dem Land sahen, in dem sie ein Jahr ihres Lebens verbrachten. Also organisierte er für die JEVs von Timişoara und Lipova eine Rundreise durch Rumänien. Auch daran erinnert sich Christel Tomaszek noch lebhaft: „Unvergesslich für mich auf dieser Reise war Pater Berno, der uns mit seinem unermüdlichen Einsatz und mit seiner Begeisterung durch die Geschichte des Landes geführt hat. Ja, wir konnten fast nicht mithalten mit dem Tempo des damals 67-Jährigen. Einmal waren wir schon den ganzen Tag unterwegs und hatten mehrere Kilometer und Sehenswürdigkeiten geschafft, als wir an einer kulturellen Stätte ankamen und es wie aus Strömen zu regnen anfing. Wir dachten uns: Ah, eine kurze Verschnaufpause, wie schön! Da rief Pater Berno auch schon: Ei, ich habe für jeden einen Regenschirm dabei! Sagte dies, reichte uns die Regenschirme und war schon aus dem Autobus draußen und wir mussten ihm hinterherrennen, um seinen Ausführungen lauschen zu können."[286]

Für viele JEVs blieb Timișoara auch nach ihrem Freiwilligendienst eine zweite Heimat – und dafür war unter andere auch Pater Berno verantwortlich. Bei der Verabschiedung der JEVs betonte er jedes Mal: „Im Kloster steht euch immer ein Bett zur Verfügung. Wir freuen uns schon auf euch."[287] Einer, der das wörtlich nahm, war der JEV Dominic Fritz, der im Sommer 2003 nach Timișoara kam. Bereits während seines Freiwilligendienstes verliebte er sich in die westrumänische Stadt und durch Pater Bernos großzügiges Angebot konnte er tatsächlich immer wieder nach Temeswar kommen. Nach einigen Jahren gründete er dort einen Gospelchor, mit dem er in der Elisabethstadt und später sogar in der Oper auftrat. Und heute, wenn dieses Buch veröffentlicht wird, wohnt Dominic Fritz fest in Timișoara – denn seit Herbst 2020 ist er der neue Bürgermeister der drittgrößten Stadt Rumäniens. All das begann mit seinem Jahr als JEV bei der Caritas und bei Pater Berno.

Frauenhaus

Das nächste größere Projekt, das Pater Berno und Herbert Grün in Angriff nahmen, wurde von Sr. Friederike initiiert. An ihrem Nähkurs im Kloster nahmen neben den Frauen aus der Pfarrei auch Frauen aus dem Nachtasyl teil. Nach dem Kurs kam sie eines Tages mit einer der jungen Frauen ins Gespräch und sie erkundigte sich, wo sie nun hingehen würde. „Na eben auf die Straße, wohin denn sonst?", antwortete ihr die Mutter einer dreijährigen Tochter. An diesem Tag im Dezember 2001 war es bitterkalt und Sr. Friederike dachte: „Da müssen wir etwas tun – wir brauchen ein Frauenhaus!" Und weil sie genauso entschlossen und zupackend wie Pater Berno war, ging sie sogleich auf ihn zu und unterbreitete ihm ihre Gedanken. „Es ist dringend notwendig, dass wir den Frauen, die mit ihren Kindern auf der Straße leben, oder Frauen, die von ihren Männern brutal behandelt werden, eine Zuflucht bieten. Und natürlich brauchen sie auch Möglichkeiten, um sich später selbst versorgen zu können, z.B. in der Hauswirtschaft oder im Gartenbau. Es soll Hilfe zur Selbsthilfe sein, die zu einer Eingliederung in den normalen Lebens- bzw. Arbeitsprozess führt."[288]

„Gut, das machen wir!", lautete Pater Bernos spontane Antwort – und schon war das nächste Projekt geboren. Pater Berno fragte nie, wie man etwas umsetzen oder finanzieren sollte. Er sah – oder hörte – von einer Not und dann war es für ihn beschlossene Sache zu helfen. Gott würde sich schon um die notwendigen Details kümmern. Auch dieses Mal fand er sehr schnell ein Haus, das „geradezu ideal" war. Es stand in Freidorf, einem Außenbezirk der Stadt, und befand sich noch im Rohbau, weil die bisherigen Besitzer den Ausbau nicht weiter finanzieren konnten. Ohne lang zu überlegen, kaufte Pater Berno das Haus und plante bereits den Um- und Ausbau, bevor er das Geld dafür hatte, denn das Frauenhaus sollte möglichst bezugsfertig sein, bevor der nächste Winter kam. „Wir gehen zuversichtlich an dieses neue Projekt heran, vertrauend auf Gottes Fügung und auf die Hilfe unserer Wohltäter", schrieb Sr. Friederike an Ostern 2002.[289]

Schon ein paar Monate später konnte sie berichten, dass „... der Traum Wirklichkeit geworden ist. Das Haus ist, dank P. Bernos Hilfe und Ideen, zum größten Teil fertig. Bis zum Winter wird auch die Heizung fertig sein. Die Möbel fehlen noch, und ich kann mit Humor sagen, dass wir noch keinen Esstisch haben, aber einen Gartentisch! Aus dem Gebrauchtmöbellager der Caritas haben wir Küchenschränke und Stühle erworben."[290] Auch eine Leiterin für das Frauenhaus hatte sich bereits gefunden: Christel Tomaszek wollte nach Ablauf ihres Freiwilligendienstes im Sommer sehr gerne die Leitung des Frauenhauses übernehmen. Vor ihrem JEV-Jahr hatte sie Sozialpädagogik studiert und sie wollte sich nun gerne einer neuen Herausforderung stellen – warum nicht im Frauenhaus in Timişoara? Nach einigem Hin und Her fand sich schließlich ein Weg, um ihre Stelle über den Entwicklungshilfeverein Köln zu finanzieren, so dass der Eröffnung des Frauenhauses nichts mehr im Wege stand. Neben Christel stellte die Caritas zwei einheimische Sozialarbeiterinnen sowie eine Mitarbeiterin für den Nachtdienst ein. Außerdem initiierte Herr Grün eine Zusammenarbeit mit der staatlichen Beratungsstelle für Frauen in Not, die sehr gut anlief. Und selbstverständlich arbeitete auch die Initiatorin Sr. Friederike im Frauenhaus mit.

Bereits im Januar 2003 zog die erste Frau mit ihrer Tochter ein und am 1. Mai wurde es offiziell eingeweiht und nach der Gründerin der Schwesterngemeinschaft auf den Namen „Maria von den Aposteln" getauft. Ab diesem Zeitpunkt fand ein reger Wechsel im Haus statt, denn die Frauen kamen aus ganz unterschiedlichen Gründen und sozialen Notlagen. Einige gingen bereits nach wenigen Tagen zurück zu ihren Ehemännern, während andere sich tatsächlich ein neues Leben aufbauen wollten und bis zu sechs Monaten blieben. Durch den geschützten Rahmen im Frauenhaus konnten sie Selbstvertrauen gewinnen und sie erhielten zudem Unterstützung bei der Planung und Umsetzung ihrer nächsten Schritte. Insgesamt gab es Platz für sechs Frauen mit Kindern, die jeweils in einem eigenen Zimmer untergebracht waren, um ihnen zumindest eine gewisse Privatsphäre zu bieten.

Selbstverständlich mussten die Mitarbeiter auch in diesem Projekt zuerst Erfahrungen sammeln, wie sie den Frauen am besten helfen konnten. Sie mussten einen guten Tagesablauf aufstellen und das internationale Team musste erst einmal zusammenfinden. Wie gut, dass Christel Tomaszek voller Motivation und Begeisterung in die neue Aufgabe gestartet war. Sie wusste, dass Gottes Hand über diesem Projekt lag und betete: „Möge der Geist bei uns einkehren und uns bei unserer Arbeit unterstützen!"[291] Und dies war dann auch deutlich spürbar. Trotz aller Anfangsschwierigkeiten hatte sich bald eine gute Routine im Frauenhaus eingestellt und Christel erwies sich als genau die richtige Person, um dieses Projekt zu leiten und durch die ersten Jahre zu führen.

Als ihre Zeit in Temeswar nach drei Jahren zu Ende ging, zog sie folgendes Resümee: „Das Leben in Rumänien kann einem gewaltig viel Energie heraussaugen und da muss man sehr aufpassen, dass man wieder Energie bekommt. Dinge bewegen sich insgesamt sehr langsam vorwärts und das ist wahrscheinlich am schwersten zu ertragen. Sicher fragt ihr euch, wie es im Frauenhaus aussieht. Hat die Arbeit etwas bewirkt? Hat sich etwas verändert? Ist die Arbeit sinnvoll? Ich sage spontan JA! Ich denke, dass wir durch die Arbeit viele kleine Senfkörner gesät haben, vor allem im Bewusstsein der Menschen, sei es bei den Mitarbeitern, bei Frauen oder bei Menschen in öffentlichen Institutionen. Wir waren für die Frauen und Kinder da und konnten einigen von ihnen bei einem neuen Start in ihrem Leben helfen."[292] Im Dezember 2005 hatte endlich auch der rumänische Staat die Notwendigkeit eines Frauenhauses erkannt, so dass das Projekt nun zumindest teilweise finanziell unterstützt wurde und die Arbeit auch nach Christels Rückkehr nach Deutschland gut weitergehen konnte.

Das Netzwerk wächst weiter

Mit den neuen Aufgabenfeldern entstanden auch neue Herausforderungen, für die Pater Berno weitere Unterstützer, Förderer und Helfer brauchte. Wie gut, dass sein Netzwerk in Rumänien nicht aufgehört hatte zu wachsen. Manche Menschen kamen auf ihn zu, weil sie von der Not in Rumänien gehört hatten und sie an Pater Berno als Anlaufstelle verwiesen wurden. Andere lernten ihn in Timişoara kennen, während sie bei einer Hilfsaktion für andere Organisationen mithalfen, denn Pater Berno war mittlerweile in der ganzen Stadt und darüber hinaus bekannt. Sein Engagement hatte so große Ausmaße angenommen, dass es nicht mehr verborgen bleiben konnte. Und durch sein Interesse an anderen Hilfsprojekten konnte es leicht passieren, dass man ihn dort ebenfalls antraf, obwohl das Projekt nichts mit der Caritas oder den Salvatorianern zu tun hatte.

Einer seiner neuen Unterstützer war Hans-Otto Elbert aus Oberursel, der 1999 zum ersten Mal mit einem Hilfstransport der Rudolf-Walther-Stiftung nach Timişoara kam. Während seines Aufenthalts in Rumänien besuchte er unter anderem das Behindertenheim der Caritas in Carani, wo er Pater Berno kennenlernte. „Wir haben uns gesehen, miteinander gesprochen und dann war die Sache geklärt", meinte Hans-Otto Elbert. Auch wenn er keinen kirchlichen Hintergrund hatte, war er begeistert von Pater Berno und seiner Arbeit in Timişoara, und er wollte gerne weiter mit ihm zusammenarbeiten und die Kinder in Carani unterstützen. Als er wieder zurück in Deutschland war, gründete er deshalb den Verein „Direkte Hilfe für Kinder in Not e.V.", über den er schon bald eigene Transporte organisierte. Außerdem schlossen sie sich der Weihnachtspäckchen-Aktion ein, so dass Pater Berno in Zukunft auch in Hessen viele Pakete abholen konnte.

Eine weitere wichtige Beziehung konnte Pater Berno mit Peter Landthaler aus Südtirol knüpfen, die vor allem durch Sr. Rosa zustande kam. Der gelernte Hotelfachschullehrer hatte Pater Berno vor allem im Nachtasyl sehr unterstützt, als er mit seinem Verein „Aktive Hilfe für Kinder" Gelder vom Land Südtirol für die Renovierung auftrieb. Auch für die Nudelfabrik in

Bacova und für die Jugendfarm hatte er Maschinen besorgt und als im Frühjahr 2005 durch eine Überschwemmung mehrere Ortschaften im Landkreis Timiş dem Erdboden gleichgemacht wurden, half er ebenfalls sofort. „27 Wohncontainer spendete die Region Südtirol, so dass nun neben Zelten und anderen primitiven Unterkünften diese kleinen Hotels für die älteren Leute und Bedürftigsten neben dem Bauplatz stehen, auf dem mit Hilfe der Regierung bescheidene Häuschen entstehen."[293] Beim Aufbau der Häuser halfen wieder andere Unterstützer von Pater Berno: „Als die Wohncontainer – verpackt wie Butterschnitten – kamen, waren gerade Günther Kleutsch und Edwin Biehl aus der Saarburger Gegend bei uns. Die wussten, wie man so was fachmännisch aufbaut. Bei den einfachen Hilfsmitteln, die uns zur Verfügung standen, und dem weichen durchnässten Boden wurde es aber auch für sie zu einer schweren Herausforderung."[294]

Wieder andere Menschen lernte Pater Berno kennen, weil er feststellte, dass es ihm trotz vieler guten Ideen und Visionen an praktischem Know-How für die Umsetzung fehlte, vor allem für den alltäglichen Betrieb. Wenn die Projekte langfristig funktionieren sollten, mussten die Mitarbeiter besser geschult und ausgebildet werden, um den Bedürfnissen der Straßenkinder, Obdachlosen und Frauen gerecht zu werden und gleichzeitig mit den Herausforderungen der Arbeit umgehen zu können. Auf der Suche nach geeigneten Weiterbildungsmöglichkeiten wandte sich Pater Berno an die Caritas Steiermark in Graz, die bereits seit der Revolution mit der Caritas Timişoara zusammenarbeitete. Sie hatten die Entstehung der Sozialwerke in Rumänien mitverfolgt und auch bei der Finanzierung des Frauenhauses ausgeholfen, um das Haus rechtzeitig bezahlen zu können. Brigitte Kroutil-Krenn von der Auslandshilfe der Caritas Graz war gerne bereit, Pater Berno und Herbert Grün bei der Weiterbildung ihrer Mitarbeiter zu unterstützen. Sie vermittelte einen Kontakt zur Arche Graz, die ab 2003 immer wieder nach

Timişoara kam, um Kurse für die Mitarbeiter des Nachtasyls anzubieten, durch die die Arbeit in den Werken tatsächlich besser und professioneller wurde.[295]

Arbeit in der Pfarrei und im Kloster

Neben den neuen Projekten gingen natürlich auch die bestehenden Aktionen wie Weihnachtspäckchen, Kleiderbasare und Lebensmittelversorgung für Arme und chronisch Kranke weiter. Immer mehr Menschen konnten von Bernos wachsendem Netzwerk profitieren, bis „... die monatliche Verteilung von Lebensmitteln an die Dauerkranken sogar auf die ganze Stadt ausgedehnt werden konnte. Das ist nur möglich, weil die Zusammenarbeit unter den Pfarrern unserer Stadt immer besser funktioniert."[296] Um Synergien mit anderen Pfarrgemeinden zu bilden, hatte Pater Berno gemeinsam mit dem Bischof monatliche Diözesantreffen, die sogenannten „Dies", eingeführt, zu denen er die verschiedenen Pfarrer von Timişoara ins Kloster einlud. Auf diese Weise konnten sowohl die materielle Hilfe als auch die pastorale Arbeit in der Diözese besser koordiniert werden und mehr Menschen vom Engagement des unermüdlichen Pater Bernos profitieren. Auch der Kleiderbasar wurde schließlich auf die übrigen Stadtpfarreien ausgeweitet und die Weihnachtspakete waren irgendwann so zahlreich, dass neben den bedürftigen Familien und Dauerkranken der Gemeinde und dem Kinderkrankenhaus auch mehrere andere Heime profitieren konnten.

Für Berno bedeuteten diese zusätzlich Spenden natürlich auch weitere Fahrten nach Deutschland und Österreich, um die gesammelten Waren abzuholen. Unzählige Kilometer fuhr er jedes Jahr mit seinen diversen Bussen hin und her, doch das machte ihm nichts aus. Er war einfach glücklich und dankbar für jede einzelne Hilfe, die er bekam, und falls es ihm möglich war, bedankte er sich bei größeren Spendern wie Kirchengemeinden, Kindergärten und Schulen gerne selbst dafür. Besonders die Kinder freuten sich immer, wenn er mit seiner Gitarre auftauchte und ihnen voller Begeisterung erzählte, was aus ihrer Spende in Rumänien entstanden war. Zudem lud er die Kinder ein, ihn doch einmal in Rumänien zu besuchen, um sich das Ganze selbst anzuschauen, und immer wieder kamen tatsächlich einzelne oder auch ganze Gruppen mit ihren Betreuern oder Eltern nach Timişoara.

Auch die Hausgemeinschaft der Salvatorianer hatte sich im Laufe der Jahre weiterentwickelt. Neben den dauerhaft im Kloster lebenden Brüdern P. Berno, P. Niki, P. Pius und Br. Bruno gab es in den letzten Jahren immer wieder neue Anwärter im Kloster, die prüfen wollten, ob der Orden der richtige Platz für sie sei. Pater Berno mochte die Veränderungen, die mit den jungen Leuten im Kloster Einzug hielten. Er unterstützte sie nach besten Möglichkeiten und führte sie sowohl in das Leben der Salvatorianer als auch in die Projekte ein. Selbst wenn die jungen Anwärter nach einiger Zeit zum Studium, bzw. Noviziat in die österreichische oder deutsche Provinz weiterzogen, gehörten sie für ihn weiterhin zu „seiner" Klostergemeinschaft.

Trotzdem musste Pater Berno zugeben, dass der feste Kern der Ordensgemeinschaft nach wie vor sehr klein war, auch wenn viele Personen für einige Zeit im Kloster mitlebten und offiziell „dazugehörten". Wie schön war es da für die „Temeswarer", als sie im Juni 2000 Verstärkung durch P. Andreas Mohr erhielten, der davor 35 Jahre lang in Taiwan gewesen war und nun aus gesundheitlichen Gründen wieder nach Europa kam. Aufs Altenteil wollte er jedoch noch nicht und weil er Pater Berno schon lange kannte[297], freute er sich, dass ihn „... die Vorsehung nach Rumänien versetzt hatte, wo ich mit Pater Berno und seinen Mitbrüdern zu einer neuen Familie zusammengeschmolzen bin. Hier kann ich wieder all meine praktischen Fähigkeiten an den Mann bringen, muss aber eine neue Sprache lernen, das Rumänische, das dem Lateinischen ähnelt, mir recht gut gefällt, aber nicht leicht in meiner alten Kopf hinein will."[298] Kurz darauf musste sich die Ordensgemeinschaft allerdings schon wieder von einem Mitbruder verabschieden. P. Pius starb im Oktober 2001, genau in der Zeit, als die Brüder gemeinsam Exerzitien begingen.

Und dann gab es auch wieder schöne Anlässe zu feiern, wie zum Beispiel Pater Bernos 40-jähriges Priesterjubiläum. Für Berno war das Schönste an diesem Fest, „... dass der Pfarrgemeinderat zum Gottesdienst und anschließenden Pfarrfest im Klosterhof auch alle vom Nachtasyl und alle von der Armensuppe eingeladen hat. Es gab absolut keine Probleme. Das beiderseitige Verhalten war dem Fest angemessen. Der Wandel war überdeutlich zu sehen." Ja, es hatte sich viel getan in den letzten Jahren. Die Gemeinde hatte sich an die Obdachlosen gewöhnt und die Straßenkinder hatten gelernt, sich bei solchen Feierlichkeiten entsprechend zu verhalten. Man hatte gelernt, einander zu akzeptieren und teilweise sogar zu schätzen, denn Pater Berno war für beide Seiten ein Vorbild.

Ehrungen

All das Engagement von Pater Berno, Herbert Grün und der Caritas blieb natürlich auch außerhalb von Bernos Netzwerk nicht verborgen. Bei den massiven Überschwemmungen im Frühjahr 2005 reagierte die Caritas vor allen anderen auf die Not der Menschen. „Decken und Kleider, Brot – unser Backofen wurde nicht mehr kalt – und Nudeln brachten wir vor Ort. Ferner Medikamente und vom Zucker der Rumänienhilfe Freyung-Grafenau. Für die Tiere brachten wir Mais, Getreide und Kartoffeln aus unserer Farm. Auch der Deutsche Konsul bediente sich unserer Leute von der Caritas, um seine Hilfe gerecht unter die Betroffenen zu bringen", schrieb Pater Berno.[299] Die Medien berichteten immer wieder über die Hilfsaktionen und auch der Bürgermeister und der Stadtrat war sich bewusst, was Timişoara an Pater Berno hatte.

Als Herbert Grün deshalb anlässlich von Bernos 70. Geburtstag mit einem besonderen Anliegen auf den Bürgermeister zukam, stieß er bei ihm auf offene Ohren und auch der Stadtrat beschloss einstimmig, Pater Berno zum **Ehrenbürger von Temeswar** zu ernennen. Berno selbst erfuhr von dieser Auszeichnung aus der Zeitung, denn sie hatte die große Neuigkeit schneller verbreitet als der Bürgermeister. „So sehr ich zunächst überrascht war, so sehr hat es mich dann doch gefreut", schrieb er seinen Spendern. „Gerade auch wegen euch, die ihr so vieles ermöglicht habt. Ich habe das dann auch zum Ausdruck gebracht bei der Ernennung zum Ehrenbürger am 20. Dezember."[300] Für Berno war es wichtig, dass der Fokus nicht nur auf ihm lag, sondern auch auf den vielen Helfern – er wollte die Ehre gerne mit ihnen teilen.

Dennoch freute er sich auch persönlich über die Ernennung zum Ehrenbürger, denn die Stadt Temeswar war ihm schon lange ans Herz gewachsen und zu seiner zweiten Heimat geworden. „Dass ich Temeswars Ehrenbürger sein darf, hat für mich schon eine besondere Bedeutung, denn in keiner Stadt Europas leben so viele Volksgruppen seit bald drei Jahrhunderten friedlich zusammen und sprechen die einfachsten Leute drei bis vier Sprachen."[301] Immer wieder betonte er, dass Timişoara für ihn die „europäischste Stadt Europas" ist, und vielleicht lag es gerade an diesem Miteinander der Kulturen und Volksgruppen, dass er sich von Anfang an trotz aller Schwierigkeiten in Temeswar so wohl gefühlt hatte.

Kurze Zeit später erhielt Pater Berno einen Brief von Roland Weiß, dem Bürgermeister von Meckenbeuren, der ihn schon oft unterstützt hatte. Auch Meckenbeuren wollte ihrem weitgereisten Bürger gerne ihre Wertschätzung zeigen und ihm die **Ehrennadel in Gold** verleihen. Beim Neujahrsempfang am 13. Januar

2006 wurde Berno diese Auszeichnung im Beisein von seiner Familie und vielen Freunden überreicht. Und Pater Berno freute sich selbstverständlich über diese Ehrung, auch wenn er nachher zu P. Richard Zehrer sagte: „Ich kann ja begreifen, dass sie mich in Temeswar ehren wollen, aber in Meckenbeuren, wo ich nur zum Betteln komme, geben sie mir auch eine Urkunde … das ist doch eigentlich zu viel."[302] Selbstverständlich betonte Pater Berno erneut, dass er all die Dinge in Rumänien niemals alleine auf den Weg gebracht hätte. Er verglich das Werk mit einer Uhr. „So ein Uhrwerk besteht aus vielen Zahnrädchen, die sich bewegen müssen, damit die Uhr mit der Zeit geht. So waren es viele Rädchen in Deutschland, Österreich, Südtirol, Rumänien und anderswo, die sich für die Obdachlosen, Misshandelten, Alten und Kranken bewegten. Ich war bei diesem ‚Uhrwerk' wohl mehr die ‚Unruh'."[303] Doch so wie die Unruh bei einer Uhr unverzichtbar für ihre Funktion ist, war auch Berno unverzichtbar für die Arbeit in Rumänien – und das wussten sowohl die Meckenbeurer als auch er selbst. Und genau das sollte die Ehrennadel in Gold zum Ausdruck bringen.

Der Reisende Teil zwei – oder: „Solange ich gehen kann, pilgere ich auch!"

Neben den vielen Projekten und Aufgaben in Rumänien gab es eine Sache, die Pater Berno in all den Jahren nie aufgegeben hatte: Das Pilgern. Gerade weil er durch die Werke so sehr in Beschlag genommen wurde, wollte er seine Ausrichtung auf Gott und dessen Führung nicht verlieren. Das Pilgern hatte ihm sein Leben lang geholfen, aus der Betriebsamkeit des Alltags auszusteigen, um sich beim Gehen und Beten neu auf Gottes Tempo einzustellen. „Für seine Vorhaben in Rumänien war das Pilgern, glaube ich, ganz wichtig, weil er sie währenddessen im Gebet geplant hat. Beim Gehen überdenkt man sein ganzes Leben und man erkennt, was wirklich wichtig ist", erklärte Maria Pucher, die immer wieder mit Pater Berno unterwegs war. „Gleichzeitig konnte er beim Gehen das Leid der anderen, das er oft sehr nahe an sich heranließ, wieder loswerden, bzw. an Gott abgeben."[304]

Maria Radna

In Rumänien hatte das Pilgern ebenfalls eine lange Tradition und ein wichtiger Pilgerort im Banat lag nur etwa 60km von Timişoara entfernt: der römisch-katholische Wallfahrtsort Maria Radna. Als Pater Berno kurz nach seiner Ankunft in

Rumänien davon erfuhr, wollte er diese Tradition natürlich so schnell wie möglich wieder aufleben lassen und mindestens einmal im Jahr mit der Ordensgemeinschaft nach Maria Radna pilgern. Bereits im ersten Sommer nach Rückgabe des Klosters machte er sich zusammen mit P. Niki und dem Ehepaar Pucher auf den Weg. „Bei den einzelnen Kapellen und Kreuzen haben wir unterwegs Station gemacht und gebetet", erinnerte sich Johann Pucher, „und in Neudorf haben wir dann meistens in der Kirche oder im Freien übernachtet. Wir haben uns in mehrere Gruppen aufgeteilt, die abwechselnd geschlafen und angebetet haben, so dass die Anbetung niemals abgerissen ist."[305] Auch P. Nikolaus erinnert sich noch lebhaft an seine erste Fußwallfahrt mit Pater Berno: „Puh, das war hart. Früher in meiner Kindheit sind wir öfter gepilgert, aber dann kam das Studium und da habe ich so etwas nicht mehr gemacht. Und dann ging ich mit Berno zusammen. Ich hatte dicke Blasen an den Füßen. Berno sagte dazu nur: Das ist richtig. Man leidet und betet."[306]

Neben diesen jährlichen Fußwallfahrten machte sich Pater Berno gerne auch mit diversen Gruppen auf den Weg nach Maria Radna. Der Gebetsstil war dabei so vielfältig wie die Teilnehmer: Manche beteten laut, andere still und wieder andere beteten den *Rosenkranz*. Außerdem wurde viel gesungen, besonders als später auch Jugendlichen auf der Wallfahrt mit dabei waren. Für Pater Berno war die Gebetsform nicht so wichtig, solange Gott im Mittelpunkt stand. „Manchmal haben wir unterwegs den Rosenkranz gebetet", erzählte Maria Pucher. „Aber wir haben dabei nicht die normale Form benutzt, sondern stattdessen die Anliegen eingesetzt, die uns tatsächlich bewegten."[307] Außerdem sprach Pater Berno unterwegs sehr oft über den Propheten Elia, der vierzig Tage durch die Wüste gegangen war, um eine Gottesbegegnung am Berg Sinai zu haben. An diesem Beispiel versuchte er vor allem neuen Pilgern nahe zu bringen, worum es bei diesen Fußwallfahrten eigentlich ging, denn auch er selbst war durch Elia zum Pilger geworden.

Weil die Fußwallfahrten meistens im Sommer stattfanden, verlegte Berno den Startzeitpunkt nach einigen Jahren auf den späten Nachmittag, um der Hitze des Tages zu entgehen. Von nun an wanderten die Gruppen bis in die späte Abenddämmerung hinein und suchten sich dann irgendwo unterwegs ein Nachtquartier – genauso wie Berno das bei seinen großen Pilgerreisen getan hatte. Und manchmal ließen sich die Fußpilger auch mit Pater Bernos Bus abholen, um die Nacht im Kloster zu verbringen, bevor sie am nächsten Morgen gegen 4 Uhr früh zu ihrem Ausgangspunkt zurückgebracht wurden. So oder so ging es noch in der Dunkelheit weiter. „Es war wunderschön, bei totaler Finsternis loszugehen und dann den Sonnenaufgang zu erleben. Bis Maria Radna sind wir immer in Richtung Sonne gelaufen", schwärmte Maria Pucher, die diese Strecke im Laufe der Jahre viele Male gegangen war.[308] Den Gottesdienst in der Wallfahrtskirche gestaltete Pater Berno natürlich mit. Wie gewohnt griff er zur Gitarre, teilte seine Mitpilger in verschiedenen Gruppen ein und sang mit ihnen aus vollem Hals. Dies faszinierte besonders rumänische Jugendliche aus der Umgebung, denn an diesem heiligen Wallfahrtsort hatten sie bisher nur sehr würdevolle Priester erlebt und sie freuten sich über die Abwechslung.

Auch mit Gruppen, die nicht zu Fuß pilgern wollten, fuhr Berno gerne nach Maria Radna, um ihnen die schöne Kirche zu zeigen. Einen solchen Ausflug machte er zum Beispiel mit einer Schülergruppe aus Bad Wurzach, die zum Arbeitseinsatz in Timișoara waren, an den sich ihr Lehrer P. Hubert Veeser erinnerte. Eines Tages sagte er spontan: „So, heute fahren wir nach Maria Radna, das ist ein Wallfahrtsort." Gleich nach dem Frühstück ging es los. Unterwegs erzählte Pater Berno den Schülern von seinen früheren Pilgerreisen und er wies sie auch auf die verschiedenen Pilgerkapellen hin, an denen sie vorüberfuhren. Als Maria Radna bereits von weitem sichtbar war, hielt er plötzlich am Straßenrand an und ließ sämtliche Jugendliche aussteigen. „Zu einer Marienwallfahrt gehört es, dass man einen Rosenkranz betet. Und das machen wir jetzt auch", meinte er. Anschließend erklärte er den etwas verblüfften Schülern den weiteren Ablauf, denn die wenigsten Jugendlichen wussten, wie man einen Rosenkranz betete und was das überhaupt sein sollte. Berno störte dies nicht im Geringsten, denn auch wenn er seinen Glauben sehr offen und modern lebte, liebte er gleichzeitig die alten Formen, und er wollte sie den Jugendlichen nahebringen. Also überreichte er jedem Schüler einen Rosenkranz und dann zog die ganze Truppe zu Fuß nach Maria Radna. „Für manche Jugendliche war das eine ganz besondere Erfahrung und teilweise trugen sie diesen Rosenkranz später noch um den Hals", erzählte P. Hubert. „Für einige war es vielleicht merkwürdig, aber viele wurden von der meditativen Form des Gehens auch berührt."[309]

Rom

Neben diesen regelmäßigen Fußwallfahrten in Rumänien wollte Pater Berno im Sommer 1995 anlässlich seines bevorstehenden 60. Geburtstags wieder eine längere Pilgerreise unternehmen. „Nachdem ich vor 25 Jahren – fast möchte ich sagen – eine Anweisung von innen heraus bekam, solche Lebensabschnitte mit einer Glaubenssuche nach dem Beispiel des Propheten Elia zu verbinden, war mir klar, dass ich mir auch in der jetzigen Situation dieses Vergnügen nicht nur erlauben darf, sondern soll", schrieb er.[310] Auch das Ziel hatte er schnell festgelegt: Den Osten hatte er 1975 mit seiner Heilig-Land-Reise durchschritten, den Süden 1985 mit seiner Pilgerreise nach Santiago de Compostela. Wie wäre es, wenn seine nächste große Reise 1995 in Richtung Westen ginge – also aus seiner jetzigen Heimat Rumänien in seine alte Heimat nach Rom?

Gedacht, geplant. Auch wenn das Kloster in Rumänien mitten im Um- und Ausbau war und die Arbeit mit den Straßenkindern und in der Pfarrei erst langsam Gestalt annahm, beschloss Pater Berno, dass er auf keinen Fall unentbehrlich sein durfte. Vielleicht würde es seinen Mitbrüdern und den übrigen Mitarbeitern in St. Elisabeth ganz gut tun, wenn sie eine Weile auf sich allein gestellt wären. Und außerdem wollte er die Arbeit in Rumänien und die Klostergemeinschaft nicht einfach hinter sich lassen, sondern sie vielmehr im Gebet vor Gott bringen. „Ich glaube, dass es geistliche *Exerzitien* werden, die auch unserer rumänischen Region zu Gute kommen werden."[311] Bernos Obere in München, die seinen 10-Jahres-Pilgerrhythmus bereits kannten, hatten keine Einwände gegen die Reise und auch für die Straßenkinder war während seiner Abwesenheit gesorgt: Franz Brugger konnte für einen Monat zurück nach Timişoara kommen – sehr zur Freude der Kinder und zur Erleichterung von Pater Berno.

Bereits im Vorfeld stand fest, dass Berno wegen den nach wie vor schwelenden Jugoslawienkriegen nicht durch Bosnien pilgern konnte, auch wenn diese Strecke beinahe 500km kürzer gewesen wäre. Stattdessen plante er, über den Grenzübergang Nadlac zur ungarischen Stadt Pécs und dann quer durch Kroatien an die Adriaküste zu pilgern. Anschließend wollte er Slowenien an der engsten Stelle durchqueren und über Triest, Venedig und Assisi nach Rom gehen, insgesamt etwa 1.500km. Im Vergleich zu seinen früheren Pilgerreisen war dies „... eine kurze Strecke", meinte Johann Pucher. „Doch weil Berno aufgrund der vielen Aufgaben in Rumänien dieses Mal keine Möglichkeit hatte, sich körperlich auf die Strapazen des langen Fußmarsches vorzubereiten, war er nicht sicher, wie viele Kilometer er am Tag schaffen würde." Trotzdem wollte er natürlich so lange Etappen wie möglich zurücklegen und spätestens nach sechs Wochen in Rom ankommen.

Am 5. Juni 1995 startete Pater Berno nach der Pfingstmontagsmesse auf seinen dritten „großen" Pilgerweg nach Rom. Der Weg führte ihn zuerst nach St. Andres, von wo aus ihn Doina ein

Stück quer über die Felder begleitete, bevor sie wieder nach Hause gehen musste. Sehr schnell bemerkte Berno, dass ihm das Gehen auch dieses Mal keine Mühe bereitete und ihm sein Körper abgesehen von „ein paar Blasen und ein paar sich grundlos einstellenden Blutergüssen"[312] keine Probleme bereitete. Wie bei den Reisen zuvor hatte er keine festen Quartiere gebucht, sondern er übernachtete wieder im Freien in Gottes „Eine-Million-Sterne-Hotel", wie er das in seinen Erzählungen gerne nannte. Schon bald erreichten seine Tagesetappen wieder die gewohnten 50–60 km, so dass er am Abend des 11. Juni nach nur sechs Tagen bereits an der ungarisch-kroatischen Grenze ankam, die fast 370km von Timişoara entfernt ist, „... aber gestern und heute waren meine Füße schon wund."[313]

Das Wetter war ihm auf dieser Reise leider nicht sehr freundlich gesonnen und besonders in den Nächten regnete es oft, so dass Pater Berno irgendwo einen Unterschlupf suchen musste. „Schon in der zweiten Nacht haben mich in Mako[314] mindestens drei Gewitter, die aus verschiedenen Richtungen kamen, in die Zange genommen. Da war das Vordach der Gartenlaube, unter dem ich Zuflucht gesucht hatte, bald zu kurz. Wasser von allen Seiten und bald auch von unten. Statt der Isomatte hätte ich ein Boot gebraucht."[315] Da er jedoch kein Boot hatte, zog Berno die Enden der Isomatte bis zu seinen Schultern, packte den Rucksack zwischen die Knie, den großen Regenschirm über den Kopf, „... und so pries ich das nasse Element und bat Gott gleichzeitig, dass er mit diesem Segen von oben und unten nun einhalten könnte."[316] In Kroatien fand Berno nachts immer wieder Zuflucht in Rohbauten, deren Besitzer als Gastarbeiter im Ausland waren, um das notwendige Kleingeld für den Hausbau zu verdienen.

Auch das Gebet und die Ausrichtung auf Gott waren auf dieser Reise anders als bisher. „Vom früheren Pilgern weiß ich, dass ich nicht viel tun brauche, um das Beten nicht zu kurz kommen zu lassen. Es stellt sich wie von selbst ein", schrieb Berno im Vorfeld seiner Reise. „Darauf freue ich mich schon, vor allem das

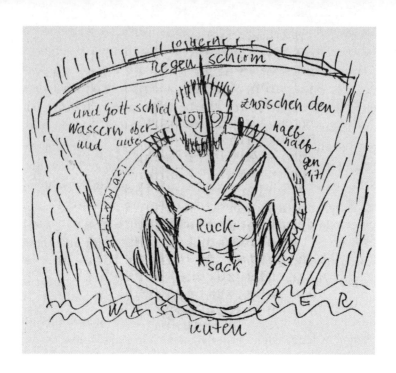

Selbstporträt von Pater Berno, das er unterwegs während des Regens erstellt hatte

Denken vor Gott an Menschen, die mir verbunden sind. Logischerweise wird unsere Hausgemeinschaft mir am meisten am Herzen liegen, die Gesundheit meiner älteren Mitbrüder, vor allem auch unsere Jungen und die, die auf dem Weg in unsere Gemeinschaft sind."[317] Unterwegs merkte Berno jedoch, dass er dieses Mal nicht richtig zur Ruhe kam und in seinen Rhythmus hineinfand. „So wenig wie auf dieser Wallfahrt habe ich noch nie gebetet, besonders ab dem Dreifaltigkeitssonntag", schrieb er später „An diesem Tag hat mich das ‚Ehre sei dem Vater und dem Sohn und dem Hl. Geist' so stark gepackt, dass mir alles andere Beten wie eine Ablenkungen und Störung vorkam. Nur den Blick in die zwei Bibeln von Winfried K. (rumänisch + ungarisch), ließ der trinitarische Akkord in mir zu."[318] Natürlich hatte Berno bei dieser Pilgerreise vor allem die ganze Situation in Rumänien und insbesondere in der Ordensgemeinschaft mit ihm Gepäck. Die Spannungen zwischen den „alten", traditionellen Brüdern und Bernos progressivem und unkonventionellen Führungs- und Arbeitsstil lasteten manchmal schwer auf seinen Schultern und er versuchte, sie beim Gehen an Gott abzugeben. Auch das war im ‚Ehre sei dem Vater und dem Sohn und dem Hl. Geist' enthalten.

Trotz der ungewohnten Erfahrung beim Gebet und den Unannehmlichkeiten durch das nasskalte Wetter kam Berno zügig voran und er erreichte Italien bereits Ende Juni. Aus seiner Studienzeit wusste er bereits, wie offen und herzlich die Italiener gegenüber Pilgern waren, und daran hatte sich bis heute nichts geändert. Auch wenn es nun keine Rohbauten mehr gab, in die Berno vor dem Regen flüchten konnte, fand er trotzdem immer einen trockenen Schlafplatz in einer Scheune oder ähnlichem. Der Regen und sein Weg nach Assisi und La Verna erinnerten ihn auf dieser Strecke immer wieder an den Sonnengesang des Heiligen Franziskus, „... nur etwas existentieller, als wenn ich zur Gitarre in frommer Andacht und mit einem festen Dach über mir ‚Laudato si, o mi Signore – sei gepriesen für Sonne, Wind und Regen' aus vollem Hals singe."[319] Auch sonst beschäftigte sich Pater Berno auf dieser Strecke durch Italien vor allem mit Franz von Assisi und seine Gotteserfahrungen, und als er am 6. Juli 1995 nach 30 Tagen und 1.423km in Rom ankam, hatte sich auch in seinem Inneren so manches Unwetter gelegt.

Unterwegs in Rumänien

Neben den Pilgerreisen organisierte Pater Berno immer wieder Fahrten durch seine neue Wahlheimat. Er wollte den Besuchern zeigen, wie schön Rumänien trotz der großen Armut war und welche Schätze sich hinter verfallenen, schmutzigen Fassaden verbargen. Besonders die Moldauklöster im Nordosten des Landes, die teilweise zum UNESCO-Weltkulturerbe gehören, waren ein beliebtes Ausflugsziel, zu dem er öfter mit Schwestern, Mitbrüdern und anderen Spendern und Freunden reiste. Auch seine Helfer aus Deutschland, Österreich und Südtirol organisierten immer wieder Rundreisen durch das Land, damit ihre Spender Rumänien selbst einmal erleben konnten. Falls Berno Zeit hatte, war er gerne bereit, diese Gruppen als Reiseführer zu begleiten oder zumindest tageweise an Ausflügen teilzunehmen. Für die Gäste war das stets ein besonderes Erlebnis, denn durch sein umfangreiches geschichtliches Wissen erhielten sie manche Information, die man normalerweise nicht erfuhr.

Natürlich waren die Reisen, die Pater Berno selbst organisierte, nicht immer so komfortabel, wie mancher sich das vielleicht gewünscht hätte. Man merkte einfach, dass er keinerlei Ansprüche an ein Nachtquartier oder an das Essen stellte. Kleineren Gruppen bot er normalerweise seinen ausgebauten Sprinter als Schlafgelegenheit an, während er selbstverständlich unter freiem Himmel übernachtete. Bei gemischtgeschlechtlichen Gruppen bekamen die Frauen das Vorrecht, im Bus zu schlafen, währen Berno für die Männer eine Plane aufstellte, unter der sie auf Klappbetten nächtigen konnten. Zum Waschen ging man für gewöhnlich an einen Bach oder See und das Essen erwärmte Pater Berno wie bei seinen Pilgerreisen über dem Gaskocher. Für ihn war das Komfort genug und er wäre niemals auf die Idee gekommen, in ein teures – und meist nicht besonders gutes – Restaurant zu gehen, wenn man sich selbst verköstigen konnte.

Auch mit seiner Spontanität mussten die Teilnehmer zuerst einmal umgehen lernen. „Wer mit P. Berno reist, kann was erleben. Zu jeder Tages- und Nachtzeit ist Ankunft und Abfahrt angesagt, man ist ständig auf der Lauer, wann wird er kommen, wann geht es weiter?", erinnerte sich Sr. Rosa noch lebhaft.[320] Trotzdem waren alle Teilnehmer am Ende einer Reise begeistert – von der Vielfalt und Schönheit des Landes, von den Menschen und nicht zuletzt von ihrem Reiseleiter, der ihnen das Land durch seine leidenschaftlichen Erzählungen auf eine unvergessliche Weise nahegebracht hatte. Auch die Gebetszeiten waren für die Teilnehmer auf diesen Reisen oft sehr berührend. Christel Tomaszek erinnert sich noch gut an ihre Rundreise mit Pater Berno währen ihrer Zeit als JEV: „Wir fuhren auf 2000m Höhe hinauf über die Transfogaraşana. In vielen Kurven ging es immer höher hinauf. Die Landschaft war atemberaubend schön! Die Atmosphäre im Bus werde ich nie vergessen: Es wurde langsam dunkel, es regnete leicht, wir fuhren immer höher hinauf, unter uns der Fluss, der sich öfters als Wasserfall viele Meter über steinigen Fels herabstürzte, und wir begannen, mehrstimmig Taizelieder zu singen. Für mich war es ein Gefühl der absoluten Geborgenheit in diesem Bus mitten in Gottes wunderbarer Schöpfung."[321]

Weil Pater Berno die Berge so liebte, organisierte er außerdem Exerzitien im Semenic-Gebirge. Auch dort war die Unterbringung sehr einfach und die Teilnehmer mussten neben den geistlichen Einheiten selbst für ihr leibliches Wohl sorgen. Berno nannte diese Wochen gerne „... ‚Voll-Exerzitien', weil wir alles selber machen: meditieren und beten, singen und lachen, putzen und kochen, Holz spalten und Wasser schleppen."[322] Doch trotz oder vielleicht gerade wegen der Schlichtheit kamen diese Wochen nicht nur bei den Rumänen, sondern auch bei Gästen aus dem Ausland sehr gut an. „Die Exerzitien wurden jedes Mal jemand anderem gehalten und auch die Themen waren ganz unterschiedlich", erzählte Marieluise, die von Anfang dabei war. „Einmal haben wir den Gründer der Salvatorianer durchgenommen, einmal die Gründerin Maria von den Aposteln."[323] Und einmal hat Pater Berno die Exerzitien sogar in seinem Bus auf dem Weg zu den Moldauklöstern durchgeführt. „Das waren mit die schönsten Exerzitien, die ich mit Pater Berno gemacht habe", schwärmte Doina. „Man hat etwas von der Schönheit der Klöster, aber auch von der Orthodoxie mitbekommen. Und Pater Berno hat uns sogar die Frage gestellt, ob unsere eigene Konfession tatsächlich die Richtige ist."[324]

Neben den Exerzitien fuhr Pater Berno auch gerne mit verschiedenen Gruppen aus der Pfarrgemeinde zum Skifahren in den Semenic. So organisierte er beispielsweise einen Ausflug für die Ministranten und Helfer bei der Häusersegnung am Dreikönigstag. „Er kümmerte sich um alles – um Übernachtung, Fahrt und Skier und um die Kleidung, falls jemand keine geeignete Ausrüstung hatte", erzählte Sr. Rosa, die ebenfalls gerne zum Skilaufen ging. In ihrem ersten Winter in Rumänien hatte Berno sogar eine „... gemischte salvatorianische Skilanglaufstaffel auf dem Semenic [angemeldet], wo wir allerdings nur unter ‚ferner liefen' landeten."[325] Selbstverständlich fungierte Berno bei diesen Ausflügen auch als Skilehrer, falls jemand noch nicht so geübt auf den Brettern war. P. Andreas berichtete davon nach seiner ersten Skiausfahrt mit Pater Berno: „Ich habe mich gerade von einem schweren Hexenschuss vom Schifahren in einem Schneesturm erholt. Ihr hättet sehen sollen, welch sportlicher Schilehrer Pater Berno ist!"[326]

Trondheim

Trotz diesen Reisen im Land und den vielen Transporten zwischen Deutschland, Österreich und Rumänien schlug das Pilgerherz auch weiterhin in Bernos Brust und als sich das Jahr 2000 näherte, wollte er gerne einen weiteren Pilgerweg in Angriff nehmen. Schließlich fehlte noch eine Reise in den Norden und bei all der Arbeit in Rumänien „... brauche ich mal wieder eine Pause, Zeit zum Innehalten und mich allein auf Gott selbst auszurichten."[327] Ein altes Pilgerziel, das ihn reizte, hatte er bereits entdeckt: „Im Norden gibt es einen im Mittelalter berühmten Wallfahrtsort: das Grab des Hl. Olaf in Trondheim/Norwegen. Ich weiß zwar nicht, ob ich dieses Ziel nach 2.580km erreichen werde, aber ich will es doch versuchen."[328] Immerhin war Berno mittlerweile bereits 64 Jahre alt und deshalb wollte er auch nicht wie sonst an seinem 10-Jahres-Rhythmus festhalten, sondern das Millenniumsjahr als Anlass für eine weitere Pilgerreise nutzen.

Den Beginn seiner Reise legte Berno auf den 1. Juni 2000, der in diesem Jahr auf Christi Himmelfahrt fiel. Nach dem Festgottesdienst machte er sich auf seinen vierten großen Pilgerweg und die ganze Klostergemeinschaft sowie der Kirchenchor aus Meckenbeuren, der gerade in Rumänien weilte, begleiteten ihn mit besten Wünschen. Die Strecke führte erneut über St. Andres in Richtung Nadlac und bereits am Abend schrieb er seinen Mitbrüdern einen Brief, weil ihm unterwegs „... echt tolle Ideen für eine geistliche Wallfahrt zu Fuß zum Fest des Heiligen Gerhards im September kamen." Auf dem Weg nach Periam hatte Berno festgestellt, dass es viele Parallelen zwischen dem Heiligen Land und Rumänien gab – zumindest er selbst hatte sie ganz klar gesehen – und deshalb wollte er sie auch seinen Mitbrüdern „zeigen".[329]

Schon dieser erste Brief macht deutlich, dass sich Pater Berno in einer völlig anderen Gemütsverfassung befand als auf seiner

Pilgerreise nach Rom vor fünf Jahren. Deshalb war es nicht verwunderlich, dass er trotz seines fortgeschrittenen Alters wieder sehr gut vorankam und nach kurzer Zeit seinen gewohnten Schnitt von 50–60km am Tag erreichte. Für gewöhnlich begann sein Weg bereits vor Sonnenaufgang, und nach einer ausgiebigen Mittagspause inklusive Schlafenszeit, die er wegen der Sommerhitze einlegen musste, wanderte er oft bis in die Nacht hinein. Bereits nach fünf Tagen hatte er einen ganzen Tag „reingelaufen", und das, „... obwohl ich durch die kleinen Straßen, die ich mir wählte, einige Kilometer mehr machte."[330] Wenn irgendwie möglich versuchte Pater Berno Teerstraßen zu vermeiden, weil sie für seine Füße sehr viel anstrengender waren, auch wenn er lange Zeit keine Blasen bekam. Allerdings stellte er immer wieder fest, dass sich „... einfach so ein Bluterguss gebildet hatte, ohne besonderen Anlass." Doch bremsen ließ er sich von solchen Dingen nicht – das Bein wurde eingebunden und dann ging es weiter.[331]

Bereits nach einer Woche kam er an seinem ersten Zwischenstopp in Szödliget an, wo einige polnische Mitbrüder vor kurzem eine neue Niederlassung der Salvatorianer gegründet hatten. Hier unterbrach Pater Berno seine Pilgerreise, um für einen Tag wieder in seine Rolle als Superior des Klosters von Timişoara zu schlüpfen. Im Herbst sollten zwei junge Salvatorianerinnen aus Ungarn zur Schwestergemeinschaft nach Temeswar kommen und Pater Berno nutzte die Gelegenheit, um die Details mit ihrer Provinzoberin in Budapest zu besprechen. Der herzliche Kontakt mit den Schwestern und Mitbrüdern brachte Berno schließlich auf eine weitere Idee für eine Pilgerreise: „Es wäre schön, wenn ich 2005 eine Dankwallfahrt machen könnte und zwar nach Czenstochau; für die personelle Hilfe von Seiten der polnischen Provinz in Temeswar und dass ein blühendes *Noviziat/Scholastikat* in Szödliget und eine gemeinsame Schwesternkommunität in Maria Besnö wächst."[332]

Nach dem Aufenthalt bei den Salvatorianern in Ungarn setzte Berno seinen Pilgerweg quer durch die Slowakei und die Tschechei fort, wo er nach der ungarischen Tiefebene etliche Höhenmeter überwinden musste. Bei den vielen Auf- und Abstiegen stellte Berno fest, dass er schneller müde wurde als noch vor fünf oder fünfzehn Jahren, doch weniger Kilometer legte er deshalb nicht zurück. „So habe ich bei meiner Mittagsrast im Wald eben vor allem geschlafen", schrieb er an Evi, der er täglich einen Brief schickte, um die Erlebnisse auf seiner Reise später nachvollziehen zu können.[333] Weil das Wetter mittlerweile gewechselt hatte und der Regen ihm nach der Sommerhitze einige sehr kalte Tage und Nächte bescherte, musste sich Berno nach einem trockenen Nachtquartier an Bushaltestellen oder ähnlichem umschauen. Dabei wurde ihm klar, dass er sich „... bis Norwegen noch etwas einfallen lassen musste ..."[334], denn im Norden war es natürlich sehr viel kälter als in Rumänien.

Als Pater Berno am 20. Juni in Cottbus ankam, kaufte er sich deshalb zuerst einmal einen leichten Trainingsanzug für die Nächte. Außerdem musste er seine abgelaufenen Schuhe neu besohlen lassen und er brauchte einen Zahnarzt, denn „... das Gebiss tat so weh, dass ich es seit gestern aus dem Mund nahm. Ich konnte das eingekaufte Brot nicht mehr essen und kaufte mir stattdessen bei einem Bäckerladen Kuchen und Kaffee – der erste seit drei Wochen."[335] Gott sei Dank fand er tatsächlich einen sehr guten Zahnarzt, der ihm sein Gebiss bis zum Abend reparierte. Mit neuen Absätzen und „bissfest" machte er sich am Tag darauf auf den Weg in Richtung Berlin, wo er einen weiteren Zwischenstopp bei seinen Mitbrüdern einlegte. Er wollte die Gelegenheit nutzen, um die Schüler zu besuchen, die ihm das Geld für den Kauf des Nachtasyls überwiesen hatten, und dabei auch gleich die neue deutsche Hauptstadt besichtigen. Anschließend ging es weiter nach Stralsund, wo er bei den dortigen Salvatorianerinnen einen weiteren Aufenthalt eingeplant hatte, vor allem um seine Fahrkarte für die Fähre nach Schweden zu kaufen. Weil er am tatsächlichen Abfahrtstag auf jeden Fall pünktlich sein wollte, hatte Berno beschlossen, dass er ausnahmsweise mit dem Zug zum Fährhafen fahren würde. Doch auslassen wollte er die Strecke natürlich nicht. Aus diesem Grund machte er sich am 1. Juli mit leichtem Gepäck zu Fuß auf den Weg nach Sassnitz, um seine Fahrkarte zu kaufen, bevor er wieder zurück nach Stralsund fuhr.

Am Morgen des 3. Juli kam Berno schließlich in Malmö an und damit begann seine Reise durch das evangelische Skandinavien, wo die katholische Kirche eine absolute Minderheit darstellt, die nach der Reformation sogar zeitweise verboten war. Für Pater Berno war dies jedoch kein Problem. Genauso selbstverständlich, wie er damals in Griechenland orthodoxe Kirchen besucht hatte, ging er nun in evangelischen Kirchen zum Gottesdienst. In Jönköping durfte er sogar eine Konfirmation mitfeiern, über die er sich besonders freute, denn die Kollekte war für Rumänien bestimmt![336] Seine Tagesetappen wurden in Schweden immer länger, denn durch den späten Sonnenuntergang merkte er oft nicht, dass die Zeit schon fortgeschritten war. Außerdem zeigte sich das Wetter häufig nicht von seiner schönsten Seite und Berno musste wieder nach Wartehäuschen an Bushaltestellen suchen, die es in Schweden allerdings nicht immer gab. Vor allem wenn er um die Mittagszeit keinen trockenen Rastplatz fand, konnte es durchaus vorkommen, dass er an einem Tag bis zu 70km zurücklegte – mehr als er eigentlich wollte. Doch auch wenn ihn diese Strapazen mehr Kraft kosteten als auf seinen vorigen Reisen, erlebte Berno immer wieder Gottes Versorgung: „Als ich gerade am Nullpunkt war, wurde ich von einem Ehepaar, das hier picknickte, zu Kaffee und Kuchen eingeladen. Das gab mir Auftrieb. Ich erlebe das alles sehr religiös und in Beziehung und Vermittlung zu und durch IHN", schrieb er an Evi.[337]

Eines Tages wurde Berno sogar von der Polizei angehalten, die allerdings nichts zu beanstanden hatte, sondern lediglich wissen wollte, wer er war und wohin er unterwegs sei. Ein 64-jähriger Pilger mit großem Rucksack war in Schweden eine absolute Rarität. „Und prompt war eine halbe Stunde später ein Reporter mit Fotograf bei mir. So werde ich heute wohl in der Lokalpresse von Ljungby erscheinen. Der Reporter verstand Deutsch, so könnte im Bericht schon einiges Richtige stehen.", schrieb Berno nach Hause.[338] Gelesen hatte er den Bericht allerdings nicht, denn er wollte weiter nach Vadstena, wo er einen Aufenthalt im Kloster der Brigittinnen eingeplant hatte, um sich und seine Kleidung nach längerer Zeit endlich einmal wieder richtig zu waschen. Außerdem brauchten seine Stiefel schon wieder eine neue Sohle und „... auch die Sandalen brauchen eine Absatzverstärkung. Darum sitze ich nun mit den Socken bei ‚Mister Minit' und warte: 20 Minuten, dann soll es fertig sein."[339] Neben diesen praktischen Dingen interessierte sich Pater Berno sehr für die aktuelle Situation im Orden und er war positiv überrascht über das, was er hörte und sah. „Die evangelische Kirche sucht die Wallfahrt, etc. wieder aufleben zu lassen – und zwar ganz im Geist der einen Kirche. Ich bin echt ergriffen und beeindruckt – beim Eintritt in die alte Klosterkirche bekam ich wie jeder ein Kärtchen: Herr, weise mir den Weg und mache mich willig, ihn zu gehen. (Gebet von der Hl. Brigitta)."[340]

Und Berno war mehr als willig, seinen Weg mit Gott weiter zu gehen. Leider bekam er nach Vadstena Probleme mit den neu besohlten Schuhen, so dass er nun doch wieder Blasen aufstechen musste. Außerdem hatte er sich ein Paket mit Reiseführern für Norwegen schicken lassen und das schwere Gewicht der Bücher machte seiner Wirbelsäule zu schaffen. Aus diesem Grund schickte er die Bücher schließlich schweren Herzens zurück nach Deutschland.[341] Sechs Tage später erreichte Pater Berno die Grenze nach Norwegen und begann damit die letzte Etappe im siebten Land seiner Pilgerreise. Mittlerweile hatte er erfahren, dass „... am 27. Juli die Olav-Festivitäten in Trondheim beginnen, mit Eröffnung durch den norwegischen Kronprinzen."³⁴² Zu diesem Fest wurden viele Pilger in der drittgrößten Stadt Norwegens erwartet und Berno wollte nach Möglichkeit ebenfalls daran teilnehmen. Allerdings musste er dazu vier Tage früher als geplant in Trondheim ankommen, doch Berno war zuversichtlich, dass er diese Tage gut „reinlaufen" konnte.

In Hamar kam er bereits zwei Tage früher als geplant an, doch sein dortiger Zwischenstopp in der St. Trofinns-Kirche fiel leider aus, denn die Kirche war verschlossen und der polnische Pater, den Berno daraufhin telefonisch kontaktierte, erklärte ihm, dass er erst am Wochenende zurückkommen würde. Daraufhin traf Berno eine ungewöhnlichen Entscheidung: „Ich ging zum ‚Wanderheim'. Das ist hier die Jugendherberge, aber viel besser als bei uns. Ich hatte darin Dusche, WC, Fernsehen und Heizung. Ich habe zuerst einmal meine Wäsche und dann mich selbst zwei Stunden lang gewaschen."³⁴³ Am nächsten Morgen stärkte er sich noch mit einem guten Frühstück und dann machte er sich auf die letzten 422km seiner Pilgerreise. Das Wetter wurde auf diesen letzten Kilometern endlich wieder besser, auch wenn es mittlerweile ziemlich kühl geworden war und Berno oft ein kalter Wind entgegenwehte. Zum Gehen stand ihm meistens nur die Europastraße zur Verfügung, die allerdings sehr stark befahren und nicht besonders breit war, so dass Berno sehr vorsichtig sein musste. Trotzdem kam er weiterhin zügig voran und er erreichte Trondheim tatsächlich am 26. Juli 2000 – pünktlich zum Olav-Fest.

Unterwegs hatte sich Pater Berno bereits gefragt, was man in Norwegen eigentlich unter Pilgern verstand. „Auf der ganzen Strecke fand ich keinen einzigen Mitpilger. Vielleicht gibt es eine Art Tourismuswandern auf ausgesuchten Strecken mit allem möglichen Service. Aber von der Santiago-Atmosphäre keine Spur."³⁴⁴ Doch als er sich nach seiner Ankunft beim Pilgerbüro des Festivals registrieren ließ, erlebte er eine Überraschung: Der 64-jährige Pater Berno war als Einziger tatsächlich zu Fuß nach Trondheim gepilgert – und zwar fast 2.700km! Alle anderen „Pilger" waren mit Schiffen nach Trondheim gebracht worden und hatten selbst keinen einzigen Kilometer zurückgelegt! Das eigentliche Ziel des Olav-Festivals war es, Menschen aus unterschiedlichen Nationen zusammenzubringen, um ein Zeichen für die Völkerverständigung zu setzen. An eine Pilgerreise im klassischen Sinne, also zu Fuß, hatte dabei niemand gedacht.

Trotz der unterschiedlichen Auffassung von Pilgern genoss Pater Berno den Trubel und das bunte Miteinander der verschiedenen Konfessionen nach seiner langen Zeit der Einsamkeit auf dem Weg. Gemeinsam mit sämtlichen Bischöfen und Geistlichen der 14 verschiedenen Konfessionen in Trondheim zogen die „Pilger" in einer Prozession durch die Stadt. „Es kommt mir jetzt noch wie eine Art Traum und Wunder vor, was da vom 27.–30. Juli gefeiert wurde", schrieb er nach Hause. „Nach Jahrhunderten ökumenischer Feindschaft und Eiszeit ein viertägiges Fest der verschiedensten evangelischen, reformierten und freikirchlichen Konfessionen, zusammen mit katholischen und orthodoxen Kirchen, anlässlich des Todestages des ersten norwegischen Königs, des heiligen Olav. Das bewusst im Blick auf Jesus und seine Botschaft angenommene Martyrium dieses Königs zog die Menschen damals aus ganz Europa, sogar aus Rom und Konstantinopel an. Es ist eine Freude, in diesem Geist die verschiedenen christlichen Konfessionen beim Feiern mitzuerleben."[345]

Am 30. Juli traf schließlich auch Bernos „Abholtruppe", bestehend aus Johann und Maria Pucher und Christine Hannes aus Altenmarkt, mit Bernos Bus in Trondheim ein. Auf den ersten Blick sahen sie, dass ihn die Reise einiges gekostet hatte, auch wenn es ihm offensichtlich gut ging: „Je länger er lief, desto mehr Sachen hat er nach Hause geschickt, weil er sie nicht mehr tragen konnte. Am Ende war er so abgemagert, dass ihm beim Sitzen im Bus sogar die Knochen wehtaten", erzählte Maria Pucher.[346] Trotzdem wollte Pater Berno mit seinen Freunden noch eine kleine Rundreise durch Norwegen machen, bevor sie wieder zurück nach Deutschland fuhren. „Wir sind unter anderem zum Preikestolen gelaufen, einem 600m über dem Fjord hängenden Felsen", berichtete Johann Pucher. „Berno meinte, wir müssten dafür nur 15min gehen, aber dann waren es mehrere Stunden. Dennoch lohnte sich der Weg auf jeden Fall und Berno ist auf dem Felsen ganz vorne gestanden und hatte keine Angst, in die Tiefe zu schauen."[347]

Nachdem Pater Berno zurück in Timişoara war, zog er folgendes Fazit über seine Pilgerreise: „In allem, was wir sind, haben und vermögen, sind wir von Gott beschenkt. Dass ER mich aber die fast 3000 km von Temeswar nach Trondheim so leicht und gut mit meinen doch schon etwas abgewetzten Knochen gehen lassen würde, hätte ich von Ihm nie erwartet. [...] Wieder durfte ich auf dem Weg, so wie früher auf den Wallfahrten nach dem Sinai, Santiago und Rom ganzheitlich eintauchen in IHN. Zeichen dafür wurde mir auch, dass ich während dieser zwei Monate nie an Kopfweh zu leiden hatte, was sonst mein Lebensbegleiter von Kindheit an ist. Eintauchen in IHN, sich geborgen und geführt wissen von IHM, das ist der Glauben, den ich suche."[348]

Czenstochau – auf zwei Etappen

Mit der Reise nach Trondheim waren die vier Himmelsrichtungen eigentlich abgeschlossen, doch das Pilgerherz schlug nach wie vor in Bernos Brust. Und auf der letzten Reise hatte er sich ja bereits ein neues Ziel gesetzt: Eine Dankwallfahrt nach Polen zur Schwarzen Madonna von Czenstochau. Von Timişoara aus waren dies „nur" etwa 700km – ein Katzensprung im Vergleich zu seinen vier großen Fußwallfahrten mit mehreren tausend Kilometern. Außerdem stand sein 70. Geburtstag vor der Türe und Berno fühlte sich noch kräftig genug, um eine weitere längere Pilgerreise zu unternehmen. Die Einschränkungen des Alters nahm er mit Humor: „Wenn man älter wird wie ich, wird man vergesslich. Neulich – an einem Sonntag – habe ich fünfmal die Treppen rauf und runter gehen müssen, weil ich immer wieder etwas vergessen hatte. Da kam mir im Ärger über mich die Erleuchtung, warum uns Gott im Alter die Vergesslichkeit schickt: Weil er uns dadurch zwingt, etwas für unsere körperliche Kondition zu tun."[349]

Allerdings hatte Berno im Laufe seines Lebens wirklich viele Treppen und Kilometer zurückgelegt und besonders sein Rücken machte ihm immer öfter Probleme. Doch auch dafür hatte er eine Lösung: „In Deutsch St. Michael, 17km von Temeswar, haben wir sicher eines der besten Thermalbäder Europas. Wenn ich nicht wöchentlich einmal dort bin, rebelliert mein Kreuz!"[350] Von der Planung und Durchführung seiner nächsten Pilgerreise hielten ihn diese „Kleinigkeiten" allerdings nicht ab. Voller Elan startete er Mitte Juni 2005 in Richtung Polen und er kam tatsächlich sehr schnell wieder in seinen alten „Pilgerrhythmus" hinein. „Ich war überrascht, wie mir das Gehen wieder leicht fiel und ich in siebeneinhalb Tagen schon die Hälfte der Strecke hinter mir hatte. Regen, Sturmwind und Kälte setzten mir zwar zwei Tage lang in Ungarn empfindlich zu, aber auch das brachte mich eher noch stärker in ein tiefes Abhängigkeitsbewusstsein und in Dankbarkeit."[351]

Bereits am achten Tag überquerte Berno die Grenze zur Slowakei und er war nun sehr zuversichtlich, dass er die Pilgerreise tatsächlich in den geplanten 16 Tagen schaffen würde. Doch 30 Kilometer später kam das Aus. „Als ich in einem kleinen Laden in Tornala in der Slowakei Brot, Sauerrahm, Paprika und eine Flasche Cola für meine Mittagspause gekauft hatte, bemerkte ich, dass ich mein rechtes Knie nur noch unter äußerst starken Schmerzen bewegen konnte."[352] Das war typisch für Pater Berno – beim Gehen hatte er die Schmerzen gar nicht gemerkt. Erst als er das Tempo drosselte und in einem Laden anhielt, stellte er fest, dass er nicht mehr weitergehen konnte. Also humpelte er zum gegenüberliegenden Friedhof und hoffte, dass sich sein

Knie nach einer Pause und durch „salben, verbinden, beten und ruhen" wieder erholen würde[353].

Doch nach drei Stunden waren die Schmerzen eher noch schlimmer geworden und deshalb gab sich Pater Berno tatsächlich geschlagen. Er hinkte zur nächsten Haltestelle, um mit Bus und Zug „... und mit Hilfe eines windigen Steckens unter akrobatischen Bewegungsabläufen" nach Meckenbeuren zu fahren, wo ihn sein Bruder Hansjörg und seine Schwester Marieluise mit Krücken in Empfang nahmen. „Im Kernspintomografen in Ravensburg war es dann zu sehen: Ich hatte den Innenmeniskus im rechten Knie abgerissen. Wo und wie das geschah, weiß ich nicht. Vielleicht am Tag zuvor beim Abstieg von den Bergen vor Ozd. Die Operation ist gut verlaufen und heute bin ich froh, dass ich die Wallfahrt sofort abgebrochen habe. Ich kann wieder gut gehen und möchte nächstes Jahr eventuell mit Begleitung den restlichen Weg nach Czenstochau gehen", schrieb er im Herbst an seine Unterstützer und Freunde.[354]

Und tatsächlich brach Pater Berno ein Jahr später erneut nach Czenstochau auf, denn geschlagen geben wollte er sich nicht. Der Weg hatte ihn geprägt und er würde ihn auch dieses Mal ans Ziel bringen – und wenn er dazu Weggefährten brauchte, auch gut. Bernos alte Pilgerfreunde und treue Begleiter Maria und Johann Pucher waren gerne bereit, den zweiten Teil der Strecke mit ihm zu gehen. Sie empfanden es sogar als Vorrecht, „mit ihm eine richtige Pilgerreise zu machen."[355] Außerdem wollte Pater Berno gerne den jungen Ordensanwärter und Schüler Martin Gal mitnehmen, der seit einem Jahr im Kloster wohnte. „Ich werde diese Zeit nie vergessen", erinnert sich P. Martin. „Damals habe ich Pater Berno richtig kennengelernt. Dies war meine erste Fußwallfahrt, die ich mitgemacht habe, und Pater Berno sagte schon im Vorfeld, dass es heftig werden wird. Er meinte, dass wir vorher trainieren müssen und lud mich zum Urlaub bei seiner Familie in Meckenbeuren ein."[356] In Meckenbeuren standen tägliche Radtouren rund um den Bodensee, Schwimmen sowie Fußmärsche in der Umgebung auf dem Programm, die der 70-jährige und der 17-jährige gemeinsam absolvierten.

Gleichzeitig sollte dieses Training für Berno ein „Test für die Fußwallfahrt nach Czenstochau" sein. Und nachdem dieser Test gut verlaufen war, machte sich die vierköpfige Truppe am Abend des 16. Juli 2006 mit Bernos Bus auf den Weg nach Ungarn. Der Bus sollte die ganze Zeit über mit von der Partie bleiben, damit Berno ohne schweres Gepäck gehen konnte und sich kein Nacht- quartier auf dem harten Boden suchen musste. Stattdessen wollte er auf seiner Liege schlafen und bei Regen gegebenenfalls in den Bus ausweichen. „Das war natürlich gegenüber meiner alten Wallfahrtsweise ein absoluter Luxus: nichts mehr tragen zu müssen, nach sieben Kilometern ein Frühstück serviert zu bekommen und nach gewünschten Etappen Mittagessen, Jause und Abendessen, und wenn es regnet, gleich ein sicheres Nacht- quartier zu haben."[357] Darüber hinaus ließ sich Pater Berno breitschlagen, die Strecke mit Walkingstöcken zu gehen – auch wenn ihn dies „schon ein wenig Demut" kostete, wie er in seinem Rundbrief zugab. Trotz diesen Annehmlichkeiten blieben ihm die täglichen 50 km erhalten, die er nach wie vor zurücklegen wollte – und tatsächlich auch schaffte.

Am 17. Juli 2006 kam die kleine Gruppe gegen Mittag am Friedhof von Tornala an, wo Pater Berno ein Jahr zuvor seine Pilgerreise abgebrochen hatte. Genau hier sollte der zweite Teil beginnen, denn Berno wollte keinen Kilometer auslassen! Wäh- rend Pater Berno, Martin und Maria sich vom Friedhof in Tor- nala auf ihre erste Fußetappe begaben, fuhr Johann Pucher mit dem Bus noch einige Kilometer weiter. Anschließend ging er der kleinen Gruppe entgegen, um mit ihnen gemeinsam zum Bus zurückzuwandern. Auf diese Weise war der Bus stets in Reich- weite, falls etwas passieren sollte und die Gruppe hatte auch gleich einen passenden Rastplatz für die nächste Pause. Aller- dings waren die Pilger dadurch gezwungen, eine Strecke entlang von Autostraßen zu wählen und dennoch fand Johann Pucher nicht immer einen geeigneten Parkplatz zum Übernachten. „Einmal sind wir ca. 4km weitergefahren zu einem Parkplatz. Am nächsten Morgen meinte Berno: Wir müssen zurückfahren, denn ich muss diese paar Kilometer auch noch gehen. Er hat keinen Meter ausgelassen", erzählte Johann Pucher.[358]

Die Strecke verlief sowohl in der Slowakei als auch in Polen quer durch die hohe Tatra und trotz der vielen Höhenmeter, die sie zurücklegten, ging es Pater Berno erstaunlich gut. „Am liebsten wollte er alleine gehen", erzählte Maria. „Manchmal konnte es passieren, dass er zehn Kilometer lang kein Wort geredet hat. Und einmal wollte er unbedingt querfeldein durch ein Militärgelände gehen, über das wir mit dem Bus nicht fahren konnten. Also zog er alleine los und kam ewig nicht bei unserem Treffpunkt an, so dass wir uns schon Sorgen machten."[359] Am Ende war jedoch nichts weiter passiert. Berno hatte lediglich eine „Abkürzung" genommen, die sich als keine herausgestellt hatte.

„Mich hat besonders die Einfachheit beeindruckt", erzählte P. Martin. „Wir haben möglichst draußen geschlafen, uns einfach in Flüssen und Seen gewaschen und unterwegs gegessen. Losgegangen sind wir schon sehr früh morgens und haben dann eine Mittagsruhe eingelegt, bevor wir bis spät am Abend weitergelaufen sind."[360] Doch auch der geistliche Weg war für den jungen Martin sehr spannend. „Auf dem Pilgerweg habe ich wirklich gelernt, was es heißt zu beten – und zwar mit den Füßen zu beten. Beim Gehen konzentriert man sich auf das Wesentliche und man ist irgendwie in einer tieferen Beziehung mit Gott. Man erkennt, dass unser ganzes Leben eine Pilgerschaft ist – ich gehe zu Gott, der mein Ziel ist. Wir waren in ständiger Kommunikation mit Gott – das war bei Pater Berno sicher auch der Fall. Das Pilgern war eine Quelle des geistlichen Lebens."[361] Aus diesem Grund war es für Berno auch auf dieser Reise sehr wichtig, einmal am Tag einen Gottesdienst zu feiern. „Er hat dann seine Liege zusammengeklappt und als Altar verwendet, um die

Eucharistie zu feiern", erzählte Johann. „Und im Bus hatten wir sogar die Gitarre mit dabei, so dass wir bei diesen Gottesdiensten auch gesungen haben."[362] „Und in der hohen Tatra haben wir oft bei Sonnenaufgang gefeiert, das war wunderschön", schwärmt Maria noch heute.[363]

Im katholischen Polen waren die Menschen an durchziehende Pilger gewöhnt und sie versorgten sie bereitwillig mit Wasser und teilweise auch mit Essen. „Weil Pater Berno den Weg nach Möglichkeit abkürzen wollte, hat er uns einmal quer durch einen Garten geführt, weil er dachte, dass das schneller sei. Die Familie war dort gerade beim Grillen und sie wunderte sich natürlich, dass wir einfach so durch ihr Grundstück spazierten", erzählte P. Martin. „Aber sie waren nicht böse auf uns, sondern luden uns stattdessen zum Essen ein, weil sie sahen, dass wir Pilger waren. Leider konnten wir kein Polnisch und sie kein Deutsch, so dass wir uns mit Händen und Füßen unterhalten mussten."[364] Selbstverständlich kamen die vier Pilger in Polen an vielen Gedenkstätten für den verstorbenen Papst Johannes Paul II vorbei und am 23. Juli trafen sie pünktlich zum Sonntagsgottesdienst in der Taufkirche von Karol Wojtyła in Wadowice ein. „Für mich war dieser Gottesdienst ein besonderer Höhepunkt", erzählte Johann Pucher.[365] Drei Tage später erreichte die kleine Gruppe heil und glücklich Czenstochau – auch wenn Pater Berno am Ende ziemliche Schmerzen hatte und die Fußwallfahrt für ihn sehr anstrengend gewesen war, unter anderem wegen der ständigen Hitze. Dennoch war Berno zufrieden – er hatte den Weg bewältigt und beendet. „Und so haben nicht nur mein Inneres, sondern auch meine Füße – trotz einiger Blutergüsse – diese Wallfahrt richtig genossen. Ganz besonders Danke an Maria und Martin, die etliche Kilometer mit mir gegangen sind", schrieb Berno nach seiner Rückkehr nach Timişoara.[366]

Der Unfall – „Ich habe den Mann in Schwarz einfach nicht gesehen!"

„Am 13. Juni lief mir ein betrunkener junger Mann in einem kleinen Ort in Ungarn unvermittelt ins Auto. Ich versuchte auszuweichen, der rechte Außenspiegel erfasste aber seinen rechten erhobenen Arm – wollte er mich anhalten? – und schleuderte ihn in den Straßengraben. Da der Ort wie ausgestorben war, hatte ich zunächst große Mühe, den Notarzt, die Polizei und einfach Hilfe zu alarmieren. Der 32-jährige starb noch an der Unfallstelle. Wenn ich mir auch keine Fahrlässigkeit vorzuwerfen habe, ging und geht mir der Tod dieses Mannes sehr nahe. Meine Freude am Fahren habe ich nun endgültig verloren." Dies schrieb Pater Berno im Dezember 2003 in seinem Rundbrief aus Temeswar. Und obwohl dieses Ereignis bereits mehrere Jahre zurücklag, beschäftigte es ihn immer noch, dass durch sein Zutun ein Mensch gestorben war und er ihm nicht helfen konnte.

Allerdings hatte er das Autofahren deshalb nicht aufgegeben und er war seit dem Unfall schon wieder etliche hunderttausend Kilometer unterwegs gewesen. So auch an jenem verhängnisvollen Tag im Dezember 2006. Nachdem Pater Berno im Sommer gut von seiner Pilgerreise nach Czenstochau zurückgekehrt war, hatte er sich gleich wieder voller Elan in seine Arbeit gestürzt. Mittlerweile stand Weihnachten vor der Tür und wie jedes Jahr mussten die vielen gesammelten Päckchen in Deutschland und Österreich abgeholt und nach Timişoara gebracht werden. Aus diesem Grund war Pater Berno Anfang Dezember zusammen mit Janos, dem Messner der Pfarrei, und den beiden Bussen der Caritas nach Oberursel gefahren, um die Weihnachtspakete bei Herrn Elbert abzuholen. Mit von der Partie war dieses Mal auch Schwester Rosa, die Pater Berno auf der Rückfahrt bei ihrer leiblichen Schwester in Ebersbach/Fils absetzen wollte.

Soweit verlief alles nach Plan, doch auf dem Weg von Ebersbach zur Autobahn kam Pater Berno in dem kleinen Dorf Hattenhofen im Landkreis Göppingen an eine Kreuzung, an der er nicht wusste, in welche Richtung er fahren musste. Weil es dunkel und regnerisch war, hatte er das Schild nicht richtig lesen können. Also hielt er kurzerhand am Straßenrand an, um die wenigen Meter zu dem Schild zurückzugehen. Beim Aussteigen aus seinem Auto passierte es. Plötzlich kam von hinten ein Fahrzeug, das direkt auf Pater Berno zufuhr. Offensichtlich hatte der Fahrer den schwarz gekleideten Priester mitten in der Nacht nicht gesehen, und obwohl er noch auszuweichen versuchte, erwischte er ihn mit dem Spiegel, so dass Pater Berno auf das Auto und anschließend auf die Straße geschleudert wurde.

Doina erinnert sich auch heute noch genau an jene Nacht, als sie plötzlich einen Anruf von Janos aus Deutschland erhielt: „Pater Berno hatte einen Unfall. Er ist sehr schwer verletzt und wird jetzt in das örtliche Krankenhaus in Göppingen gebracht."[367] Weil sie von Rumänien aus nichts tun konnte, rief Doina kurzerhand bei P. Nikolaus in Bad Wurzach an, denn dieser Standort der Salvatorianer war am nächsten bei Göppingen. P. Nikolaus informierte umgehend Bernos Schwester Marieluise in Meckenbeuren, die wiederum ihren Bruder Ottmar in Würzburg anrief, der sich mit seiner Frau sofort auf den Weg in die Klinik nach Göppingen. Die Familie hatte mittlerweile erfahren, dass sich Pater Berno höchstwahrscheinlich eine schwere Kopfverletzung zugezogen hatte. Und weil es in Göppingen dafür keine Fachabteilung gab, kontaktierten sie die Oberschwabenklinik in Ravensburg, um ihn so schnell wie möglich dorthin zu überführen. In

Göppingen angekommen setzte sich Ottmar sofort mit dem behandelnden Notarzt in Verbindung. Die Situation war schlimm. Am Unfallort selbst war Berno noch bei Bewusstsein gewesen, doch bereits im Krankenwagen war er ins Koma gefallen. Über mögliche innere Verletzungen konnte noch keine Aussage getroffen werden, weshalb man beschloss, ihn umgehend mit dem Hubschrauber nach Ravensburg zu transportieren, wo er am nächsten Morgen ankam.

An der Anmeldung der Klinik in Göppingen trafen Ottmar und seine Frau Gerlinde auf den Fahrer des Unfallwagens. Er war sichtlich verstört und wollte unbedingt wissen, wie es Pater Berno ging. „Ich habe ihn einfach nicht gesehen! Es war so dunkel und er war ganz in schwarz gekleidet! Was wird jetzt nur werden? Bitte halten Sie mich auf dem Laufenden, wie es weitergeht."[368] Natürlich war es noch viel zu früh, um irgendwelche Aussagen treffen zu können, doch die Tatsache, dass sich der Fahrer nach Pater Berno erkundigt hatte, wurde von seiner Familie trotz aller Sorge und Angst positiv aufgefasst. Es ging jetzt nicht um Anklagen oder Ähnliches, sondern um Bernos Leben.

In Ravensburg zeigte sich, dass Pater Berno tatsächlich eine schwere Kopfverletzung mit Schädeldachbruch sowie eine Hirnblutung hatte. Weil der dringende Verdacht bestand, dass er eine erbliche Blutgerinnungsstörung hatte, die in der Familie häufiger vorkam, wurde jedoch keine Operation durchgeführt, denn dabei hätte er möglicherweise verbluten können. Also hieß es nun warten, bangen – und beten! Durch Briefe, Emails und diverse Zeitungsartikel in Deutschland und Rumänien erfuhren viele Menschen von seinen Zustand informiert und sie alle bestürmten den Himmel wegen seiner Heilung. Außerdem kamen neben seinen Verwandten auch viele Mitbrüder, Freunde und Wegbegleiter nach Ravensburg ins Krankenhaus, um Pater Berno zu besuchen und vor Ort für ihn zu beten, auch wenn er immer noch im Koma lag. Drei lange Wochen wusste niemand, ob er wieder aufwachen würde.

Erst am 20. Dezember schlug er unvermittelt die Augen auf. Pater Berno beschrieb diesen Moment später folgendermaßen: „Als ich aus meinem dreiwöchigen Schlaf erwachte, waren bei mir liebe Leute: Verwandte und Mitbrüder, die für mich um Heilung beteten. Diesem Beten fügte ich „dass sein Wille geschehe" dazu. Ich wusste ja nicht, durch welchen Tod ich gegangen bin und wie ich überleben konnte, weil ich rechtzeitig in die richtigen Hände fiel: von Ärzten an der Unfallstelle und in den Krankenhäusern in Göppingen und Ravensburg, in die Hände von Krankenpflegerinnen und Fachkräften und vor allem, weil so viele Beter Gott um das fast Unmögliche baten. Gott hat sich offensichtlich über das hemmungslose Gebet so vieler gefreut und hat sich als der Gott gezeigt, der noch Wunder wirkt."[369]

Wenige Tage später wurde Berno bereits für kurze Zeit in einen Rollstuhl gesetzt und am 28. Dezember wurde er zur weiteren Behandlung in die Früh-Reha-Klinik Waldburg-Zeil in Wangen/Allgäu verlegt. Noch konnte niemand sagen, welche Funktionen er wieder erlangen würde und er selbst konnte sich noch nicht verständlich machen. Bernos erste Erinnerung an die Zeit nach dem Unfall war die Silvesternacht, als er das Feuerwerk und die Böller hörte. Doch auch das konnte er seiner Familie erst viel später mitteilen, weil er lange Zeit nicht sprechen konnte. Auch wenn er sich noch so sehr bemühte, mit den Ärzten, Pflegekräften und Besuchern zu kommunizieren, es ging einfach nicht und das frustrierte ihn sehr. Sein Umfeld erkannte dies vor allem an seiner großen körperlichen Unruhe, besonders im Schlaf. „Er schien ständig mit irgendetwas zu kämpfen und strampelte manchmal sehr wild im Bett hin und her", erzählte Doina, die aus Rumänien angereist war, um Pater Berno zu besuchen.[370] Einmal kam es sogar zu einem Zwischenfall, als Berno im Schlaf versuchte, den Blasenkatheter zu ziehen und dabei eine so starke Blutung auslöste, dass er eine Transfusion brauchte.

Nach wie vor kamen viele Besucher aus Bernos Familie, dem Orden und aus seinem großen Freundes- und Bekanntenkreis, und mittlerweile nahm Berno sie auch wieder deutlich wahr und verstand, was sie ihm sagen wollten. Anfang Januar kam sogar der Generalobere P. Andreas Urbanski zusammen mit Bernos damaligem Provinzial P. Leonhard Berchtold in Wangen vorbei. Die beiden waren zusammen mit einigen anderen Mitbrüdern auf dem Weg zu Exerzitien nach Lochau und wollten selbst sehen, wie es um Berno stand. Als seine Mitbrüder neben seinem Bett gemeinsam für ihn beteten, betete Pater Berno innerlich mit. Er ergänzte ihre Gebete und bat auch Pater Jordan um Fürsprache, „… damit ich wieder nach Temeswar zurückkehren kann und wieder meine Sprache erlange und wieder verkünden kann.“[371]

Und tatsächlich machte seine Genesung in Wangen sehr große Fortschritte, auch wenn es ihm selbst nicht schnell genug gehen konnte. Während er bei der Einlieferung in die Rehaklinik weder selbständig aufstehen noch stehen konnte, war er bei der Entlassung am 13. Februar 2007 bereits in der Lage, sich selbständig ohne Hilfsmittel fortzubewegen. Auch die neurologischen Störungen hatten sich deutlich zurückgebildet. Zu Beginn der Reha gab es etliche „Schaltfehler“ in seinem Gehirn und er musste fast alle alltäglichen Tätigkeiten wie Körperpflege, Essen, Trinken und ähnliches neu erlernen. Dieser Prozess war teilweise sehr mühsam und es kam dabei manchmal zu merkwürdigen und lustigen Fehlversuchen. So wollte er sich zum Beispiel die Haare immer wieder mit einem Handtuch kämmen. Doch durch Krankengymnastik, Ergotherapie, Neuropädagogik und -psychologie und besonders mithilfe einer sehr guten Logopädin konnte Pater Berno schon bald erfreuliche Erfolge erzielen, auch wenn er bei manchen Tätigkeiten noch Hilfe brauchte. Unermüdlich arbeitete er an sich, so dass die Ärzte zu dem Schluss kamen: „Diesen Patienten müssen wir nicht extra motivieren, sondern eher bremsen, damit er nicht zu viel auf einmal tut.“[372]

Bereits im Januar 2007 konnte Sr. Rosa im Rundbrief berichten: „Die Ärzte sind erstaunt über seine Fortschritte, langsam kann er sich auch schon mitteilen und er interessiert sich sehr über den Fortschritt bei uns."[373] All diese Entwicklungen waren natürlich eine große Erleichterung für Bernos Familie, seine Mitbrüder und -schwestern, Freunde und Unterstützer, denn noch vor einem Monat war noch nicht einmal sicher gewesen, ob er aus dem Koma wieder erwachen würde. Berno selbst war jedoch nicht so zufrieden wie sein Umfeld, besonders wegen seiner Sprechfähigkeit. Immer noch bereitete es ihm große Mühe, die richtigen Worte zu finden und das machte ihn manchmal sehr wütend, denn seine Redegewandtheit, seine Leidenschaft zum Predigen und die vielen Sprachen, die er gelernt hatte, waren bisher ein wichtiger Teil seines Lebens gewesen. Doch wenn man bedachte, dass er zu Beginn der Reha fast nur unverständliche Laute von sich gegeben hatte, waren die Zwei- bis Dreiwortsätze, die er Ende Januar sprechen konnte, bereits ein enormer Erfolg. Interessanterweise fiel es ihm am Anfang sogar leichter, Rumänisch zu sprechen als Deutsch, doch mit der Zeit kamen auch seine deutschen Sprachkenntnisse zurück. Für die Ärzte grenzte diese Entwicklung schon fast an ein Wunder, denn die Bilder seines Gehirns zeigten deutlich, dass sein Sprachzentrum schwer geschädigt war. Nach menschlichem Ermessen war es gar nicht möglich, dass Pater Berno wieder richtig sprechen konnte, geschweige denn mehrere Sprachen.

Neben dem Sprechen gab es noch einen weiteren Bereich, in dem Pater Berno bis Ende Januar nur kleine Fortschritte erzielt hatte: Sein Schluckreflex funktionierte nach wie vor nicht richtig, so dass er Nahrung oder Flüssigkeiten nur nach Aufforderung schlucken konnte. Aus diesem Grund wurde er weiterhin über eine Sonde ernährt, doch das war für Berno natürlich nicht akzeptabel. Unermüdlich übte er mit seiner Logopädin, selbstständig zu schlucken, denn er hatte ein klares Ziel vor Augen: Er wollte zurück nach Rumänien und dort eigenständig leben und arbeiten. Es frustrierte ihn oft, dass seine Genesung nicht schneller voranging, und als er Mitte Februar aus Wangen entlassen wurde, war er darüber nicht so glücklich wie seine Ärzte und seine Familie, Freunde und Mitbrüder.

Erst sehr viel später realisierte Pater Berno, was für ein Wunder es war, dass er den Unfall überhaupt überlebt hatte und nach zwei Monaten bereits so viele Funktionen zurückerlangt hatte. Trotzdem war er dankbar, als er am 14.02.2017 zur Anschlussrehabilitation nach Bad Buchau verlegt wurde, „... weil sein Rehabilitationspotential noch nicht ausgeschöpft war"[374]. Immerhin gab es noch Hoffnung auf Verbesserungen und er würde sein Bestes geben, um weitere Fortschritte zu erzielen und sein Ziel tatsächlich zu erreichen. „Er war definitiv kein Patient, den wir anspornen und ermutigen mussten, um aktiv bei den Übungen mitzumachen", betonten seine Therapeuten und Ärzte immer wieder. „Stattdessen mussten wir ihn bremsen, denn manchmal wollte er mit dem Kopf durch die Wand."[375]

Und tatsächlich kam Pater Berno in Bad Buchau weiter voran. Nach wenigen Wochen konnte er endlich wieder selbständig schlucken, so dass die Magensonde entfernt wurde. Auch beim Schreiben und Formulieren von Sätzen und Texten machte er Fortschritte, obwohl es ihm sichtlich schwer fiel, im Durcheinander seines Gehirns die richtigen Worte zu finden und passende Sätze zu bilden. Als großer Briefeschreiber wurde er darüber manchmal sehr ärgerlich, doch er strengte sich weiter an und verlor auch seinen Humor nicht. Als er zum ersten Mal gebeten wurde, etwas zu schreiben, lautete seine Gegenfrage: „In welcher Sprache?" – und alle lachten. Bernos Logopädin ermutigte ihn immer wieder, nicht aufzugeben, was für ihn ohnehin nicht in Frage gekommen wäre.

Also setzte er sich hin und schrieb Briefe an seine Familienmitglieder und Freunde – und an seine Heimatgemeinde in Meckenbeuren. **„Auch nach der dunkelsten Nacht geht die Sonne wieder auf.** Lieber Herr Pfarrer, liebe Gemeindemitglieder der SE Meckenbeuren, ich bin jetzt in der 4. Klinik, ich habe noch Schwierigkeiten mit dem Reden und Schreiben. Auf Anraten meiner Logopädin werde ich es aber trotzdem versuchen, um euch Dank zu sagen. Außerdem möchte ich auch meinen Dank an Gott zum Ausdruck bringen, denn ER hat mich ganz offensichtlich vor mehreren Toden bewahrt und mir ein neues Leben – eine wahre Osterauferstehung – gegeben. Aber ich muss auch eingestehen, dass ich den Dank an Gott nicht vom Dank an so viele Menschen trennen kann, denn ich habe Vertrauen, Hoffnung, Zuversicht und Freude von Gott und von so vielen von Ihnen erfahren. Ich glaube, Gott wird nicht eifersüchtig auf euch sein, sondern selig auf euch. Pater Berno."[376]

Bernos Bewegungsfähigkeit wurde ebenfalls täglich besser und er machte nun bereits selbständig Spaziergänge auf dem Klinikgelände. Bei einem dieser Spaziergänge stellte er fest, dass der Unfall neben der Kopfverletzung auch andere Auswirkungen auf seinen Körper gehabt hatte, denn unterwegs blockierte plötzlich sein Hüftgelenk. Bei der anschließenden Untersuchung stellten die Ärzte fest, dass sich das Hüftgelenk verschoben hatte, wahrscheinlich durch den Aufprall des Spiegels. In Ravensburg hatte man damals lediglich das große schwarze Hämatom auf Hüfthöhe gesehen und die Verschiebung des Gelenkes war möglicherweise erst durch die neuerliche Belastung beim Gehen entstanden. Ob sich daraus weitere Folgeschäden entwickeln würden, konnte man zum jetzigen Zeitpunkt allerdings noch nicht sagen, doch natürlich wollten die Ärzte dies weiter beobachten und ggf. behandeln.

In Bad Buchau bekam Pater Berno schließlich auch Besuch vom Fahrer des Unfallwagens. Von Anfang an hatte dieser seine Genesung genauestens verfolgt und immer wieder bei Bernos Bruder Ottmar angerufen, um sich nach seinem Zustand zu erkundigen. Für den jungen Fahrer war der Unfall ebenfalls traumatisch gewesen und er hatte schwere Depressionen bekommen. Er konnte es sich einfach nicht verzeihen, dass er Berno in dieser folgenschweren Dezembernacht übersehen hatte. Bernos Familie machte ihm allerdings keine Vorwürfe.

„Wir waren uns einig, dass der Fahrer schon geschlagen genug war und deshalb haben wir auf eine Anzeige wegen Körperverletzung verzichtet, die uns von Seiten des Anwalts vorgeschlagen wurde", erzählte Gerlinde Rupp.[377]

Am 21. März 2007 konnte Pater Berno schließlich aus der stationären Reha in Bad Buchau entlassen werden und nun waren nicht nur seine Ärzte mit seinem gesundheitlichen Zustand zufrieden, sondern auch er selbst. Endlich konnte er wieder „... ohne Schwierigkeiten essen, er kann gehen und wandern, lesen und schreiben und er kann auch klar denken."[378] Nur das Sprechen funktionierte noch nicht ganz flüssig, weshalb weitere ambulante Therapien und Nachrehabilitationen geplant waren. An den Unfall selbst konnte sich Pater Berno nicht erinnern. Seine Erinnerungen setzten erst wieder ein, als er in der Silvesternacht die Feuerwerkskörper hörte. Und vielleicht war das auch gut so. Doch auch wenn die schlimmsten Tage seiner Genesung in seinem Gedächtnis ausgeblendet waren, hatte Berno nun endlich begriffen, was für ein Wunder es war, dass es ihm wieder so gut ging. „Nun danke ich Gott und allen, die dieses Wunder gewirkt haben. Weihnachten und Ostern, die Geburt und Auferstehung Jesu, haben für mich dieses Jahr eine ganz neue Bedeutung bekommen", schrieb er zu Pfingsten an seine Unterstützer.[379]

Natürlich wollte Pater Berno nach seiner Entlassung aus der Klinik so schnell wie möglich zurück nach Rumänien. Für ihn kam es nicht in Frage, sich zuerst einmal eine Auszeit bei seiner Familie in Meckenbeuren oder auf dem Klosterberg in Passau zu gönnen. Aus diesem Grund war er in der Klinik gewesen – jetzt wollte er wieder „nach Hause", also nach Temeswar. Bernos Geschwister wussten, dass sie „mit diesem Dickschädel" gar nicht erst diskutieren brauchten, denn wenn er sich das in den Kopf gesetzt hatte, würde er es auch machen. Deshalb fuhr ihn sein Bruder Ottmar Anfang April nach Rumänien, so dass er Ostern zusammen mit seiner rumänischen „Familie" und der

Gemeinde in Timişoara verbringen konnte. Knapp vier Monate waren seit dem schweren Unfall vergangen, und es war wirklich erstaunlich, welche Entwicklung Pater Berno in dieser Zeit durchgemacht hatte. Ein halbes Jahr nach der Entlassung aus Bad Buchau wurde im Universitätsklinikum Ulm noch einmal eine Computertomografie von Pater Bernos Schädel durchgeführt. Berno beschrieb die Begegnung mit dem dortigen Arzt in seinem Unfallbericht: „Der Neurologe fragte mich, von wem dieses CT sei. Als ich sagte, das sei von meinem Kopf, sagte er, dass man nach einer solchen Verletzung nicht mehr sprechen und auch nicht mehr gehen kann. Ich war jedoch alleine zu ihm gekommen und sprach auch mit ihm. Das Wiedererlangen der Sprache und auch der Gehfähigkeit schreibe ich der Fürsprache unseres *Ehrwürdigen Vaters* P. Franziskus Jordan zu."[380]

Folgejahre und Gründung der Stiftung – oder: „Die Werke müssen weitergehen"

Selbstverständlich waren Pater Bernos Familie, Freunde und Mitbrüder und besonders die Temeswarer sehr froh, dass er nach so kurzer Zeit bereits wieder in Rumänien war. Dennoch konnte er nicht einfach so weitermachen wie zuvor. „Er musste schon noch aufpassen und wurde schneller müde", berichtete Doina. „Und wenn er müde war, fiel es ihm schwer zu sprechen. Dann musste ich ihm helfen, wenn er etwas erzählen wollte, denn ich kannte ja all seine Projekte und wusste, was im Kloster gerade los war."[381] Besonders in der Anfangszeit frustrierte Pater Berno dieser Zustand sehr und es war für die Klostergemeinschaft nicht immer leicht, mit ihm auszukommen. „Direkt nach der Reha dachte Pater Berno, es müsste alles so weitergehen wie bisher, aber das ging nicht", erinnerte sich Schwester Rosa. „Da war er eine Zeit lang fast unerträglich. Er ärgerte sich über alles Mögliche und suchte oft nach Sachen: ‚Das ist nicht mehr da und jenes nicht, aber ich hab es doch da hingetan ...!' Er wollte alles selber machen, obwohl es nicht ging, wie zum Beispiel einkaufen gehen. Doina hat damals viel mitgemacht. Die Geduld hätte ich vielleicht nicht aufbringen können."[382] Berno war leicht reizbar und oft nervös, was man von ihm so gar nicht kannte. Für ihn war es schwer, mit seiner Schwäche und den Einschränkungen umzugehen und deshalb wurde er manchmal richtig ärgerlich – vor allem über sich selbst.

Das Schlimmste für ihn war, dass er nicht mehr so schlagfertig wie früher war und sich nicht mehr so gut ausdrücken konnte. Für ihn, der bisher so gerne Geschichten erzählt und sämtliche Predigten frei gehalten hatte, war dies ein herber Verlust. Doch natürlich wollte er sich nicht geschlagen geben, und deshalb begann er zum ersten Mal in seinem Leben, seine Predigten aufzuschreiben. Winfried Kuhn erinnerte sich: „Als ich im Juni 2007 in Rumänien war, hat Pater Berno seine Predigt noch abgelesen. Einerseits war das zwar schön, wenn man bedachte, was er alles wieder erlernt hatte. Doch andererseits fehlte die ihm eigene Dynamik – es war nicht mehr wirklich er selbst."[383] Das merkte Pater Berno auch und er trainierte unermüdlich weiter – und ein Jahr später konnte er tatsächlich wieder frei sprechen, auch wenn er immer noch nach Worten suchen musste und insgesamt langsamer sprach. Immerhin war ihm seine geliebte Musik – das Gitarrespielen und das Singen – erhalten geblieben, und obwohl er nicht mehr so kraftvoll und laut sang wie früher, fiel ihm Singen teilweise leichter als Sprechen.

In dieser Genesungszeit war insbesondere Doina eine große Stütze für Pater Berno. Nachdem sie im Sommer 2005 während seiner Pilgerreise nach Czenstochau die Gästebetreuung übernommen hatte, war sie aus St. Andres ins Kloster gezogen, um für die Gruppen da zu sein, die teilweise spät abends oder früh morgens ankamen, bzw. abreisten. Nach dem Unfall wollte sie auch gerne für Pater Berno sorgen. Sie bot ihm an, dass er sie jederzeit anrufen könne, wenn er Unterstützung brauchte – und das tat er tatsächlich. „Wenn Pater Berno unsicher war, hat er mich gerne angerufen, damit ich ihm helfe. Und er hat mir auch immer öfter die Rundbriefe diktiert, bis ich sie schließlich ganz übernommen habe. Das Formulieren ist ihm einfach zu viel geworden", erzählte Doina.[384] Doch den ersten Rundbrief nach seiner Genesung wollte Pater Berno unbedingt selbst schreiben, auch wenn es ihm „unendlich viel Last bereitete", nach den richtigen Worten zu suchen.[385] Den Lesern wäre das jedoch gar nicht aufgefallen. Niemand wäre auf die Idee gekommen, dass dieser Rundbrief von einer Person mit einem geschädigten Sprachzentrum geschrieben worden war, der Mühe beim Formulieren von Sätzen hatte.

Mit eisernem Willen versuchte Pater Berno, so schnell wie möglich „zurück zur Normalität" zu gelangen, und mit der Zeit ging es tatsächlich besser. Die beiden Nachkuren in Meckenbeuren, zu denen er von seinem Bruder Ottmar in Rumänien abgeholt wurde, nutzte er schon wieder für Hilfstransporte aus seiner alten Heimat.[386] Und es dauerte nicht lange, bis er sich selbst in seinen Bus setzte und nach Deutschland fuhr. Im Sommer 2007 war er bereits wieder wie eh und je unterwegs, um Hilfsgüter nach Rumänien zu bringen, und auch die Weihnachtspäckchen wurden selbstverständlich von Pater Berno abgeholt. Im darauffolgenden Sommer berichtete er: „Ich konnte im letzten Jahr ohne Probleme an die 75.000 km mit Bus und Anhänger fahren und Kleider, Möbel, Fahrräder, Rollatoren, Rollstühle und Lebensmittel befördern."[387]

Doch trotz aller Fortschritte gab es auch Bereiche, die sich nicht oder nur geringfügig verbesserten. Bereits vor dem Unfall hatte Pater Berno sehr oft unter starken Kopfschmerzen gelitten, die nun noch häufiger und stärker auftraten. Man merkte das vor allem daran, dass er jedes Mal, wenn er Kopfschmerzen hatte, eine Mütze trug, und im Laufe der Zeit traf man ihn fast nur noch mit Mütze an. Leider hatten die Kopfschmerzen auch negative Auswirkungen auf seine sprachlichen Fortschritte und irgendwann musste sich Pater Berno eingestehen, dass manche Dinge nicht mehr gingen. Schweren Herzens gab er deshalb neben den Rundbriefen zwei weitere Tätigkeiten auf, die er besonders geliebt hatte: Das Predigen und das Beichthören.

Außerdem bekam er immer öfter Probleme mit seiner Hüfte, die er zu Beginn mithilfe einer Krücke und dem ihm eigenen Humor zu kompensieren versuchte: Kurzerhand ernannte er seinen Bus zu seinem „Rollstuhl", mit dem er praktischerweise noch andere Personen transportieren konnte. Doch irgendwann ging auch das nicht mehr. Wenn Pater Berno wieder schmerzfrei gehen wollte – und das wollte er auf jeden Fall – kam er an einer Operation nicht vorüber. Also vereinbarte er einen OP-Termin für den 18. September 2009, doch bevor es soweit kam, trat ein anderes Ereignis ein, das niemand vorhergesehen hatte. Im Juni stellte Pater Berno fest, dass sein Körper streikte: „Ich konnte nicht mehr stehen und mich nur noch auf allen vieren bewegen. Ich war eine Woche lang so unbeweglich wie mein Sprinter, der fünf Wochen lang in der Mercedeswerkstätte stand."[388] Daraufhin wurde er ins Kreiskrankenhaus Timişoara überwiesen, wo die Ärzte ihn tatsächlich wieder auf die Beine bekamen. Bei der Entlassung bestand der behandelnde Arzt darauf, eine Blutprobe in der Notaufnahme zu nehmen und dabei kam es plötzlich zu akutem Nierenversagen, wodurch erhebliche Herz-Rhythmusstörungen ausgelöst wurden. „Ich merkte, dass ich plötzlich die Orientierung verlor und bei mir spürte: Jetzt holt ER mich zu sich", schrieb Berno später.[389]

Weil er bereits im Krankenhaus war, konnten die Ärzte sofort reagieren und ihn wieder stabilisieren. Trotzdem musste sein Gesundheitszustand natürlich abgeklärt werden. In Ravensburg hatte man im Rahmen der Untersuchungen wegen des Unfalls bereits festgestellt, dass Bernos Nieren nicht richtig funktionierten, doch weil er damit keine Probleme hatte, wurde damals nichts unternommen. Nun sah die Sache allerdings anders aus. Aus diesem Grund ließ ihn seine Familie eine Woche später zur weiteren Abklärung und Untersuchung des Sachverhalts nach Würzburg ins Missionskrankenhaus bringen. Dort wurden neben der Niereninsuffizienz auch Probleme mit der Prostata diagnostiziert, weshalb er am 20. Juli operiert wurde. Die Operation war auch erfolgreich, allerdings nicht ohne Komplikationen. Während des Eingriffs verlor er sehr viel Blut, so dass er mehrere Transfusionen benötigte, um über den Berg zu kommen. Es stand nun eindeutig fest, dass Pater Berno tatsächlich am Willebrand-Syndrom litt und Bluter war.

Auch wenn er bereits Anfang August zurück nach Temeswar fliegen konnte, hatte ihn dieses Erlebnis aufgerüttelt und ihm einmal mehr gezeigt, wie schnell sein Leben zu Ende gehen konnte. „Damals war die Tageslesung von Num 11,14–15, wo Moses zum Herrn sagte: ‚Ich kann dieses ganze Volk nicht allein tragen, es ist mir zu schwer. Wenn du mich so behandelst, dann bring mich lieber gleich um.‘ Diesen Wunsch spürte ich auch in mir, und verstärkt wurde er durch meine Meinung, im Himmel könnte ich Gott mehr antreiben, etwas für uns zu tun. Gott hat damals dem Moses vorgeschlagen, 70 Männer auszusuchen, auf die ER Seinen Geist legen werde, damit sie ihm helfen, das Volk in seine Heimat zu bringen. Und da wurde auch mir klar: Gott hat mir nicht nur 70 Männer, sondern 70 x 100 = 7.000 Männer, Frauen, Kinder und Alte gegeben, die mit uns im gleichen heiligen Geist unterwegs sind."[390]

Diese vielen Menschen musste Pater Berno nun noch mehr als früher in seine Arbeit einbeziehen. Wenn das Werk in Rumänien weitergehen sollte, musste die Last auf mehrere Schultern verteilt werden – und zwar bald. Die Projekte durften nicht mehr so sehr von ihm abhängen, denn niemand wusste, wie es „beim nächsten Mal" ausgehen würde. Immerhin stand die Hüftoperation noch aus, die Berno trotz des Risikos durch die Bluterkrankheit auf Anfang 2010 verschoben hatte, weil ihm seine Beweglichkeit wichtiger war als die mögliche Gefahr. „Mit Minirin gerinnt auch mein Blut", schrieb er zuversichtlich. „Doch auch wenn ich voller Hoffnung bin, bitte ich um Euer Gebet."[391] Denn auch wenn Pater Berno persönlich bereit war, ein Risiko einzugehen und selbst vor dem möglichen Tod nicht zurückschreckte, wollte er zuerst für die Absicherung seiner Werke in Rumänien sorgen.

Die Gründung der Pater-Berno-Stiftung

Bereits vor seinem Unfall hatte er immer wieder betont, dass die Finanzierung der Werke auch dann gesichert sein musste, wenn er einmal nicht mehr da war. Die staatliche Unterstützung reichte bei weitem nicht aus und die Gewinne der Farm waren ebenfalls nicht hoch genug – schon gar nicht für alle Werke. Pater Berno hatte schon damals an die Gründung einer „Rumänien"-Stiftung gedacht und spätestens seit seinem Ausfall durch den Unfall hatte sich gezeigt, dass man tatsächlich einen Weg finden musste, um die Arbeit in Rumänien langfristig zu erhalten.

Während Pater Berno Anfang 2007 in den verschiedenen Kliniken lag, waren in den Projekten die ersten finanziellen Engpässe aufgetreten. Daraufhin hatte sich Herbert Grün gemeinsam mit Sr. Rosa auf den Weg nach München gemacht, um mit dem Orden über die Finanzierung der Arbeit in Pater Bernos Abwesenheit zu sprechen. Die *Missionsprokura*, über die ein Großteil der Spenden für Rumänien abgewickelt wurde, war im Jahr zuvor von Passau nach München verlegt worden, und in diesem Zusammenhang hatte man die Satzung des Vereins neu geprüft. Leider hatte man dabei festgestellt, dass Rumänien strenggenommen gar kein Missionsland der Salvatorianer war, sondern stattdessen eine Niederlassung des Ordens. Aus diesem Grund hatte der Provinzial P. Leonhard Berchtold leider keine guten Nachrichten für Herbert Grün und Sr. Rosa. Die Missionsprokura konnte ihnen lediglich die Spenden überweisen, die zweckbestimmt für Rumänien eingingen. Darüber hinaus konnte sie keine weitere finanzielle Unterstützung gewährleisten.

Allerdings reichten die zweckbestimmten Spenden auf Dauer nicht aus, um die Projekte zu erhalten, denn viele Spenden waren bisher lediglich mit dem Vermerk „Pater Berno" eingegangen und von ihm anschließend an die Projekte weitergeleitet worden. Außerdem hatte Berno bei Transporten und Vorträgen in Kirchengemeinden und Schulen immer wieder Bargeld erhalten und auch diese beträchtlichen Beträge fielen ohne seine persönlichen Besuche weg. Gott sei Dank konnte die prekäre Lage Anfang 2007 durch Bernos schnelle Genesung noch einmal abgewendet werden, doch damit dies in Zukunft nicht noch einmal passierte, musste sich etwas ändern. Aus diesem Grund setzte sich Pater Berno bei einem seiner Besuche in Meckenbeuren mit seinem Neffen Markus Müller zusammen, um die Idee von einer Stiftung für Rumänien weiterzuentwickeln. Hilfe erhielten sie dabei von Dr. Berthold Broll von der benachbarten Stiftung Liebenau, die bereits seit über hundert Jahren Erfahrungen mit einer kirchlichen Stiftung privaten Rechts gesammelt hatte.

Im Sommer 2009 war der erste Entwurf für eine Stiftung so weit fertig, dass Berno ihn verschiedenen Familienmitgliedern und Unterstützern vorstellen konnte. Außerdem veröffentlichte er die Idee auch gleich in seinem aktuellen Rundbrief: „Es geht um das Vermächtnis und die dauerhafte Sicherung der Ideen und des Werkes, das durch Pater Berno Rupp und Herrn Grün in Temeswar, aber auch in vielen anderen Regionen entstanden ist."[392] Für Pater Berno war besonders wichtig, dass der Stiftung ein „ökumenischer, sozialer, europäischer und salvatorianischer Ansatz" zugrunde lag, denn er wollte seine eigenen Werte natürlich auch in die Stiftung einfließen lassen. Außerdem sollte die Arbeit auf möglichst vielen Schultern ruhen, so dass der Ausfall von Einzelnen immer kompensiert werden konnte. Um das zu erreichen, wollte Pater Berno die verschiedenen Personen und Gruppen, die bisher mit ihm persönlich verbunden waren, nun auch miteinander verknüpfen, und so ein Netz schaffen, das unabhängig von ihm stabil blieb. Neben den Salvatorianern und seiner Familie sollten möglichst viele langjährige Spender und Helfer in der neuen Stiftung vertreten sein und deshalb wandte sich Berno an ein breites Publikum und lud sie zu einem „Workshop zur Koordination und Abstimmung der angekündigten Gründung einer Stiftung". Einen Namen hatte er sich ebenfalls bereits ausgedacht: „Unum in caritate Christi – Eins in Christi Liebe" sollte die Stiftung heißen.

Und Bernos Unterstützer kamen tatsächlich, um gemeinsam zu beraten, wie eine Stiftung für Rumänien am besten funktionieren könnte. Am ersten Wochenende im Februar 2010 traf sich eine große Gruppe inklusive Pater Berno im Salvatorkolleg in Lochau am Bodensee und sie arbeiteten zwei Tage lang intensiv an der Umsetzung einer Stiftung für die Sozialwerke. Weil Stiftungen in Rumänien damals nur von Privatpersonen gegründet werden konnten, wurde nach einer Möglichkeit gesucht, um die Stiftung in Deutschland, bzw. im deutschsprachigen Raum anzusiedeln. Die Salvatorianer der Deutschen Provinz erklärten sich daraufhin bereit, die Stiftung unter ihrem Dach als unselbständige Stiftung zu realisieren. Auf diese Weise konnte man jede Menge Verwaltungsaufwand einsparen und die Spenderbetreuung konnte weiterhin über die Missionsprokura laufen.

Außerdem wurde auf der Sitzung in Lochau der komplizierte Name gekippt, den sich Pater Berno für die Stiftung ausgedacht hatte: „Die Stiftung muss Pater-Berno-Stiftung heißen, das ist doch klar", meinte Winfried Kuhn. „Die Leute identifizieren sich mit dir und die Arbeit gibt es vor allem wegen dir. Und den anderen Namen versteht sowieso niemand."[393] Die anderen Teilnehmer des Workshops pflichteten ihm bei, und obwohl Pater Berno zuerst protestierte – „Es soll doch nicht um mich gehen!" – gab er schließlich nach. Zudem erhielt er nach seiner Hüftoperation, die am Montag nach dem Workshop stattfand, ein erfreuliches „Trostpflaster": „Als ich am 8. Februar von meiner Hüftoperation erwachte, teilte mir Pater Leonhard, der Provinzial der deutschen Salvatorianer, mit, dass die österreichischen und deutschen Provinzen den Grundstock zur Stiftung stellen. Eine Nachricht, die einen gesund macht, wieder gehen und leben lässt, echt salvatorianisch!"[394]

Natürlich mussten bis zur eigentlichen Gründung der Stiftung noch etliche Fragen geklärt und Hürden überwunden werden, wofür in den nächsten Monaten weitere Treffen in Timişoara, Wien und München stattfanden. Pater Berno nahm sich nach dem ersten Workshop in Lochau komplett aus den Formalitäten und Entscheidungen heraus, denn schließlich sollte die Stiftung später auch ohne ihn funktionieren. Er hatte volles Vertrauen, dass seine Unterstützer den Prozess gut weiterführen würden, und er freute sich jedes Mal, wenn es wieder ein kleines Stück voranging. Am 13. Juni 2011 war es schließlich soweit: Mit einer großen Eröffnungsfeier wurde am Pfingstmontag die Pater-Berno-Stiftung im Salvatorianer-Kolleg in Temeswar gegründet, um „... das Erbe von Pater Berno aufgreifen und den Menschen in dieser Region auch weiterhin Hoffnung vermitteln" zu können. Zu dem Fest wurden neben den zukünftigen Stiftungsmitgliedern auch sämtliche Spender und Unterstützer von Pater Berno eingeladen. P. Leonhard schrieb in der Einladung: „Die Salvatorianer und viele Freunde und Gönner stehen in den Startlöchern, um die Pater-Berno-Stiftung (PBS) ins Leben zu rufen. Sie hat den einzigen Zweck, die segensreiche Tätigkeit von ihm auch dann fortführen zu können, wenn er nicht mehr selbst der treibende Motor sein kann."[395]

Neben den Salvatorianern und der Familie von Pater Berno waren in der Stiftung vor allem die Caritas Timişoara, die Caritas Steiermark sowie mehrere langjährige Spenderorganisationen vertreten. Sie arbeiteten einerseits im gesetzlich vorgeschriebenen Vorstand und andererseits im Stiftungsrat mit, der allerdings nicht nur eine reine Kontrollinstanz sein sollte, sondern auch beratend tätig werden würde. Den ersten Vorsitz des Vorstands übernahm P. Josef Wilfing aus der Österreichischen Provinz, der damals in Graz lebte und die rumänische Niederlassung der Salvatorianer bereits seit 2010 bei der Umstellung ihrer Buchhaltung unterstützte. Weitere Vorstandsmitglieder waren Herbert Grün, Br. Franz Brugger, Lukas Korosec von der Missionsprokura Wien, Brigitte Kroutil-Krenn von der Caritas Graz sowie Winfried Kuhn von den Brandstiftern aus Albershausen.

Den Vorsitz des Stiftungsrates übernahm der deutsche Provinzial P. Leonhard Berchtold selbst. Neben ihm waren im Stiftungsrat der österreichische Provinzial P. Erhard Rauch, Sr. Rosa Mair als Vertreterin der Salvatorianerinnen, Bernos Bruder Ottmar Rupp als Vertreter der Familie, der Leiter der Jugendfarm Reiner Oster, Edith Pfeifer von der Caritas Graz sowie als Vertreter der Einzelspender Peter Landthaler aus Südtirol, Monika Käch aus der Schweiz, Hans-Otto Elbert von Oberursel und Helga und Gerd Ziche aus Polling.

Alle Mitglieder der Stiftung arbeiteten ehrenamtlich und ohne Aufwandsentschädigung, so dass sämtliche Spenden tatsächlich den Werken zugutekamen. Eine Besonderheit der PBS war, dass sie kein großes Finanzpolster hatte, um die Arbeit in Zukunft durch wirtschaftliche Gewinne zu finanzieren. „Die Pater-Berno-Stiftung lebt von vielen kleinen Spendern, von den „Groschen der Witwe", wie es das Evangelium berichtet. Darum ist bei dieser Stiftung jeder Cent willkommen. Größere Spenden sind aber gleichfalls sehr notwendig und hilfreich, wie sich von selbst versteht", schrieb P. Josef Wilfing.[396] Pater Berno war froh und dankbar, dass die Stiftung so schnell auf den Weg gebracht worden war und er eine Sorge weniger hatte. Als er von Lukas Korosec gefragt wurde, was er den Mitarbeitern in der neuen PBS mit auf den Weg geben wollte, antwortete er: „Meinen Glauben. Den Glauben an die Liebe und an die Ehrlichkeit."[397]

Die Werke in der Stiftung

Während den Vorbereitungen zur Stiftungsgründung war die Arbeit in den Projekten natürlich nicht stillgestanden. Das Frauenhaus war fast ständig voll belegt und viele Frauen konnten im Laufe der Jahre davon profitieren. Finanziell wurde das Projekt zwar immer noch vom Staat unterstützt, allerdings reichte das bei weitem nicht. Aus diesem Grund hatte die Rumänienhilfe

Grafenau eine „Patenschaft" für das Frauenhaus übernommen und die restliche Finanzierung sollte zukünftig von der Stiftung getragen werden.

Das Nachtasyl war seit seiner Eröffnung ebenfalls durchgängig weitergelaufen und besonders in kalten Wintern wurde es manchmal so stark frequentiert, dass die Betten nicht mehr ausreichten. Dann wurden kurzerhand Matratzen ausgelegt, um die Obdachlosen bei den eisigen Temperaturen nicht wieder in die Kälte und damit womöglich in den Tod schicken zu müssen. Statt den vorhandenen 80 Plätzen wurden teilweise bis zu 140 Obdachlose aufgenommen und selbst das Rote Kreuz und die Polizei brachten Obdachlose vorbei, die sie auf der Straße fanden. Auch dieses Projekt wurde mittlerweile von der Stadt Timişoara mitfinanziert, doch um sämtliche Ausgaben zu decken, war eine Unterstützung durch die Stiftung nach wie vor notwendig.

In der Jugendfarm in Bacova waren die Bauarbeiten weitergegangen. Die beiden Häuser von Renovabis mit jeweils acht Zimmern, denen Pater Berno die lustigen Namen „Reno" und „Vabis" gegeben hatte, wurden mittlerweile von Straßenkindern und anderen Obdachlosen dauerhaft genutzt. Außerdem hatten der Verein „Kultur...FÜR...humanitäre Hilfe" und Renovabis den Bau eines sogenannten „Festspielhauses" in Bacova finanziert. An einem kalten, regnerischen Wochenende im Frühjahr 2008 hatte Pater Berno festgestellt, „... dass wir schnellstens einen Raum brauchen, wo die Kinder, Jugendlichen und Erwachsenen sich beschäftigen, spielen und Feste feiern können, um nicht im Wirtshaus zu landen. Das ‚Festspielhaus' in Bacova wurde in unseren Köpfen geboren."[398] Bereits ein gutes Jahr später war der Bau fertiggestellt. Es handelte sich natürlich nicht um ein klassisches Festspielhaus, wie man es vom Theater kennt, sondern stattdessen um ein Freizeitzentrum, doch Berno war dennoch stolz auf diesen Neubau. Um es feierlich einweihen zu lassen, lud er eine Theatergruppe ein, die das Musical „Sara, die kleine Prinzessin" für die Obdachlosen aufführte.

Seit 2006 hatte Reiner Oster die Leitung der Farm übernommen, der bereits während seines Betriebswirtschaftsstudiums im Nachtasyl gearbeitet hatte. Herbert Grün und Pater Berno hatten ihm die Leitung übertragen, weil er sehr gut mit den Bewohnern umgehen konnte und gleichzeitig die wirtschaftliche Seite des Betriebes im Blick hatte – eine perfekte Kombination für die Jugendfarm. Natürlich hätte Berno noch viele andere Ideen für seine Jugendfarm gehabt und am liebsten hätte er noch weitere Häuser für Obdachlose gebaut, doch Herbert Grün bremste ihn immer wieder und sagte: „Wir müssen die Projekte auch unterhalten können." Und das sah sogar Pater Berno ein. Mittlerweile hatte sich zwischen den beiden Männern ein tiefes Vertrauensverhältnis entwickelt und Berno hörte auf Herbert Grün manchmal mehr als auf alle anderen.

Neben den bestehenden Projekte hatten Pater Berno und Herbert Grün 2009 noch ein weiteres Projekt in Angriff genommen, das ebenfalls zur Stiftung gehören sollte, auch wenn die Finanzierung bisher gesichert war. Im Jahr zuvor war Hans-Otto Elbert vom Verein „Direkte Hilfe für Kinder in Not e.V." auf Pater Berno zugekommen, weil er gerne ein eigenes Projekt für Kinder ins Leben rufen und auch finanzieren wollte. Sehr schnell wurde die Idee geboren, in Bacova eine Tagesstätte für Kinder zu gründen, die mit ihren Eltern oder Großeltern auf der Farm lebten. Außerdem sollten auch Kinder von bedürftigen Familien aus dem Dorf davon profitieren können. „Wir hatten ein leerstehendes Gebäude bei unserem Lager in Bacova, das der Kirchengemeinde gehörte. Früher war dort schon einmal eine Tagesstätte, in der Kinder ein Mittagessen bekommen konnten", erzählte Herbert Grün. „Das Haus war ideal für eine Kindertagesstätte. „Die Kinder von der Farm konnten nach der Schule betreut werden und wir konnten auch die Einheimischen vom Dorf einbeziehen. Es ist immer gut, wenn man in einem Dorf nicht nur ein

Projekt von außen betreibt, sondern auch etwas für die Dorfbe-völkerung tut, damit kein Neid aufkommt."[399]

Also wurde erneut ein Haus umgebaut und einem neuen Zweck gewidmet, auch wenn dieses Mal keine so umfangreichen Maßnahmen erforderlich waren wie z.B. beim Nachtasyl. Bereits am 28. März 2009 konnte das Haus von Pater Berno, Herrn und Frau Elbert und vielen weiteren Gästen feierlich eingeweiht und auf seinen neuen Namen „Casa Pater Berno" getauft werden. Über den Namen hatte es im Vorfeld einige Diskussionen zwi-schen dem Ehepaar Elbert und Pater Berno gegeben, denn er wollte eigentlich nicht, dass das Haus nach ihm benannt wurde. Doch schließlich willigte er ein und meinte: „Okay, meinen Namen gebe ich dafür, aber nicht mein Leben."[400] In der Kinder-tagesstätte gab es Platz für 34 Kinder, die in zwei Altersgruppen aufgeteilt wurden. Wenn die Kinder nach der Schule in der Tagesstätte eintrudelten, bekamen sie als erstes ein Mittagessen und wurden anschließend bei ihren Hausaufgaben unterstützt. Danach gab es eine Spielzeit und bevor sie am späten Nachmit-tag wieder nach Hause entlassen wurden, erhielten sie noch einen kleinen Imbiss.

Sämtliche Projekte blieben auch nach der Gründung der Pater-Berno-Stiftung Teil der Caritas Timișoara, der die diversen Gebäude rechtlich gehörten und die die Verantwortung für die Arbeit vor Ort trug. Die Stiftung war in erster Linie für die Beschaffung der notwendigen Finanzmittel zuständig, obwohl ihre Mitglieder der Caritas Timișoara natürlich auch beratend und unterstützend zur Seite standen. Hilfreich war dabei, dass Herbert Grün ebenfalls in der Stiftung aktiv war und damit als Bindeglied zwischen der PBS und den Werken fungieren konnte. Für neue Ideen war er grundsätzlich immer offen, doch gleich-zeitig wusste er aus seiner langjährigen Erfahrung auch, was davon in Rumänien machbar war und was nicht.

Im Jahr 2012 kam noch ein weiteres Projekt zu den Werken hinzu, die durch die Pater-Berno-Stiftung finanziert wurden. Sr.

Rosa hatte in der Vergangenheit immer wieder Geld für ein Altenheim bekommen, doch dafür waren bisher weder die Kapazitäten noch das passende Haus vorhanden. Als jedoch 2010 das Pfarrhaus in Bacova leer wurde, das auf demselben Grundstück wie die Kindertagesstätte und das Lager der Caritas stand, erinnerte sich Herbert Grün an diese Spenden. Daraufhin wandte er sich an Pater Berno und sagte: „Wenn du willst, könnten wir jetzt hier ein Altenheim eröffnen. Dann können wir die Alten vom Nachtasyl und andere Bedürftige hierher holen und pflegen. Wir haben das Pfarrhaus ja bereits mit einem Wasseranschluss und anderen Dingen versorgt und wenn wir es jetzt nicht selbst nutzen, profitiert davon nur ein anderer."[401] Selbstverständlich war Pater Berno sofort begeistert von der Idee. Schon seit längerem kamen neben den Straßenkindern auch viele alte Menschen ins Nachtasyl – ein Phänomen, das in ganz Rumänien verbreitet war. Die alten Menschen, die teilweise ihr Leben lang gearbeitet hatten, bekamen eine so geringe Rente, dass sie ihre Wohnungen nicht mehr bezahlen konnten und auf der Straße landeten. Natürlich hatten sie auch kein Geld für teure Medikamente oder Pflegedienstleistungen und das Nachtasyl konnte ihnen zwar ein Dach über dem Kopf und erste Hilfe anbieten, aber nicht mehr.

Auch Sr. Rosa war begeistert, dass es nun ein Altenheim für bedürftige Menschen geben sollte. Als Krankenschwester betreute sie viele alte Menschen, die zwar noch in ihren Wohnungen lebten, aber nur wenig Geld und keine Familien mehr hatten. Auch für sie wäre das Altenpflegeheim in Bacova ein Ort, an dem sie mit Würde alt werden konnten. Das erste Ehepaar, das am 26. März 2012 in das Pflegeheim einziehen konnte, gehörte zu den Personen, die von Sr. Rosa betreut wurden. „Sie freuen sich, dass sie den Lebensabend dort verbringen können. Zu Hause konnten sie sich kaum noch versorgen. Der Mann ist 90 Jahre und krank und die Frau ist 88 Jahre und bettlägerig. Nun sind sie gut versorgt", berichtete Sr. Rosa voller Freude im Rundbrief.[402] Offiziell eingeweiht und auf seinen neuen Namen

„Casa Sf. Ioan" (Haus Heiliger Johannes) getauft wurde das Haus schließlich am 7. Juli 2012. „Mich freut es besonders, dass das Heim den Namen vom Apostel Johannes hat, in Erinnerung an meinen Bruder, der tödlich verunglückt ist. Die offizielle Einweihung ist, ohne es zu planen, ebenfalls am Geburtstag meines Bruders", schrieb Sr. Rosa.[403] Bereits kurze Zeit später war auch dieses Haus voll belegt und nicht mehr aus der Arbeit der Caritas wegzudenken.

Und damit schloss sich der Kreis der Unterstützung von Menschen am Rande der Gesellschaft. Gemeinsam hatten Pater Berno und Herbert Grün ein Programm entwickelt, das Menschen aller Altersklassen eine Chance bot, um einen Schritt aus ihrem Elend heraus zu machen. Die erste Anlaufstelle war das Nachtasyl, bzw. die Suppenküche, die es nach wie vor im Kloster gab. Dort erhielten die Bedürftigen Wärme, Essen und Versorgung, doch dies konnte nicht die Endstation sein. Die notleidenden Menschen brauchten eine neue Perspektive – und dieses Perspektive erhielten sie auf der Farm in Bacova, bzw. im Frauenhaus. Als nächstes kamen die Kinder in den Fokus, die durch die Schieflage im Leben ihrer Eltern benachteiligt worden waren und Hilfe benötigten, um einen besseren Weg als ihre Eltern einschlagen zu können. Und mit dem Altenheim war schließlich eine Einrichtung entstanden, in der Menschen trotz aller Armut und Not ihr Leben auf würdige Weise beschließen konnten. „Man kann einfach dankbar sein, dass sich die Caritas und die Salvatorianer in den Personen Herbert Grün und Pater Berno getroffen haben", meinte Brigitte Kroutil-Krenn von der Caritas Graz. „Das ganze Werk würde nicht so aussehen, wenn die beiden nicht zusammengearbeitet hätten: Pater Berno, der Initiator mit den vielen Ideen und dem großen Gottvertrauen, dass alles schon werden würde, und Herbert Grün, der sich darum bemühte, dies dann auch auf administrative und gesetzliche Füße zu stellen."[404]

Die letzten Jahre – oder: „Er wird noch mit seinem Bus zu seiner eigenen Beerdigung fahren!"

Ein Prozess der Veränderung beginnt

Auch wenn mit der Gründung der PBS eine große Last von seinen Schultern gefallen war, merkte Berno immer öfter, dass sein Körper nicht mehr so funktionierte, wie er das gerne hätte. Das Sprechen und das Formulieren von Briefen blieben mühsam und die vielen Aufgaben als Superior des Klosters fielen ihm ebenfalls nicht mehr so leicht wie früher. Außerdem machte sich die zweite Hüfte immer öfter bemerkbar, weshalb Berno sich im November 2011 für eine zweite Operation entschied, die allerdings nicht so reibungslos verlief wie die erste. Durch das Willebrandt-Syndrom kam es erneut zu Komplikationen, so dass Pater Berno mehrere Bluttransfusionen brauchte. „Dreimal habe ich gespürt, wie mir das Bewusstsein verloren ging. Ich habe das als ein Gottesgeschenk empfunden. Der Tod ist schön, wir werden IHN dann sehen! Ich werde mir aber in Zukunft keine Operation mehr leisten, außer es ist ein/e Hämatologe/In dabei", schrieb er später, als er wieder in Timişoara war.[405]

Obwohl Pater Berno keine Angst vor dem Tod hatte und diesen sogar als „schön" bezeichnete, wollte er natürlich so lange wie möglich am Leben bleiben und seine Aufgaben in Rumänien in gewohnter Weise fortführen. Doch leider ging das nicht. Die Komplikationen bei der Operation und die langwierige Rehabilitation hatten ihn zusätzliche Kraft gekostet und irgendwann musste Pater Berno einsehen, dass er nicht mehr so weitermachen konnte. Deshalb wandte er sich an den österreichischen Provinzial und bat um personelle Unterstützung. P. Erhard Rauch hatte bereits bemerkt, dass Berno die Leitung der Klostergemeinschaft immer schwerer fiel, und er hatte sich Gedanken über eine mögliche Lösung für die Situation gemacht. Ihm war bewusst, dass Temeswar die Heimat von Pater Berno geworden war und dass er nicht einfach wieder nach Deutschland ziehen wollte. Gleichzeitig könnte es für einen Nachfolger schwierig werden, wenn „... der Übervater ständig anwesend ist und sich in alles einmischt."[406]

Doch schließlich fand sich ein Mitbruder, der sich vorstellen konnte, in Temeswar einzusteigen, ohne dass Pater Berno das Haus verlassen musste. Durch die Arbeit in der Stiftung und die Umstrukturierung der Buchhaltung hatte P. Josef Wilfing bereits einen Bezug zu Rumänien bekommen und er war bereit, sich der neuen Herausforderung als Superior der Niederlassung Temeswar zu stellen. „Und es ging dann auch wirklich sehr gut. Ich bin im April 2012 gekommen, und Pater Berno hat mir die Leitung des Hauses und des Gemeinschaftslebens sowie alles Organisatorische überlassen. Er war sehr kooperativ und hat sich überhaupt nicht mehr in diese Dinge eingemischt, sondern sich ganz auf seine Werke konzentriert."[407] Pater Berno war glücklich über die neue Entwicklung: „Ab dem 1. Mai habe ich einen neuen Superior und ich bin nun alle meine Sorgen los!!! Ich möchte P. Josef Wilfing danken, dass er dieses Amt angenommen hat, und der ganzen österreichischen Provinz, dass sie ihn für uns zur Verfügung stellt!"[408] Auch die Mitbrüder merkten, dass die

Zusammenarbeit zwischen Pater Josef und Pater Berno trotz aller Unterschiede gut funktionierte. „Berno war froh, dass P. Josef nach Temeswar gekommen war, weil er dadurch entlastet wurde", erzählte P. Nikolaus. „Es kam zwar schon manchmal zu Konflikten, aber P. Josef war sehr diplomatisch. Nur wenn er von etwas überzeugt war, gab er nicht nach, auch wenn Berno beleidigt war, dass es nicht nach seinem Kopf ging. P. Josef war eher ein Philosoph und er versuchte, Berno mit ins Boot zu holen – und manche Änderungen wurden dann eben auch nicht gemacht."[409]

Mit P. Josef waren zeitgleich zwei junge Mitbrüder nach Temeswar zurückgekommen, die für ihre Ausbildung im Ausland gelebt hatten. P. Istvan Barazsuly, bzw. Pişti, wie er von vielen genannt wurde, hatte sein Theologiestudium mit Erfolg abgeschlossen und sollte nun Kaplan in seiner Heimatgemeinde in der Elisabethstadt werden, wo er früher bereits in der Pfarrjugend mitgewirkt hatte. Und Br. Sorin Vranceanu kehrte von seinem Noviziat in Ungarn in die Heimat zurück, um zukünftig die Klostergemeinschaft in Timişoara zu unterstützen. Selbstverständlich hatten die jungen Brüder ihre eigenen Ideen mitgebracht und sie wollten nicht alles auf dieselbe Weise machen, wie Pater Berno dies vor vielen Jahren begonnen hatte. In solchen Fällen war P. Josefs Diplomatie gefragt. Immer wieder musste er zwischen den jungen Brüdern und Pater Berno vermitteln, denn im Unterschied zu früher war Berno heute nicht mehr besonders offen für Veränderungen. Trotzdem ging es insgesamt erstaunlich gut und die kleine, sechsköpfige Ordensgemeinschaft fand fast immer einen Weg, um trotz aller Unterschiedle miteinander auszukommen.

Leider trat nur wenige Monate nach der Ankunft der drei Neuankömmlinge erneut eine Änderung im Kloster ein, die besonders Pater Berno nicht leicht fiel: Mit 92 Jahren starb Br. Bruno, mit dem Berno seit seinem ersten Tag in Temeswar zusammen gelebt und gearbeitet hatte. Im Laufe der Jahre hatte sich eine herzliche Freundschaft und Weggemeinschaft zwischen ihnen entwickelt, und auch wenn Br. Bruno schon lange Pensionär war, blieb er weiterhin „die gute Seele des Klosters", den jeder schätzte und mochte. Unter großer Anteilnahme der Bevölkerung wurde er als letzter Bruder, der das kommunistische Regime miterlebt hatte, in der Gruft der Salvatorianer beigesetzt. Bereits vor seinem Tod hatte er mit Pater Berno vereinbart, dass sie die letzten beiden freien Plätze in der Gruft in Temeswar belegen wollten. Aus diesem Grund nutzte Berno vor der Beerdigung die Gelegenheit, um mit Zollstock bewaffnet in die Gruft hinunterzusteigen und den freien Platz zu vermessen. Einige Zeit später kam er mit zufriedenem Gesichtsausdruck wieder hervor: „Ein richtiger Sarg geht nicht mehr rein. Aber ich bin ja schmal – das wird schon gehen. Dann brauch ich halt eine Spezialanfertigung."[410]

Doch auch wenn sich Pater Berno bereits nach einen Platz für seine Beerdigung umgesehen hatte und er seit der Anwesenheit von P. Josef endlich kürzer treten konnte, wollte er natürlich nicht auf der faulen Haut liegen. „Als Pater Josef kam, ist er quasi in den Ruhestand gegangen und hat nur noch das gemacht, was er wollte", meinte Doina. „Das war aber immer noch viel."[411] Selbstverständlich lagen ihm nach wie vor seine Werke am Herz, für die er nun noch mehr Zeit investierte. Wenn Einzelgäste oder Gruppen im Kloster waren, führte er sie gerne durch die Projekte und erzählte den staunenden Besuchern von den Fortschritten und den Träumen, die er noch hatte. Außerdem verbrachte Pater Berno nun noch mehr Zeit in seiner geliebten Kapelle. Stundenlang nahm er sich Zeit, um für die Menschen zu danken und zu beten, die sein Werk in Rumänien erst möglich gemacht hatten. „Ich muss nochmals auf die Spendenlisten zurückkommen. Ich habe gemerkt, dass sie für mich zu einer Art Gebetsbuch geworden sind: nicht nur wegen der Zahlen, sondern vor allem wegen der Namen, denen ich hier begegne. Auch wenn ich Sie noch nie persönlich gesehen habe, ist Ihr Namen

mir vertraut wie ein Freund. Ich glaube, dass ich die *Allerheiligenlitanei* nicht frömmer beten kann, als wie ich die Namen auf
den Spendenlisten lese."[412] Berno wollte wirklich *keinen vergessen*, jedes Engagement und jede Hilfe sollte entsprechend gewürdigt werden.

Neben diesen Aufgaben in Temeswar führte Berno nach wie
vor viele Hilfstransporte aus dem deutschsprachigen Raum
durch, obwohl ihn die langen Fahrten immer mehr Kraft kosteten. Solange es ging, wollte er sich die Transporte nicht nehmen
lassen, die er häufig mit Besuchen in Schulen, Kindergärten und
Kirchengemeinden verknüpfte, um von seiner Arbeit in Rumänien zu berichten und sich für das Engagement der Spender zu
bedanken. Doch mit der Zeit begann sein energiegeladener,
unermüdlicher Lebensstil Spuren zu hinterlassen, mit denen er
sich schließlich auseinandersetzen musste „Nach solchen Fahrten war Pater Berno meistens todmüde, denn sein Körper war
schwächer als sein Wille", erinnerte sich Pater Josef. „In den
nächsten Tagen ging dann fast gar nichts mehr und nicht selten
gab es nach solchen Fahrten auch einen Zusammenbruch, bei
dem er ins Krankenhaus musste."[413]

Das erste Mal passierte so ein Zusammenbruch im Winter
2012/2013, nachdem Berno vom Skifahren mit den Ministranten
aus den Bergen zurückgekommen war. Trotz starkem Nebel und
permanentem Schneefall hatte er sich auf der gesamten Heimfahrt nicht ablösen lassen. Nach der Ankunft half er noch beim
Entladen des Busses, doch als ihn Doina kurz darauf einlud, mit
den neu angekommenen Gästen zu Abend zu essen, winkte er ab.
„Ich bin müde und werde gleich in mein Zimmer gehen und
mich hinlegen", sagte er. Dies war zwar ungewöhnlich für Pater
Berno, der sich sonst gerne zu neuen Gästen setzte, doch Doina
machte sich keine weiteren Gedanken. Erst als Berno sie einige
Zeit später anrief und bat, in sein Zimmer zu kommen, war sie
alarmiert. „Pater Berno saß auf seinem Bett und sagte, dass er
sterben müsse. Aus irgendeinem Grund bekam er keine Luft

mehr und ich habe natürlich sofort den Krankenwagen gerufen, auch wenn er davon nichts wissen wollte.“[414] Der Grund für den Zusammenbruch war pure Erschöpfung. Pater Bernos Herz war mittlerweile ebenfalls geschwächt und konnte mit seinem Tempo nicht mehr so mithalten wie früher.

Doch Aufhören kam für Pater Berno nicht in Frage. Sobald er wieder einigermaßen fit war, setzte er sich in seinen Bus und fuhr los – viele tausend Kilometer. Im Juni berichtete P. Josef im Rundbrief: „Wenn Sie diesen Brief in Händen halten, haben wir ein neues Jubiläum begangen. Der Bus hat mit Pater Berno als Chauffeur eine halbe Million Kilometer zurückgelegt und das nur in einem Zehntel von seinen Lebensjahren.“[415] Neben den Transporten betätigte sich Berno auch weiterhin als Reiseleiter und Fahrer durch seine Wahlheimat. Am Steuer seines Busses fühlte er sich nach wie vor sicher und er liebte es einfach, unterwegs zu sein. Und wenn schon das Gehen mittlerweile sehr mühsam geworden war, wollte er zumindest auf vier Rädern mobil bleiben.

Doch eines Abends passierte etwas, das seine Fahrsicherheit in Frage stellte: Auf dem Rückweg vom Thermalbad in Deutsch-Sankt-Michael musste Pater Berno einer Straßenbahn ausweichen, die er zu spät gesehen hatte, und er fuhr frontal auf einen Pfosten. Seinem Beifahrer Paul aus Meckenbeuren war Gott sei Dank nichts passiert, doch Berno selbst hatte sich bei dem Unfall die Nase gebrochen, die heftig zu bluten begann. Mit dem Rettungswagen wurde er daraufhin ins Krankenhaus gebracht, doch erst gegen 4:00 Uhr morgens kam er schließlich in die Hämophilie, wo er richtig behandelt werden konnte. „Wir mussten zuerst seine Papiere im Kloster holen, die zeigten, dass er Bluter war“, erinnerte sich Herbert Grün, der vom Fahrer des Rettungswagens alarmiert worden war.[416] Am nächsten Morgen gab es natürlich eine Befragung durch die Polizei, die Bernos Führerschein eigentlich einbehalten wollte, bis Herbert Grün intervenierte und schließlich sämtliche Papiere zurückbekam.

Doch Pater Berno wollte seinen Führerschein gar nicht mehr haben! „Ich brauche ihn nicht mehr, denn ich werde ab jetzt nicht mehr Auto fahren", meinte er nur. „Hier hast du ihn trotzdem – bewahre ihn in Ehren auf, wo immer du willst", antwortete Herbert Grün – und drei Tage später saß Berno schon wieder in seinem Bus und fuhr nach Deutschland.[417]

Noch ein weiteres Mal war Bernos Führerschein in Gefahr, auch wenn dieses Mal Gott sei Dank kein Mensch zu Schaden kam. Am frühen Morgen war er vom Kloster mit seinem Bus und Anhänger nach Österreich aufgebrochen, um Kartoffeln für die Suppenküche zu holen. Am Nachmittag erhielt Herbert Grün plötzlich einen Anruf von der Verkehrspolizei, die ihm mitteilte, dass der auf die Caritas zugelassene Bus am Morgen beim Rückwärtsfahren ein Auto gestreift und anschließend Fahrerflucht begangen hätte. Pater Berno hatte von dem Unfall gar nichts mitbekommen, denn er war in Gedanken schon auf der Strecke gewesen. Auch dieses Mal konnte Herbert Grün die Sache mit der Polizei regeln und der Unfallgegner bekam das Geld für den Schaden seines Autos von der Versicherung erstattet. Pater Bernos Kommentar zu der ganzen Geschichte lautete lediglich: „Gut, dass der Mann zur Polizei gegangen ist und es gemeldet hat, damit sein Auto wieder hergerichtet wird."[418]

Obwohl Pater Berno in beiden Situationen noch einmal glimpflich davongekommen war und es am Ende für alle Beteiligten gut ausging, musste er irgendwann zugeben, dass er die vielen langen Fahrten nicht mehr alleine bewältigen konnte. Aus diesem Grund suchte er sich schließlich Begleiter für seine Transporte, doch einen Teil der Strecke wollte er immer noch selbst fahren. „Da konnte er richtig stur sein", erzählte seine Großnichte Gisela. „Einmal war er mit meinem Mann unterwegs und bis Ungarn ist er auch tatsächlich auf dem Beifahrersitz geblieben. Doch dann wollte er unbedingt fahren und Roland hat schließlich nachgegeben. Durch die lange Fahrt war Pater Berno allerdings bereits sehr müde und er ist immer weiter links gefahren und trotzdem sehr schnell. Mein Mann war froh, als er nach einer Weile an einem Parkplatz angehalten hat und sie die Plätze wieder tauschten."[419]

Auch zu Fuß musste Berno lernen, mit Einschränkungen zu leben. Zumindest seine geliebte Wallfahrt nach Maria Radna konnte er bis 2014 noch durchführen, auch wenn die Tagesetappen nur noch zehn bis fünfzehn Kilometer lang waren und er sich zum Übernachten zurück ins Kloster bringen ließ. „Pater Berno ist damals mit dem Rollator gelaufen und wir wären beinahe nicht mitgekommen, so schnell war er unterwegs", erinnert sich Johann Pucher noch lebhaft, der Berno in diesen letzten Jahren immer begleitete.[420] Und auch wenn er wie bei seiner Reise nach Czenstochau den Bus mitnehmen musste, um ohne Gepäck gehen zu können, wollte Berno keinen Kilometer der Strecke auslassen. Es war ihm wichtig, wirklich alle Stationen des Weges mitzunehmen und nicht etwa „abzukürzen", nur weil er körperlich nicht mehr so fit war wie früher. Für das Folgejahr hatte er sich sogar überlegt, die Wallfahrt auf den Eseln der Jugendfarm durchzuführen, „... aber es fand sich dann doch niemand, der sie so dressieren konnte, das man darauf reiten kann", erzählte Marie Pucher lachend.[421]

Weitere Ehrungen und Jubiläen

Bereits im Dezember 2011 hatte Pater Berno eine weitere Auszeichnung erhalten, die ihn anfangs sehr überraschte. Die katholische Männerbewegung Steiermark hatte ihn für den Menschenrechtspreis der Stadt Graz vorgeschlagen und die Jury hatte den Vorschlag einstimmig angenommen. Leider fiel die Verleihung des Preises mit Bernos zweiter Hüftoperation zusammen, so dass er seinen Neffen Markus Müller und seinen Mitbruder P. Josef Wilfing als Stellvertreter zu dem Empfang ins Grazer Rathaus schickte. Persönlich konnte er sich erst im Februar 2012 für die Auszeichnung und die damit verbundene Wertschätzung zu bedanken. Wie bereits bei früheren Ehrungen betonte er: „Der Preis gehört eigentlich denen, die mir ihre Spenden geschenkt haben und das möglich gemacht haben, was da entstand! Auf mich beziehe ich nur das Wort ‚Menschenrecht‘, da ich in diesen 20 Jahren mein Menschsein nicht durch Korruption und Schmieren verkauft habe!"[422]

Außerdem fand 2012 noch ein weiteres Jubiläum von Pater Berno statt: Sein goldenes Priesterjubiläum. 50 Jahre war es nun bereits her, dass er am 1. Juli 1962 in Rom feierlich gelobt hatte, sein Leben in den Dienst von Christus zu stellen, und er hatte sich stets daran gehalten. Auf die Frage seines Großneffen Frederik Scheeff, ob er sich wieder für diesen Weg entscheiden würde, antwortete er „... wie aus der Pistole geschossen: Bei dem was ich erfahren durfte: 100-prozentig ja."[423] Die Stadt Meckenbeuren nahm dieses Ereignis zum Anlass, um Pater Berno nach der Goldenen Ehrennadel nun auch zu ihrem Ehrenbürger zu machen. Am 22. Juni fand im Meckenbeurer Rathaus ein großer Empfang zu Ehren von Pater Berno statt, der allerdings „kein förmlich-steifer Festakt" war, sondern durch Interviews, Bilder und lockere Gespräche „... die tiefe Verbundenheit der Meckenbeurer zur Person Pater Berno wie zu seinen vielfältigen Hilfsaktionen im rumänischen Temeswar" zeigte[424].

Ein weiteres großes Ereignis stand drei Jahre später vor der Tür, als Berno am 15. November 2015 80 Jahre alt wurde. Selbstverständlich sollte dieses Jubiläum gebührend gefeiert werden – und dieses Mal nicht in Meckenbeuren, sondern in Temeswar. Die Pater-Berno-Stiftung hatte den Geburtstag zum Anlass genommen, um ein großes Fest für alle Spender und Unterstützer zu organisieren, das von 13.–15. November stattfinden sollte. Neben den Feierlichkeiten hatten die Spender an diesem Wochenende die Möglichkeit, die Werke zu besuchen und sich bei dieser Gelegenheit selbst ein Bild vor der Arbeit zu machen. Eine Geschenkidee für die Gäste wurde schließlich auch noch gefunden, obwohl P. Josef zuerst zögerte, das Anliegen im Rundbrief zu veröffentlichen: „Das Stiegensteigen ist für Pater Berno inzwischen sehr anstrengend geworden. Sein Anliegen ist daher ein Aufzug, der ihn in den ersten Stock bringen kann. Gleichzeitig ist das auch eine Hilfe für alle anderen Transporte – besonders jene in die Mansarde. Schon bei der ersten Renovierung wurde von Pater Berno alles so eingerichtet, dass ein Einbau möglich ist. Der 80. Geburtstag kann ein Anlass sein, um diese Unternehmung in die Tat umzusetzen. Es wäre allerdings nicht im Sinne von Pater Berno dass dies auf Kosten der Sozialwerke geschieht, also dass statt für das Nachtasyl, usw. nun für den Aufzug gespendet wird."[425]

Auch Herbert Grün hatte sich überlegt, wie er dem genügsamen Pater Berno eine Freude zu seinem Geburtstag machen konnte. Zum 70. Geburtstag hatte er dafür gesorgt, dass Pater Berno zum Ehrenbürger von Temeswar wurde und zehn Jahre später wollte er wieder etwas Besonderes organisieren. Schließlich kam er auf die Idee, über den deutschen Konsul einen Antrag zu stellen, um Pater Berno für seine Leistungen in Rumänien mit dem Bundesverdienstkreuz am Bande zu ehren. Der Konsul unterstützte den Vorschlag und auch in Berlin wurde der Antrag schließlich befürwortet. Nun musste die Auszeichnung nur noch rechtzeitig zu Pater Bernos Geburtstag in Temeswar ankommen. Dazu lies Markus Müller seine Beziehungen in Berlin spielen, so dass die Urkunde und der Verdienstorden tatsächlich in letzter Sekunde beim Konsul eintrafen.

Pater Berno wusste von all diesen Vorbereitungen nichts. Trotzdem stellte er sich auf ein großes Fest anlässlich seines Geburtstags ein und tatsächlich kamen sehr viele Gäste aus nah und fern. Am Samstagabend versammelten sich mehr als 150 Personen im katholischen Lyzeum in der Innenstadt zu einer offiziellen Feier, bei der die Gäste mit Produkten der Jugendfarm bewirtet wurden. Im Rahmen dieses Festaktes überreichte der deutsche Konsul, Herr Rolf Maruhn, Pater Berno dann auch das „Bundesverdienstkreuz am Bande", die höchste Auszeichnung der Bundesrepublik für Privatpersonen. Die Laudatio hielten zwei jüngere Menschen, deren Leben sehr durch Pater Berno geprägt worden war: Sein Neffe Markus Müller und Dominic Samuel Fritz, der Gründer des „Timişoara Gospel Projects" und der heutige Bürgermeister von Temeswar. „Pater Berno zeichnet bei all seinen Erfolgen eine Qualität aus, die unter professionellen Helfern selten ist: Obwohl er in den zweieinhalb Jahrzehnten seiner Arbeit in Rumänien ein weites Netz systematischer, institutioneller Hilfe aufgebaut hat, ist seine persönliche Empathie für die Probleme einzelner Menschen deshalb nie kleiner geworden. Er nimmt immer Anteil und versucht, eine konkrete Lösung zu finden. Dabei ist Pater Berno stets an vorderster Front dabei, nie beschränkt er sich aufs Delegieren. Pater Berno hilft nie von oben herab, sondern immer auf Augenhöhe", sagte Dominic Fritz.[426] Pater Berno war über die Auszeichnung und die damit verbundene Wertschätzung sichtlich gerührt und er unterstrich erneut, dass er all diese Projekte niemals ohne die Hilfe von vielen anderen auf die Beine gestellt haben könnte. „Es gibt viele Menschen, die diese Auszeichnung verdient haben, und ihnen bin ich besonders dankbar", sagte er.[427] Dennoch freute er sich natürlich, dass sein Engagement nun sogar beim deutschen Bundespräsidenten bekannt war – vielleicht würde dies bei der Beschaffung von weiteren Geldern noch einmal nützlich sein.

Auch das anschließende Fest im Kreis seiner Angehörigen und Freunde genoss Pater Berno sehr. „Bei diesem 80. Geburtstag habe ich gemerkt, dass unser Bartonkele nach Rumänien gehört und da unten zu Hause ist", erzählte seine Nichte Monika Scheeff.[428] Neben vielen Reden, dem guten Essen und der Gemeinschaft freute sich Pater Berno besonders über zwei Programmpunkte von Kindern: Zum einen führten die Roma-Kinder aus der Tagesstätte in Periam zwei Folkloretänze auf und zum anderen trugen die Kinder der Kindertagesstätte „Casa

Pater Berno" in Bacova ein Lied vor, das sie extra für ihn umgeschrieben hatten.

Nach einem bunten und langen Abend ging es am nächsten Morgen gleich weiter mit den Feierlichkeiten. Um 10:00 Uhr fand ein Festgottesdienst in der großen Kirche der Salvatorianer statt, bei dem Pater Berno ein zweites Mal geehrt wurde. „Im Namen von Bischof Dr. Martin Roos überreichte ihm der *Generalvikar* Johann Dirschl die „Silberne Gerhardusmedaille" der Diözese Temeswar als Ehrenbezeugung in Dankbarkeit. Auch die Pfarrgemeinde bedankte sich zum Abschluss des Gottesdienstes mit Blumen", berichtete P. Josef.[429] Und dann gab es noch einen besonderen Abschluss des Vormittags: „Mitten in das Orgelspiel zum Anschluss der Messe begann ein Musiker, ein Gospel zu intonieren. Dominik Fritz stimmte den Gesang an. Plötzlich kamen aus den verschiedensten Bereichen der Kirche Sänger, die sich schnell zu einem Chor formten."[430] Eine halbe Stunde lang erklangen verschiedene moderne Gospellieder auf Englisch, Deutsch und Rumänisch durch die vollbesetzte Kirche und besonders Pater Berno genoss diesen Programmpunkt sehr. Während der Chor ein Lied nach dem anderen intonierte, saß er vor den Kirchenbänken auf seinem Stuhl und wippte im Takt der Musik mit. Wenn er die Lieder kannte, sang er selbstverständlich mit und teilweise dirigierte er die Stücke sogar.

Nach dem gelungenen Gottesdienst und dem spontanen Gospelkonzert endete das Festwochenende mit einem Mittagessen im Kloster, bei dem noch einmal etwa 90 Gäste aus Deutschland, Österreich und Rumänien anwesend waren. Man merkte Pater Berno nun an, dass ihn dieses Wochenende trotz aller Freude auch Kraft gekostet hatte. Dennoch war er dankbar, dass ihm so viele Menschen ihre Wertschätzung und Liebe gezeigt hatten und dass sein Engagement, das oftmals ein Kampf gewesen war, so sehr gewürdigt wurde. Auch seine Ordensbrüder brachten dies zum Ausdruck: „Wir freuen uns mit Pater Berno über das schöne Fest und über die zweifache Anerkennung, die ihm, der den Grundsatz ‚*Keiner wird vergessen*' seit 25 Jahren so unermüdlich in Taten der Nächstenliebe umsetzt, absolut gebührt", sagte Bernos früherer Provinzial P. Leonhard Berchtold.[431]

Noch mehr Veränderungen

Leider ging es Pater Berno gesundheitlich nach wie vor nicht gut. Wegen der Niereninsuffizienz musste er bereits seit geraumer Zeit eine strenge Diät halten und im Frühjahr 2016 wurde schließlich die regelmäßige Dialyse unumgänglich. Anfangs sollte Berno deshalb zurück nach Deutschland ziehen, wo eine bessere medizinische Versorgung gewährleistet war als in Rumänien, doch schon bald merkten alle, dass man einen alten Baum nicht mehr versetzen kann. Daraufhin wandte sich Pater Berno an seine sämtlichen Unterstützer: „Liebe Freunde, Bekannte, Verwandte, da mein Zuhause das Kloster in Temeswar ist und mir die Menschen und die Tiere dort sehr fehlen, habe ich beschlossen, dass ich abwechselnd zwei Wochen in Temeswar und zwei Wochen in Deutschland bin. Für die Fahrten bitte ich um freiwillige Fahrer. Die Fahrten von Temeswar aus werden von der Caritas organisiert. Die Fahrten aus Deutschland werden dann immer für den Transport von Gütern benützt."[432] Und tatsächlich fanden sich genügend Fahrer, um Pater Berno alle 14 Tage nach Meckenbeuren und wieder zurück nach Temeswar zu bringen. Natürlich musste gewährleistet sein, dass er auch in Rumänien zur Dialysebehandlung gehen konnte, und das war gar nicht so einfach, weil er in Deutschland versichert war und keinen Anspruch auf eine permanente Dialyse in Rumänien hatte. Doch auch hier half ihm sein Freund Herbert Grün weiter. Und am Ende konnte Pater Berno die Dialyse sogar an dem Gerät durchführen, das er selbst vor etlichen Jahre als Spende nach Timişoara gebracht hatte.

Neben diesen körperlichen Veränderungen musste sich Pater Berno immer wieder von treuen Weggenossen verabschieden.

Doina war bereits im April 2013 zurück nach St. Andres gezogen, weil sie von ihrer Tochter gebraucht wurde. Sie kam zwar weiterhin regelmäßig nach Timişoara, um Übersetzungen zu erledigen und Pater Berno bei seiner Korrespondenz zu helfen, doch natürlich war das anders als zuvor, als sie noch ständig im Kloster gelebt hatte. Besonders am Anfang merkte man, dass die Hausmutter fehlte und die Gästebetreuung nun wieder von den Brüdern übernommen werden musste. Umso dankbarer war die ganze Klostergemeinschaft für das, was Doina geleistet hatte: „Wir schauen auf eine wertvolle Zeit zurück, in der vieles im Haus von ihr getragen wurde", schrieb P. Josef. „Wir wären nicht so gut über die schwierige Zeit der Verletzung von P. Berno gekommen, hätte sie es nicht verstanden, so vieles zu koordinieren und die vielen Kontakte zu halten."[433]

Eine weitere einschneidende Veränderung trat im Oktober 2016 ein: Aus Altersgründen wurde die Schwestergemeinschaft in Timişoara aufgelöst und die vier verbliebenen Salvatorianerinnen zogen wieder in ihre Heimat zurück. Besonders mit Sr. Rosa und Sr. Bernadette hatte Pater Berno eine 20 Jahre lange Weggemeinschaft verbunden, in der sie vieles durchlitten und erreicht hatten. Deshalb fiel der Abschied weder ihm noch den Schwestern leicht: „Vieles ist gewachsen in diesen 20 Jahren", schrieb Sr. Rosa im Rundbrief. „Ich habe viel Schönes, aber auch Schweres erlebt. Auf alles schaue ich mit großer Dankbarkeit zurück. Es waren Jahre der Bereicherung und des Wachsens. Ich möchte allen ein herzliches Vergelt`s Gott sagen, die uns in diesen 20 Jahren unterstützt haben, sei es finanziell oder mit Sachen, mit denen wir den Menschen hier helfen konnten. Auch für das Gebet und Wohlwollen, das wir immer wieder gespürt haben."[434]

Und so war die kleine Gemeinschaft in Temeswar nach vielen Jahren wieder zu einer reinen Männerwirtschaft geworden, obwohl natürlich weiterhin auch Frauen im Kloster arbeiteten.

Neben P. Pişti und Br. Sorin war im September 2016 auch P. Martin Gal wieder zurück nach Timişoara gekommen. In all den Jahren seines Studiums hatte er den Kontakt zu Berno nie ganz verloren und er schätzte ihn nach wie vor sehr. „Er war für mich wie ein Großvater – einer der fünf wichtigsten Menschen in meinem Leben. Was ich als Salvatorianer bin, verdanke ich ihm", erklärte P. Martin.[435] Allerdings merkte er auch, dass es nicht mehr so leicht wie früher war, mit Berno auszukommen. Besonders seine „Bedürfnislosigkeit" und sein stures Festhalten an den „alten Wegen" führten zu so mancher Auseinandersetzung zwischen Berno und seine jüngeren Mitbrüdern. „Einmal habe ich vormittags das Unkraut im Klosterhof herausgerissen, das bereits einen halben Meter hoch gewachsen war. Dann bin ich zum Mittagessen gegangen und als ich wiederkam, war Berno gerade dabei, das Unkraut wieder einzupflanzen!", erzählte P. Martin. „Ich habe gefragt: ‚Was machst du denn da? Das ist doch Unkraut' und er hat nur gesagt: ‚Nein, hier soll es grün sein, das muss hier wachsen!' In solchen Situationen habe ich ihn dann einfach gelassen."[436]

Immer wieder musste P. Josef mit großer Diplomatie vermitteln, wenn sich Berno stur gegen Änderungen wie den Einbau eines Beamers im großen Saal stellte. „Pater Josef war immer bemüht, sich mit Berno abzustimmen und er wollte nichts gegen seinen Willen tun, weil er begriffen hatte, dass Berno diese Dinge mit viel Mühe und Not aufgebaut hat", erinnerte sich Sr. Rosa. „Trotzdem war Pater Berno manchmal schon eine Bremse für die Weiterentwicklung."[437] Ein Beispiel dafür war die Installation der Solaranlage im Vorgarten des Klosters. Pater Berno hatte dies bereits seit vielen Jahren geplant, um die Warmwasserkosten zu senken, doch beim Aufbau stellte man fest, dass es nicht so funktionierte, wie Berno gedacht hatte. „Das hat ihn wütend gemacht, aber er hat stur an seinem Plan festgehalten und wollte ihn nicht ändern. Und auch wenn ich nichts gegen seinen Willen gemacht habe, habe ich auch nicht gegen meine

Überzeugung gehandelt", meinte P. Josef.[438] Und so blieb die Sache erst einmal liegen, bis am Schluss Herbert Grün ins Boot geholt wurde, der Berno davon überzeugen konnte, seine Haltung zu ändern. „Ich bin einer der Wenigen, die nie eine Auseinandersetzung mit Pater Berno gehabt hat", erzählte Herr Grün. „Deshalb hörte er in solchen Situation vielleicht auch auf mich."[439]

Obwohl diese Meinungsverschiedenheiten für die Klostergemeinschaft manchmal sehr anstrengend waren, wurde Berno von seinen Mitbrüdern sehr geschätzt und gemocht und sie bewunderten all das, was er geleistet hatte – und immer noch tat. „Er wollte einfach nicht aufgeben!", berichtete P. Niki. „Im Sommer 2017 wollte er unbedingt noch Weintrauben lesen, obwohl man ihm deutlich ansah, dass er große Schmerzen hatte. Die Leute haben sich immer gewundert, was er noch alles macht, obwohl er es eigentlich nicht mehr konnte. Er konnte nicht mehr so gut reden, aber er hat es trotzdem versucht; er konnte nicht mehr lange stehen, aber einen Stuhl wollte er im Gottesdienst nicht haben."[440] Und wenn das Stehen gar nicht mehr möglich war, kniete sich Pater Berno einfach hin und arbeitete in dieser Haltung weiter. Sehr oft entdeckten ihn seine Mitbrüder, wie er irgendwo im Haus oder Hof kniete und etwas tat, das auch gut ein anderer machen könnte.

Dennoch musste Pater Berno zusehen, wie ihm eine Leidenschaft nach der anderen genommen wurde – wie zum Beispiel das Autofahren. Auch wenn er die Transporte seit einigen Jahren aufgegeben hatte, wollte er zumindest in der näheren Umgebung lange Zeit nicht aufs Autofahren verzichten. „Wenn er im letzten Jahr in Meckenbeuren war, ist er immer nach Bad Waldsee in die Therme gefahren und hinterher bei mir vorbeigekommen", erzählte seine Nichte Monika. „Immerhin ist er damals nicht mehr nachts gefahren, aber dennoch fühlte er sich in seinem Auto nach wie vor sicher. Ich habe trotzdem immer gehofft, dass nichts passiert, und wenn doch, dass er keine Schuld hat und niemand anderes beteiligt ist."[441] Auch in Temeswar fuhr er fast bis zuletzt mit seinem Bus durch die Gegend, denn er wollte niemand anders ans Steuer lassen. „Am Schluss war es sehr kritisch und ich wollte nicht mehr mit ihm fahren, denn ich fand das lebensgefährlich", meinte P. Martin.[442] Erst ein Machtwort von seiner Schwester Marieluise, die genauso stur sein konnte wie Berno, brachte ihn schließlich im Frühjahr 2017 dazu, das Autofahren schweren Herzens aufzugeben.

Auch zu Fuß kam Pater Berno immer beschwerlicher voran und am Schluss musste er wegen seines geschwächten Herzens manchmal sogar einen Rollstuhl benutzen, auch wenn ihm das gar nicht passte. Wann immer es möglich war, nahm er lieber den Rollator zur Hilfe, und er ging damit teilweise sogar noch in die Innenstadt, die immerhin etwa 15 Gehminuten vom Kloster entfernt ist. Den Aufzug, der mittlerweile im Kloster eingebaut worden war, benutzte er nur selten, weil er sich möglichst lange fithalten wollte. Und deshalb schleppte sich Pater Berno Stufe für Stufe in den zweiten Stock zu seinem Zimmer hinauf, obwohl der Aufzug ihn im Rollstuhl mühelos nach oben gebracht hätte. Diese Sturheit und Härte, die er dabei an den Tag legte, war für seine Mitbrüder manchmal nur schwer zu ertragen. „Aber machen konnte man nichts!", sagte P. Nikolaus.[443]

Eine andere Veränderung, die Pater Berno mindestens genauso schwer fiel wie der Verlust seiner Mobilität war der Verlust seiner Singstimme. Durch die Herzschwäche bekam er immer weniger Luft, bis er schließlich fast gar nicht mehr singen konnte. „Da hat sich sein Gebetsleben noch einmal verändert", erzählte P. Josef. „Aber beklagt hat er sich trotzdem nie. Er hat mir zwar manchmal erzählt, wie schwer das für ihn ist, aber das war eher eine Mitteilung, nie eine Klage oder Beschwerde."[444] „So langsam wurde ihm alles weggenommen", meinte Sr. Rosa. „Die Redegewandtheit und das Predigen, das Gehen, die Arbeit, dann das Singen, das Gitarrespielen. So wie eine Kerze hat er sich verbrannt. Das war eine große Charakterschule für ihn."[445] Geholfen hatten Pater Berno bei diesem Prozess des Loslassens vor allem seine langen Gebetszeiten in der Kapelle. „Er konnte manchmal stundenlang dort sein", erinnerte sich P. Josef. „Er hat dann aber nicht nur für sich gebetet, sondern vor allem für seine Spender."[446] Und irgendwann merkten seine Mitbrüder, dass Berno mit sich selbst, seinem abbauenden Körper und mit Gott ins Reine gekommen war. „Am Schluss war er sehr demütig und dankbar für alles", erzählte Sr. Rosa.[447]

Im Sommer 2017 war schließlich ein Punkt erreicht, an dem seine Familie feststellte, dass Bernos Weg auf dieser Erde vielleicht bald zu Ende gehen würde. „S'Bartonkele wusste schon vorher, dass er stirbt", meinte sein Neffe Wilfried Müller.[448] Als Berno wieder einmal für zwei Wochen in Meckenbeuren war, saß er gemeinsam mit seiner Familie beim Abendessen bei seiner Schwester Berta, als er plötzlich zu Wilfried sagte: „„Du musst für mich etwas machen. Du musst mir einen Sarg machen." Dann stand er auf und ging hinüber in sein früheres Elternhaus, zog sein Messgewand an und legte sich im Wohnzimmer seiner Schwester auf den Boden, damit Wilfried „ihn vermessen konnte". Berno wollte immer noch unbedingt in der Gruft der Salvatorianer in Temeswar begraben werden, und beim Tod von Br. Bruno hatte er ja festgestellt, dass dort nicht mehr genug Platz für einen „normalen Sarg" war.

Zuerst war Wilfried über die ungewöhnliche Bitte überrascht, denn auch wenn es ihrem Bartonkele schlechter ging, hatte sich bisher niemand Gedanken darüber gemacht, dass er tatsächlich sterben könnte. Trotzdem ging Wilfried in seinem Urlaub im August auf seinen früheren Chef zu und fragte, ob er in dessen Werkstatt einen Sarg machen dürfte, fürs Bartonkele. Als Pater Berno das nächste Mal in Meckenbeuren war, stand der Sarg fertig im Büro bei seiner Schwester – „... und dann ist s'Bartonkele natürlich erst mal Probegelegen!"[449] So war Pater Berno – das Sterben gehörte ganz selbstverständlich zum Leben dazu – und zum Sterben brauchte man nun mal einen passenden Sarg – fertig. Als seine Großnichten und -neffen ihn beim Probeliegen beobachteten, fragten sie: „Bartonkele, dürfen wir dir auch was auf deinen Sarg schreiben oder malen?"[450] Diese Idee gefiel Pater Berno und so kam es, dass er am Ende in einem bunt bemalten Sarg mit vielen Hunden, Katzen, Hühnern, Schweinen, Schafen und anderen Tieren beerdigt wurde. Der Sargdeckel wurde erst nach seinem Tod beim Familientreffen in Warth fertiggestellt – sozusagen in letzter Minute. „Auf den Deckel malen wir den Lebensweg, den s'Bartonkele gegangen ist, all seine Stationen und Pilgerorte", meinte sein Neffe Markus Müller.[451] Und so wurde es gemacht.

Ein ausgefülltes Leben bis zum Schluss

Anfang September schien der Zeitpunkt tatsächlich gekommen zu sein, dass Pater Bernos letzte Tage angebrochen waren. Schon seit längerem hatte er starke Schmerzen am ganzen Körper und besonders im Rücken, auch wenn er darüber fast nie sprach. Das selbständige Atmen fiel ihm immer schwerer, so dass er zusätzlichen Sauerstoff brauchte, und als Doina ihn eines Tages besuchte, stellte sie fest, dass es ihm noch schlechter ging als sonst. „Er konnte nicht einmal mehr trinken. Da habe ich P. Josef gerufen und gemeinsam haben wir versucht, ihn zu überreden, ins Krankenhaus zu gehen."[452] Doch Berno blieb stur – er wollte auf keinen Fall ins Krankenhaus! Er wollte die starken Schmerzen, die er hatte, unbedingt ertragen.

Nach einigem Hin und Her rief P. Josef schließlich Frau Dr. Serban an, um die Situation besser beurteilen zu können. Als Frau Dr. Serban Pater Berno sah, war sie erschrocken: „Er muss unbedingt sofort ins Krankenhaus – hier wird er sterben. Sein Zustand muss richtig diagnostiziert und behandelt werden!"[453] Pater Berno hatte bei diesem Gespräch zugehört und wehrte sich weiterhin entschieden gegen eine Einlieferung in die Klinik: „Ich muss diese Schmerzen tragen!", versuchte er immer wieder zu sagen. Doch Doina, P. Josef und Frau Dr. Serban überstimmten ihn. Sie brachten ihn in die Notaufnahme, wo ein Schockzustand aufgrund der fortschreitenden Herz- und Nierenerkrankung diagnostiziert wurde, der sofort mit Infusionen behandelt werden musste. Doch Pater Berno wollte auf keinen Fall im Krankenhaus bleiben – und so brachten ihn seine Begleiter schließlich ins Hospiz der Franziskanerinnen, das er selbst mit ins Leben gerufen hatte.

Als Berno am nächsten Morgen im Hospiz aufwachte, war er immer noch wütend. Er rief Doina an und meinte: „Ich will in die Kapelle! Ich muss diese Schmerzen für meinen Großneffen tragen, dem es sehr schlecht geht!"[454] Auch Herbert Grün, der kurz darauf zu Besuch kam, konnte ihn nicht beruhigen. Daraufhin verständigte Herr Grün den Arzt des Hospizes, der Pater Berno zu erklären versuchte, dass er im Bett bleiben musste, weil er unbedingt Infusionen brauchte. Doch Pater Berno wollte diese Infusionen gar nicht! Er war bereit zu sterben und empfand die gutgemeinte Hilfe seiner Freunde als Einmischung, die ihn sehr aufregte. Letzten Endes brachte ihn Herbert Grün in die Kapelle des Hospizes – doch auch das beruhigte Berno nicht: „Ich will in MEINE Kapelle! Nicht in diese Kapelle!" Herbert Grün wollte ihn überzeugen, dass er im Hospiz bleiben musste, doch da sagte Berno plötzlich: „Herbert, ich werde dir helfen, egal wo ich bin – auch wenn ich sterben sollte. Bring mich in meine Kapelle."[455] Und damit waren alle Argumente vom Tisch und Herr Grün wusste, dass er Berno seinen Willen lassen musste. Die Franziskanerinnen erklärten sich bereit, ambulant für Pater Berno zu sorgen und im Laufe der nächsten Tage ging es ihm auf wundersame Weise wieder besser. Auf Doina war er allerdings immer noch wütend: „Er machte mich dafür verantwortlich, dass er ins Krankenhaus gekommen ist und sprach deshalb einen ganzen Tag lang nicht mehr mit mir. Er hat wirklich für seinen Großneffen sterben wollen, damit dieser wieder gesund wird, und er dachte, ich hätte dies verhindert."[456]

In den folgenden Wochen standen in der Klostergemeinschaft einige wichtige Ereignisse an, die aufgrund eines Besuchs des Generaloberen P. Milton Zonta zusammengelegt worden waren. Am 15. September sollte Bruder Sorin seine ewige Profess ablegen und zwei Tage später sollte P. Istvan die Leitung der Pfarrei in der Elisabethstadt von P. Nikolaus übernehmen. Zwischen diesen beiden Terminen fand die jährliche Sitzung des Stiftungsrates der Pater-Berno-Stiftung im Kloster statt, und außerdem stand noch die Einweihung eines zweiten Altenpflegeheimes in Bacova auf dem Programm. Die 14 Plätze in der „Casa Ioan" waren ständig belegt und als vor drei Jahren die Nudelfabrik in Bacova ihren Betrieb eingestellt hatte, war Herbert Grün der Gedanke gekommen, dort ein zweites Pflegeheim einzurichten. Den letztendlichen Ausschlag für das neue Projekt hatte Br. Franz Brugger gegeben, der Anfang 2014 auf Pater Berno und Herbert Grün zugekommen war, weil er Geld geerbt hatte, das er gerne in Rumänien investieren wollte. Leider verstarb Br. Franz wenige Monate später, so dass er die Eröffnung des Altenheims, das ihm zu Ehren „Casa Sf. Fransisc" (also „Haus Hl. Franziskus") getauft wurde, nicht mehr miterleben konnte.

Pater Berno wollte natürlich an den Feierlichkeiten im Kloster und besonders an der Einweihung des Altenheimes in Bacova gerne teilnehmen, auch wenn es ihm an diesem Wochenende sehr schlecht ging und er den Rollstuhl in den letzten Tagen nur selten verlassen hatte. Trotzdem machte sich seine Nichte Monika, die wegen der Stiftungsratssitzung in Timișoara war, nach dem Mittagessen mit ihm, ihrem Sohn, dessen Freundin und Doina auf den Weg nach Bacova. „Es war an diesem 16. September noch mal richtig heiß mit fast 30 Grad. Als ich im Auto nach hinten zum Bartonkele schaute, saß er ganz schief auf seinem Sitz und ich dachte, wenn er nicht angeschnallt wäre, würde er wahrscheinlich von der Bank rutschen", erinnerte sich Monika. „Ich habe schon befürchtet, dass er uns auf der Fahrt nach Bacova stirbt, aber was sollten wir machen? Er wollte ja auf jeden Fall hin."[457]

Doch als die kleine Gruppe in Bacova ankam, ging plötzlich eine Veränderung in Pater Berno vor. Als er dort in seinem Rollstuhl saß und die Leute auf ihn zukamen und mit ihm sprachen, ging es ihm deutlich besser, und besonders die Kinder der Tagesstätte begrüßte er sehr herzlich. Nach der offiziellen Einweihung des Altenpflegeheimes hatte Herbert Grün noch eine besondere Überraschung für Pater Berno vorbereitet. Weil er in Bacova so viel Gutes getan hatte, ernannte ihn nun auch die Stadt Buziaş, zu der Bacova gehörte, zu ihrem Ehrenbürger. Natürlich freute sich Pater Berno sehr über diese Auszeichnung, und als die Kinder der Tagesstätte dann noch ein selbstgedichtetes Lied für ihn sangen, war er wieder ganz in seinem Element. Er genoss die Darbietung voller Freude und dirigierte sogar von seinem Rollstuhl aus mit. Niemand hätte geglaubt, dass seine Begleiter vor zwei Stunden noch befürchtet hatten, dass er auf der Fahrt nach Bacova sterben könnte. „Ich habe damals gedacht: Der braucht keinen Sauerstoff, der braucht ein bisschen Halligalli", kommentierte seine Nichte den plötzlichen Wandel.[458]

Den Gottesdienst mit der Pfarreiübergabe am nächsten Morgen konnte Pater Berno dann allerdings nicht mitmachen, denn der Nachmittag in Bacova hatte ihn doch sehr erschöpft. Außerdem sollte er noch am selben Tag nach Deutschland aufbrechen, um sich dort einer weiteren Operation zu unterziehen. Am Morgen hatten Monika und ihr Bruder Markus noch überlegt, ob es nicht besser sei, wenn ihr Onkel mit dem Flugzeug nach Deutschland reisen würde, doch Berno weigerte sich vehement dagegen. Er vertraute seinem Fahrer Grigore und glaubte, dass die Fahrt schon gutgehen würde, auch wenn seine Familie Zweifel hatte. Vor der Abfahrt kam es noch einmal zu Aufregungen: Aus Unachtsamkeit hatte Pater Berno seine Sauerstoffflaschen umgestoßen und dabei war der Hahn beschädigt worden. Weil er für die Fahrt jedoch unbedingt Sauerstoff brauchte, musste schnell improvisiert werden, was in Rumänien an der Tagesordnung stand – und so fand man auch dieses Mal eine Lösung, um die Flaschen wieder abzudichten. Als Berno bereits abfahrbereit im Auto lag, kam Sr. Rosa, die ebenfalls wegen der Stiftungssitzung in Temeswar war, noch einmal in den Hof, um sich von ihm zu verabschieden. Als sie kurz darauf wieder in die Küche zurückkehrte, sagte sie zu den anderen: „Ich glaube, ich werde Pater Berno nicht mehr sehen. Ich habe mich gerade für immer von ihm verabschiedet."[459] Doch Gott sei Dank verlief die Fahrt nach Deutschland reibungslos und Grigore war sehr froh, als er Pater Berno wohlbehalten bei seiner Schwester Marieluise abgeliefert hatte.

In Meckenbeuren konnte sich Berno zuerst einmal von den Strapazen der letzten Woche erholen, bevor er am Montag darauf zur Operation in die Oberschwabenklinik in Ravensburg eingeliefert wurde. Die Operation fand wie geplant am Vormittag des 26. September statt und verlief reibungslos. Bereits wenige Stunden später war Pater Berno wieder wach und es ging ihm deutlich besser als zuvor. „Ich war nachmittags bei ihm und er war auf und hat gelacht. Da hab ich gesagt, du bist ja gut beieinander und er meinte nur: Ja, mir tut nichts mehr weh und ich habe auch nicht geblutet!", erzählte Marieluise.[460] Weil Berno in den Nächten zuvor sehr unruhig gewesen war und oft nicht vor halb zwei Uhr einschlafen konnte, warnte Marieluise seinen Bettnachbarn, dass dies auch in der kommenden Nacht passieren könnte. „Ich sagte, er solle die Schwester rufen, wenn etwas ist. In der Nacht merkte er tatsächlich, dass Rudolf an seiner Decke zupfte und er fragte ihn noch, was los sei, doch es kam keine Reaktion. Daraufhin klingelte er den Schwestern und es kamen auch sofort Ärzte und Schwestern, doch Rudolf war bereits eingeschlafen. Er lag ganz ruhig in seinem Bett und hatte kein verbittertes Gesicht wie manch anderer", berichtete Marieluise[461].

Unmittelbar nach der Operation hatte sich Pater Berno nach seinem Großneffen Philipp erkundigt, der in derselben Klinik auf der Intensivstation lag und dem es immer noch sehr schlecht ging. Wie vor einigen Wochen in Temeswar hatte Berno gegenüber seiner Schwester erneut erwähnt, dass er sehr gerne für Philipp sterben wollte, und nach der Operation meinte er: „Morgen früh stehe ich auf und besuche als erstes den Philipp."[462] Doch nun war es anders gekommen. Trotzdem fragt sich die Familie manchmal, ob es nicht doch einen Zusammenhang zwischen Bernos unerwartetem Tod und Philipps Gesundheitszustand gab, denn wenige Tage später ging es ihm plötzlich sehr viel besser und er wurde in das Zimmer direkt neben dem von Pater Berno verlegt. „Als ich in Rumänien war, habe ich s'Bartonkele zusammen mit Doina beim Frühstück getroffen", erzählte Philipps Mutter Monika. „Als er mich erkannte, hat er gleich nach Philipp gefragt und dann sind ihm schon die Tränen heruntergelaufen. Doina sagte damals: Er übernimmt Philipps Schmerzen. Ich dachte noch, das ist doch Blödsinn, aber später musste ich oft daran denken. Vielleicht ist s'Bartonkele ja tatsächlich für Philipp gestorben."[463]

Trauerfeiern und Beisetzung

Letztendlich wusste keiner, warum Pater Berno nach der geglückten Operation am Abend des 26. September tatsächlich gestorben war, obwohl es ihm offensichtlich besser ging. Sein Herz hatte einfach aufgehört zu schlagen. Doch dass er ein erfülltes und reiches Leben gehabt hatte, daran bestand kein Zweifel. „Er hat niemals aufgegeben, auch wenn er starke Schmerzen hatte", berichtete Doina. „Wenn er gut gelaunt war, hat er immer gesagt, er möchte gerne dreimal das Alter von Jesus erreichen. Trotzdem muss er geahnt haben, dass er sterben wird."[464] Pater Berno war aufs Sterben vorbereitet und der Tod war für ihn immer ein Teil des Lebens gewesen, das in Gottes Hand lag. Wenn jemand in den letzten Jahren zu ihm gesagt hatte: „Berno, du darfst nicht sterben, wir brauchen dich noch!", war er jedes Mal wütend geworden. Aufgebracht hatte er geantwortet: „Das weiß der Herrgott schon selbst, wen er hier braucht und wen nicht!"[465] Er hatte keine Angst vor dem Tod, „... denn er wusste, was danach kam. Das war für ihn mehr als Glauben oder Hoffen – es war Gewissheit", erzählte Winfried Kuhn.[466] Für die Hinterbliebenen war sein Tod natürlich trotzdem ein Schock, denn obwohl er seit Jahren körperlich abgebaut hatte und zuletzt sehr krank war, hatte fast keiner damit gerechnet, dass er tatsächlich sterben würde. „Wir dachten alle, dass er wieder nach Temeswar kommt", erzählte Pater Martin. „Obwohl er krank war, haben wir immer gehofft, dass es ihm wieder besser geht. Wir haben gedacht, dass er mindestens 85 wird, mindestens!"[467]

Seit Jahren hatte Pater Berno immer betont, dass er gerne in Temeswar beerdigt werden wollte, und seine Geschwister waren sich einig: „Das war sein letzter Wille und das bezahlen wir als Geschwister. Dafür muss der Orden nicht aufkommen."[468] Trotzdem sollte in Meckenbeuren eine Trauerfeier stattfinden, damit sich alle Familienmitglieder, Freunde und Gemeindemitglieder von ihm verabschieden konnten. Der Gottesdienst wurde auf den 3. Oktober festgesetzt und die katholische Kirche St. Maria in Meckenbeuren füllte sich sehr schnell mit etlichen hundert Personen, die Pater Berno die letzte Ehre erweisen wollten. Besondere Aufmerksamkeit zog selbstverständlich der selbst gezimmerte Sarg mit den bunten Bildern und den vielen Tiermotiven auf sich. Alle waren sich einig, dass dieser Sarg den Verstorbenen großartig repräsentierte und die Bilder seiner Lebensstationen auf dem Deckel ergänzten die bunten Tiere perfekt. Neben dem Sarg stand ein kleiner Tisch mit einem Foto von Pater Berno, dem Bundesverdienstkreuz sowie seiner geliebten Gitarre, die ihn sein ganzes Leben lang begleitet hatte. Sehr passend dazu war die bunte Dekoration mit vielen Blumen und Früchten, die vom Erntedankfest am vorherigen Sonntag stammte. Auch sie passte sehr gut zu Pater Bernos Wesen und den vielen Früchten, die er in seinem Leben hervorgebracht hatte.

Den Trauergottesdienst hielten der Meckenbeurer Pfarrer Josef Scherer und der deutsche Provinzial P. Hubert Veeser, die beide eine langjährige Beziehung zu Pater Berno gehabt hatten. Außerdem waren sehr viele Mitbrüder von Berno gekommen. „Allein 22 *Konzelebranten*, darunter zahlreiche Ordensbrüder, reihten sich mit Provinzial Hubert Veeser zur Eucharistiefeier um den Altar."[469] Auch viele ehemalige und aktuelle Ministranten nahmen an dem Gottesdienst teil, so dass selbst der Chorraum der Kirche voll mit Menschen war. Alle wollten diesen letzten Weg mit Pater Berno gehen und dadurch zum Ausdruck bringen, wie sehr sie ihn als Person, aber auch seine Werke geschätzt hatten. Passend dazu war die Lesung aus Offenbarung 14,13: **„Selig die Toten, die im Herrn sterben, von jetzt an; ja, spricht der Geist, sie sollen ausruhen von ihren Mühen; denn ihre Werke begleiten sie."**[470] Mühen hatte Pater Berno in seinem Leben viele gehabt – aber auch viele Werke. Wie schön war der Gedanke, dass ihn diese Werke auf seinem ewigen Weg begleiten würden – und sehr wahrscheinlich galt das auch umgekehrt: Pater Berno würde seine Werke in Rumänien vom Himmel aus ganz bestimmt weiter begleiten, so wie er es Herbert Grün versprochen hatte.

In der Predigt ging P. Hubert Veeser auf die verschiedenen Stationen und die vielen Kilometer ein, die Berno in seinem Leben zurückgelegt hatte – zu Fuß auf seinen Pilgerreisen, als Volksmissionar quer durch Süddeutschland und Österreich und von Rumänien aus auf Hilfstransporten mit seinen diversen Bussen. Er erwähnte Bernos umfangreiches „Netzwerk der Hilfe und Nächstenliebe" und forderte die Anwesenden auf, „... das Lebenswerk von Pater Berno auch nach seinem Tod zu erhalten und fortzuführen und so den Menschen in Temeswar weiter treu und verbunden zu bleiben."[471] Gleichzeitig dankte er den Meckenbeurern und besonders Pater Bernos Familie für die Hilfe und Unterstützung, die sie ihm in all den Jahren erwiesen hatten. Neben Temeswar war Meckenbeuren stets seine Heimat geblieben, auch wenn er selbst dort gar nicht viele Jahre gelebt hatte. In den Nachrufen betonten der Bürgermeister Andreas Schmid und der zweite Vorsitzende des Kirchengemeinderats Wolfgang Ilg, wie sehr sie Pater Berno geschätzt hatten und dass er als Person unvergessen bleiben würde. „Sein Tod reißt natürlich eine große Lücke in Timişoara", betonte Andreas Schmid, „genau deshalb war es ihm so wichtig, dass die Arbeit durch die Pater-Berno-Stiftung gesichert ist."[472]

Direkt im Anschluss an den Gottesdienst wurde der Leichnam nach Timişoara überführt, wo am Samstag darauf die Beisetzung stattfinden sollte. Auch dort kamen sehr viele Menschen zu der Trauerfeier und zum anschließenden Begräbnis. „Viele Spender, ehemalige Freiwillige, Verwandte, Freunde, Mitbrüder aus Deutschland und Österreich und auch fast alle Priester aus der Diözese waren gekommen, denn Berno hat nicht nur in unserer Pfarrei sehr viel Gutes getan, sondern auch vielen Priestern rund um Temeswar geholfen", berichtete P. Martin.[473] Sogar der deutsche Konsul und die Leiterin des Sozialamts der Stadt Timişoara waren anwesend – und natürlich viele Gemeindemitglieder, Bewohner des Nachtasyls und andere Personen, denen Pater Berno geholfen hatte. Alle saßen nebeneinander, vereint in ihrer Trauer über den Verlust von Pater Berno und gleichzeitig voller Dankbarkeit darüber, dass sie ihm begegnet waren. „Es war für mich eine große Ehre, ihn gekannt zu haben", sagte Frau Dr. Serban. „Und es war richtig, dass er hier beerdigt wurde, denn er hat sich als Temeswarer gefühlt und wollte auch hier begraben werden."[474]

Die Messe in Timişoara wurde von Bischof Martin Roos geleitet, der viele Jahre mit Berno zusammengearbeitet hatte. Er betonte gleich in seinen Eröffnungsworten: „Mit Dankbarkeit nehmen wir Abschied von Pater Berno, der in der Diözese segensreich gewirkt hat. Unser Gebet lautet daher: Er möge im Frieden des Herrn Ruhe finden. Ein unruhiger Geist, der immer das Wohl des Nächsten gesucht hat und mit Entschiedenheit das auch verwirklicht hat, soweit es in seiner Kraft stand. Deswegen gebührt ihm Anerkennung und Dank. Er war für uns alle ein Vorbild – im Glauben und in der Tat."[475] Weil die Gemeinde in der Elisabethstadt dreisprachig war, sprach der Bischof diese Eröffnungsworte sowohl in Deutsch als auch in Ungarisch und Rumänisch, damit alle Anwesenden sie verstehen konnten. Auch andere Teile der Messe wurden mehrsprachig vorgetragen oder übersetzt. So war die Lesung zum Beispiel auf Rumänisch, während das Evangelium aus Johannes 14,1–6 von *Diakon* Johann Pucher auf Deutsch gesungen wurde.

Die Predigt hielt auch dieses Mal P. Hubert Veeser und die Übersetzung wurde für die rumänischen Trauergäste an die Wand projiziert. P. Hubert ging erneut auf die vielen Kilometer ein, die Pater Berno in seinem Leben zurückgelegt hatte. Er verglich sein Leben mit einem Pilgerweg, auf dem er sich stets auf Christus ausgerichtet hatte – so wie es im Evangelium hieß: „Ich bin der Weg, die Wahrheit und das Leben." Dieser Weg, der viel Begeisterung und Enthusiasmus, aber auch viele Mühen und Anstrengungen mit sich gebracht hatte, war nun zu Ende gegangen. „Pater Berno ist die letzte Etappe seines Pilgerweges gegangen und er ist sie sehr bewusst und entschieden gegangen. Man könnte sagen, seine Kräfte waren aufgezehrt. Sein allerletztes Ziel hatte er schon in Blickweite."[476] An dieser Stelle erwähnte P. Hubert auch den ungewöhnlichen Sarg, den sich Pater Berno extra anfertigen ließ. „Der Sarg war nach hebräischer Sitte gemacht, ein Holzkasten ohne Verarbeitung – sehr passend für Pater Berno", meinte Frau Dr. Serban.[477] P. Hubert beendete seine Predigt mit den Worten: „Es ist jetzt gut so. Ich vertraue ganz fest darauf, dass Pater Berno jetzt angekommen ist. Er ist daheim bei seinem Vater im Himmel, an dem Ort, an den er hoffnungsfroh geglaubt hat und den er sein Leben lang verkündet hat."[478]

Nach der Eucharistiefeier, die ebenfalls mehrsprachig zeleb-riert wurde, folgten Ansprachen vom österreichischen Provin-zial P. Josef Wonisch und von Bernos Neffe Markus Müller. „Die Mission des Heilands war deine Leidenschaft. Das hast du für mich auf vielfältigste Weise gelebt – das ist durch dich sichtbar und spürbar geworden, hat Hand und Fuß bekommen", sagte P. Josef Wonisch. „Und deine Leidenschaft hat viele – gerade auch junge Menschen hier und dort – begeistert und motiviert, ja auch inspiriert und angesteckt bis heute. Lieber Pater Berno, für dein ganzes wunderbares Lebenszeugnis möchte ich dir im Namen der österreichischen Pro-Provinz der Salvatorianer aus ganzem Herzen danken und ein aufrichtiges, herzliches, ewiges Vergelt's Gott sagen."[479] Markus Müller betonte vor allem, was für ein Privileg es war, Pater Berno von klein auf gekannt zu haben. „Du hast uns gezeigt, dass der Glaube an Gott den Men-schen Freiheit, Unabhängigkeit und Mut gibt und sie von Angst befreit. Und du hast uns gezeigt, was man mit einer unglaubli-chen Begeisterung alles machen kann und dass so eine Freude über das Leben sehr ansteckend ist. Das hat unser aller Leben viel, viel reicher gemacht, denn ohne dich wären wir uns nicht begegnet. Die Tatsache, dass du hier begraben wirst, ist das Zei-chen, dass wir immer miteinander verbunden bleiben. Und wie Pater Hubert gesagt hat: Die Stiftung, die deinen Namen trägt, werden wir weiterführen und uns ihr verpflichtet fühlen. Wir nehmen sie heute als dein Erbe mit und ich weiß, dass du auch kräftig mit dabei sein wirst."[480]

Nach der Messe machte sich die Trauergemeinde zu Fuß auf den Weg zum etwa fünfzehn Minuten entfernten Friedhof, auf dem die Gruft der Salvatorianer stand. Der Sarg wurde von den Mitbrüdern in einem Auto transportiert, das in den Trauerzug eingereiht wurde. Auf dem Friedhof übernahm P. Josef Wilfing als Superior der Niederlassung Timişoara die Leitung der Beer-digung, und die Gebete wurden wie in der Kirche auf Deutsch und Rumänisch gesprochen. Anschließend wurde der Sarg in die

Gruft hinabgelassen und bevor diese endgültig zugemauert wurde, legte P. Josef Wilfing noch ein Bild auf den Sarg, das Frau Elbert von der Kinderhilfe Oberursel gemalt hatte. Eigentlich war das Bild für die Kindertagesstätte in Bacova bestimmt gewesen, doch Berno hatte es so gut gefallen, dass er Frau Elbert gefragt hatte, ob er es ins Kloster mitnehmen dürfe. Das Bild zeigte einen Clown, der für Pater Berno Jesus repräsentierte, und deshalb hatte er das Bild trotz Protest von einzelnen Brüdern in der Kapelle aufgehängt. P. Josef wusste, wie wichtig dieses Bild für Berno war und deshalb erschien es ihm passend, es mit dem Sarg in die Gruft zu legen.

Die musikalische Gestaltung des Gottesdienstes hatte Dominic Fritz mit seinem Gospelchor übernommen, der dafür extra aus Deutschland angereist war. Auch die Beisetzung begleitete er durch diverse Lieder, die sein Chor gemeinsam mit der Trauergemeinde anstimmte, während die Gruft verschlossen und mit Erde zugeschüttet wurde. „Es war eine gelöste Atmosphäre am Grab, sehr im Geiste von Pater Berno. Eine Atmosphäre der Dankbarkeit für das, was er geleistet hat", erinnerte sich Dominik Fritz. „Man hatte ein Gefühl von Gemeinschaft, weil wir alle in irgendeiner Form von ihm berührt worden sind, obwohl sich die Leute teilweise gar nicht kannten. Vom Konsul über die Familie bis hin zu den Menschen, die ihn aus der Suppenküche kannten, entstand ein Wir-Gefühl, das getragen und getröstet hat."[481]

Ausblick –
so ging es weiter
in Rumänien

Weil das Leben in Rumänien und die Arbeit der Pater-Berno-Stiftung nach der Beerdigung nicht einfach aufgehört hatten, soll auch dieses Buch nicht an der Stelle enden. „Durch die Stiftung und die vielen Kontakte, die Pater Berno geknüpft hat, lebt sein Werk auch heute, vier Jahre nach seinem Tod, weiter", freute sich Doina. „Auch wenn es den einen oder anderen Wechsel im Stiftungsrat und im Vorstand gegeben hat, sind immer noch sehr viele Menschen aktiv, die Pater Berno auf dem Herz haben und sein Anliegen weitertragen wollen."[482] Pater Berno war es tatsächlich gelungen, die notwendigen Querverbindungen zwischen seiner Familie, den Salvatorianern und den übrigen Unterstützern zu schaffen, um sein Werk unabhängig von sich selbst am Leben zu erhalten. Nun musste sich zeigen, wie tragfähig diese Verbindungen waren, denn selbstverständlich hatte sein Tod eine große Lücke hinterlassen.

Die erste Veränderung, die fast unmittelbar nach der Trauerfeier eintrat, betraf die Ordensgemeinschaft in Timişoara. P. Josef Wilfing war von seinen Vorgesetzten gebeten worden, die Nachwuchsausbildung der Salvatorianer auf den Philippinen zu übernehmen. Zuerst hatte ihn diese Anfrage überrascht, denn in den letzten fünf Jahren hatte er sich gut in Temeswar eingelebt und die Arbeit im Kloster und in der Stiftung machte ihm Freude. Dennoch setzte er sich mit der Bitte auseinander und nachdem er einen Weg gefunden hatte, wie es in Rumänien weitergehen konnte, beschloss er, die Herausforderung anzunehmen. Allerdings hatte er nicht damit gerechnet, dass die Veränderung so schnell geschehen würde. „Aber sehr bald habe ich begriffen, dass ich möglichst früh auf den Philippinen sein sollte. Dies bedeutet, dass ich im Januar, wenn der finanzielle Jahresabschluss getätigt ist, aus Temeswar weggehe und dann Anfang März Österreich in Richtung Philippinnen verlassen werde."[483]

Für die Ordensgemeinschaft in Temeswar bedeutete dies, dass die jungen Patres nun mehr Verantwortung übernehmen mussten, auch wenn das Amt des Superiors vorerst vom österreichischen Provinzial P. Josef Wonisch übernommen wurde. Er wollte in Zukunft regelmäßig nach Timişoara reisen, doch natürlich brauchte man einen Ansprechpartner vor Ort, der für die Angelegenheiten im Haus, für die Finanzen und auch für die Gäste zuständig war. Diese Aufgaben sollte in Zukunft P. Martin Gal übernehmen, und weil er seit 2016 auch Mitglied im Stiftungsrat der PBS war, sollte er gleichzeitig als Ansprechpartner der PBS im Kloster zur Verfügung stehen. Unterstützung bekam er von der Bildungsreferentin Imogen Tietze, die seit Januar 2017 im Kloster mitarbeitete, wo sie Deutsch- und Bibelkurse anbot. In Zukunft sollte sie zusätzlich die Koordination der Gastaufenthalte im Kloster übernehmen und bei der Erstellung der Rundbriefe mitwirken, die bisher ebenfalls von P. Josef Wilfing geschrieben worden waren. Schon bald stellte das junge Team in Timişoara allerdings fest, dass sie den Rundbriefversand neben ihren Aufgaben im Kloster nicht alleine bewältigen konnten. Aus diesem Grund ging die Aufgabe im Herbst 2018 an das Redaktionsteam der PBS über, das bisher bereits für die Homepage und andere Spenderinformationen zuständig war. „Es war klar, dass P. Martin nicht alles so weitertreiben konnte wie Pater Berno, denn das war teilweise schon fast übermenschlich", meinte Stefanie Adam aus München, die neben Lukas Korosec und Anna Steiner im Redaktionsteam mitarbeitete. „Trotzdem ist unsere

Zusammenarbeit gut. Wir sind eng miteinander verwoben und erhalten regelmäßig sehr detaillierte Informationen aus Rumänien. Und Imogen Tietze ist nun ebenfalls im Redaktionsteam."[484]

Für die Pater-Berno-Stiftung bedeutete der Weggang von P. Josef Wilfing ebenfalls eine Veränderung, denn er konnte den Vorsitz des Vorstandes nun nicht weiter übernehmen. Auch dafür fand sich jedoch eine gute Lösung: Der deutsche Provinzial P. Hubert Veeser war bereits seit September 2016 Mitglied im Vorstand und es lag nahe, dass er den Vorsitz der Stiftung übernahm. „Die Verbindung und Begeisterung für Temeswar hatte ich schon seit den Fahrten mit den Jugendlichen aus dem Salvatorkolleg Bad Wurzach und deshalb habe ich gerne zugesagt, als die Anfrage von P. Josef kam", erzählte P. Hubert.[485] Außerdem sollte Bernos Familie in Zukunft noch stärker in die Stiftung eingebunden werden. Aus diesem Grund wurde 2018 neben P. Hubert, Brigitte Kroutil-Krenn und Winfried Kuhn als viertes Mitglied Bernos Neffe Christoph Müller in den Vorstand gewählt.

Im Stiftungsrat hatten sich in den letzten Jahren ebenfalls einige Änderungen ergeben. Herbert Grün war 2016 vom Vorstand in den Stiftungsrat gewechselt und hatte damit Reiner Oster als Repräsentant der Caritas Timişoara abgelöst. Dieser Wechsel hatte vor allem deshalb stattgefunden, weil man erkannt hatte, dass die Stiftung eigentlich ein Gegenüber der Caritas sein sollte und Herbert Grün damit als Geschäftsführer eine Doppelrolle einnahm. Pater Bernos Familie wurde im Stiftungsrat bereits seit einigen Jahren von seinem Neffen Markus Müller und seiner Nichte Monika Scheeff vertreten, nachdem sein Bruder Ottmar ausgeschieden war. Außerdem hatte Peter Landthaler aus Südtirol sein Amt niedergelegt, so dass Sr. Rosa nun auch als Ansprechpartnerin für das Land Südtirol fungierte. Neben den Genannten sind heute im Stiftungsrat der PBS: P. Leonhard Berchtold als Vorsitzender, der österreichische Provinzial P. Josef Wonisch, P. Martin Gal, Friedrich Haring von der

Caritas Graz und die Einzelspender Hans-Otto Elbert, Johann Rupp und Gerd und Helga Ziche.

Gemeinsam machten sich der neue Vorstand und der Sitzungsrat an die Aufgabe, die Finanzierung der Sozialwerke in Timişoara von nun an ohne „das Zugpferd Pater Berno" fortzuführen. „Früher war P. Berno der Mittelpunkt von allem und zwar mit einer unglaublichen Energie", staunt P. Hubert Veeser heute noch. „Er ist selbst zu den Straßenkindern gegangen, hat selbst Pfarrgottesdienste gehalten und ist selbst zigtausend Mal zwischen Temeswar und Deutschland hin- und hergefahren. Er war für alles verantwortlich, und nach seinem Tod standen wir vor der Herausforderung, diese diversen Funktionen auf mehrere Schultern zu verteilen."[486] Die Hauptaufgabe der Stiftung blieb natürlich die finanzielle Absicherung der Projekte sowie die Werbung von neuen Spendern und Mitarbeitern. Neben dem Nachtasyl, dem Frauenhaus, der Pater-Paulus-Farm und den beiden Altenheimen hatte Berno kurz vor seinem Tod darum gebeten, noch ein weiteres Projekt in die Stiftung aufzunehmen. Er wollte gerne, dass die „Cristian-Serban-Stiftung" in Buziaş pro Jahr einen bestimmten Betrag als Unterstützung bekam, denn die Krankenkasse bezahlte nur einen Teil der Kosten für die Kinder mit Diabetes und Hämophilie. Der Stiftungsrat hatte dieser Bitte auf der Sitzung im September 2016 durch einen außerordentlichen Beschluss zugestimmt. Die Kindertagesstätte in Bacova, die ebenfalls zu den Werken in der Stiftung gehört, wird finanziell nach wie vor komplett durch das Kinderhilfswerk „Direkte Hilfe für Kinder in Not e.V." aus Oberursel getragen.

Neben der Finanzierung versucht die PBS, die Caritas Timişoara nach Möglichkeit auch praktisch unterstützen. „Wir versuchen, gemeinsam Ideen zu entwickeln, wie man die Werke weiter fördern kann. Zum Beispiel überlegen wir, welche zusätzlichen Einnahmequellen auf der Farm generiert werden können, oder wir suchen nach Wegen, um Verantwortlichen aus den Projekten ein Praktikum in Deutschland zu ermöglichen", erzählte

Pater Hubert.[487] Im Unterschied zu anderen Stiftungen bringen sich sowohl die Mitglieder des Vorstands als auch die Mitglieder des Stiftungsrates operativ in die Arbeit ein. Zweimal im Jahr findet ein gemeinsames Treffen aller Mitglieder statt, bei dem die Projekte in Rumänien reflektiert werden und man nach Wegen sucht, wie sie bestmöglich weiterentwickelt werden können.

In den ersten Jahren nach Pater Bernos Tod blieb der Spendeneingang in der Stiftung erfreulicherweise relativ stabil, denn die Worte, die bei der Trauerfeier gesprochen wurden, waren ernst gemeint: Viele fühlten sich der Stiftung und Bernos Lebenswerk verpflichtet. Neben den Salvatorianern hatte sich insbesondere Pater Bernos Familie den Erhalt seines Lebenswerks auf die Fahne geschrieben, und zwar nicht nur seine Geschwister, sondern auch die nachfolgenden Generationen. „Ohne die Familie wäre die Stiftung wahrscheinlich gar nicht machbar, auch wenn die übrigen Unterstützer, die Pater Berno gekannt haben, ebenfalls nach wie vor sehr engagiert sind.", meinte Stefanie Adam, die in München für die Spenderverwaltung zuständig ist. „Das Besondere an der PBS ist, dass sie zwar keinen riesigen, aber dafür einen sehr treuen und großzügigen Spenderstamm hat. Außerdem gibt es immer wieder sogenannte Anlassspenden, bei denen frühere Bekannte, Mitbrüder und Familienmitglieder von Pater Berno bei Jubiläen und sonstigen Festen um Unterstützung für Rumänien bitten. Auf diese Weise kommt zumindest der eine oder andere neue Spender zu der Stiftung hinzu."[488] Dennoch waren sich alle bewusst, dass man weitere Wege finden musste, um neue Spender zu gewinnen, wenn die Stiftung langfristig bestehen bleiben sollte. Und an dieser Stelle fehlte Pater Berno sehr. Fast alle bisherigen Spender hatten ihn persönlich gekannt und sich vor allem deshalb so großzügig an der Stiftung beteiligt.

Außerdem steht die PBS vor der Herausforderung, ihren Spendern und Interessenten zu vermitteln, warum die Unterstützung der Sozialwerke aus dem Ausland auch heute noch notwendig ist. Obwohl sich in Rumänien in den letzten Jahren vieles verbessert hat und der durchschnittliche Lebensstandard gestiegen ist, leiden immer noch viele Menschen unter großer Not. Die Schere zwischen Arm und Reich ist auch in Rumänien größer geworden. „Ohne Hilfe geht es vielen Menschen schlecht", berichtete Herbert Grün, der nach wie vor der Hauptmotor bei der Caritas Timişoara ist. „Diesen Bedarf zu kommunizieren ist eine wichtige Aufgabe der PBS, denn nachdem Rumänien ein Mitgliedstaat der EU geworden ist, denken viele Leute, dass es bei uns nicht anders zugeht als in ihrem Land. Doch das ist leider nach wie vor nicht der Fall, auch wenn es den Menschen in Timişoara im Vergleich zum Landesdurchschnitt in Rumänien noch gut geht."[489] Aus diesem Grund organisiert die PBS von Zeit zu Zeit Veranstaltungen, um ihre Arbeit vorzustellen und für die Werke in Rumänien zu werben. Darüber hinaus führen einzelne Mitglieder und Freunde der Stiftung Aktionen in ihren Heimatorten durch, um neuen Spendern die Projekte in Timişoara näher zu bringen.

Und natürlich ist es immer noch am besten, die Diskrepanz zwischen Armut und Wohlstand mit eigenen Augen zu sehen und zu erleben. Früher hatte Pater Berno Interessenten dazu eingeladen, selbst nach Rumänien zu kommen, um sich vor Ort ein Bild von der Lage zu machen – und nun tat diese die PBS. Regelmäßig organisiert sie Reisen nach Rumänien und lädt Spender und Interessierte ein, die Werke von Pater Berno zu besichtigen und dabei Land und Leute kennenzulernen. Und diese Reisen gehen auch heute nicht spurlos an den Teilnehmern vorüber, selbst wenn sie keinen Pater Berno antreffen, der die früheren Aufenthalte in Timişoara geprägt hatte. Seine Nachfolger in der Stiftung und insbesondere Herbert Grün und die Mitarbeiter der Caritas haben ebenfalls viel Leidenschaft für das Land und ihre Arbeit. Auf ihre eigene Weise erzählen sie den Besuchern, was Pater Berno zu seinem Lebenswerk bewogen hat und warum sie selbst genauso begeistert davon sind. Auch jeder Leser dieses Buches ist herzlich eingeladen, sich die Arbeit in Rumänien einmal genauer anzusehen – und seien Sie nicht überrascht, wenn Sie sich dabei genauso wie Pater Berno und die Mitglieder der Stiftung in Land und Leute verlieben werden.

Weil sämtliche Mitglieder der PBS weiterhin ehrenamtlich arbeiten, haben sie neben der Stiftung natürlich noch viele andere Verantwortungen und Aufgaben. „Wenn wir irgendwann an den Punkt kommen, dass die Stiftung nicht mehr in der Lage ist, diese Arbeit zu tragen, ist das schade, aber dann haben wir trotzdem einen wichtigen Beitrag geleistet", sagt Pater Hubert auf die Frage, wie die Zukunft der Stiftung gesichert ist. „Das, was in der Zeit nach der Wende passiert ist, wird seinen Wert auch dann nicht verlieren, wenn wir irgendwann einmal aufhören müssen."[490] Dennoch wünscht sich die Stiftung natürlich, dass dieser Zeitpunkt so weit wie möglich in der Zukunft liegt – oder sich die Lage in Rumänien irgendwann so verbessert, dass sich das Land selbst um seine Bedürftigen kümmern kann. Bis dies geschieht, freut sich die PBS – und sicher auch Pater Berno von seinem Platz im Himmel aus – wenn immer wieder neue Personen bereit sind, die Stiftung finanziell und gerne auch praktisch zu unterstützen.

Weitere Informationen und Kontaktmöglichkeiten finden Sie auf der Homepage: https://www.pater-berno-stiftung.de

Kontakt:
Pater Berno Stiftung
c/o Deutsche Provinz der Salvatorianer
Agnes Bernauer Str. 181, D-80687 München

Kontakt in Österreich
c/o Caritas der Diözese Graz-Seckau
Grabenstraße 39, A-8010 Graz
mail@pater-berno-stiftung.de

Persönliches Nachwort

Beim Schreiben dieses Buches habe ich viele Personen kennengelernt, deren Leben durch die Begegnung und Beziehung mit Pater Berno verändert wurde. Sein Lebensweg kreuzte sich mit so vielen unterschiedlichen Menschen und bei vielen bewirkte diese Begegnung eine Veränderung in ihrem Leben. Man konnte Pater Berno nicht kennenzulernen, ohne auf irgendeine Weise von seinem Feuer, seiner Leidenschaft, seiner Barmherzigkeit und Hingabe und von seiner unwahrscheinlich großen Liebe für Menschen und Tiere berührt zu werden. Und eine Sache, die eigentlich alle meine Interviewpartner beschrieben haben, war seine grenzenlose Furchtlosigkeit, mit der er sich sämtlichen Herausforderungen des Lebens stellte – sei es bei seinen Pilgerreisen oder während er viele hunderttausend Kilometer alleine mit seinen diversen Bussen unterwegs war, oder auch am Ende seines Lebens, als diverse Krankheiten ihm eine Leidenschaft nach der anderen raubten.

All diese Erzählungen über Pater Berno warfen in mir Fragen auf, die mich während der Entstehung dieses Buches immer wieder beschäftigten: Wie konnte Pater Berno so ein kraftvolles und gleichzeitig furchtloses Leben führen? Wie konnte er sich auf seinen Reisen den möglichen Gefahren so gelassen und entspannt aussetzen, in dem tiefen Vertrauen, dass Gott ihn halten und beschützen würde? Wie konnte er diese großen finanziellen Risiken eingehen und darauf vertrauen, dass Gott schon rechtzeitig kommen würde? Wie kam es, dass die Angst in seinem Leben scheinbar keinen Boden fand, um ihre lähmenden Wurzeln zu schlagen? Und gibt es einen Weg, wie diese Furchtlosigkeit auch für andere Menschen zugänglich ist?

Gerade in einer Zeit wie heute, in der unsere Welt seit vielen Monaten auf den Kopf gestellt wurde, sind Antworten auf diese Fragen drängender als je zuvor. Und eines Tages entdeckte ich die Antwort: Es war die Liebe, die Pater Bernos Leben von Anfang an durchzogen hatte. Die Liebe, die in seiner Familie herrschte und es jedem Kind ermöglichte, seinen eigenen Lebensweg zu gehen. Die Liebe, die ihre Wurzeln im tiefen Glauben seiner Eltern hatte und aus der Liebe Christi erwachsen war. Die Liebe, die der Novize Berno in seinen Aufzeichnungen folgendermaßen beschrieben hatte:

> Die Liebe Gottes hat mich bis hierher geführt, Gott hat mir das eben geschenkt, das göttliche Leben, der Liebe in der Taufe, der Firmung, er hat in mir vor allem während des Abiturs das Feuer seiner Liebe, wenigstens im Geiste voll Erbarmen aufglühen lassen und hat mich doch zur Liebe geführt, aus Liebe zu Dir, o mein Gott und Herr.
>
> Ich aber liebe, ich liebe nicht mich egoistisch, ich liebe den, der mich liebt und zuerst geliebt hat und sobald ich ihn nachahme (als ein Bild und Ebenbild muss ich es ja, sonst bin ich es ja nicht), hat mein Herz seine Erfüllung gefunden, die Welt ihren Sinn, alles hat Sinn, alles ist Eins.
>
> Die Liebe. Ich will jeden von Herzen immer lieb haben.
>
> Jeden, ob gut, ob bös: mich beleidigend, missverstehend von Herzen: ihm in die Augen schauen, ohne an etwas Böses zu denken, mein Herz ihm entgegenlachen lassen, und sprechen.[491]

Diese Aussagen, die Pater Berno mit Anfang Zwanzig geschrieben hatte, prägten tatsächlich sein ganzes Leben. Er war von einer Liebe erfüllt, die vollkommen anders als die Liebe war, von der heutzutage so viel gesprochen wird. Es ging nicht um eine Liebe, deren Ziel die Erfüllung der eigenen Bedürfnisse ist, auch nicht um eine Liebe, die ein „gutes Gefühl" hervorruft. Stattdessen ging es um Gottes Liebe, die er selbst erlebt hatte und die durch ihn zu anderen Menschen floss – zu seinen Mitbrüdern, zu Kindern und Jugendlichen, Gemeindemitgliedern, zu seiner Familie und Freunden und nicht zuletzt zu den Menschen am Rand der Gesellschaft von Timişoara und weit darüber hinaus.

In der Bibel heißt es in 1. Johannes 4,18: „Furcht gibt es in der Liebe nicht, sondern die vollkommene Liebe vertreibt die Furcht." Und in Römer 13,10 steht: „Die Liebe tut dem Nächsten nichts Böses. Also ist die Liebe die Erfüllung des Gesetzes." Diese beiden Dinge hat Pater Berno gelebt: Absolute Furchtlosigkeit, weil er wusste, dass Gottes Liebe ihn trägt, und eine Liebe, die sich an den Nächsten verschenkt. Er glaubte von ganzem Herzen, dass Christus sein Leben in der Hand hatte und dass Seine Liebe durch nichts erschüttert werden konnte. Er wusste, dass Gott einen Plan in seinem Leben hatte und dass er nicht für sich selbst lebte, sondern um Gottes Projekte in Rumänien zu verwirklichen, indem er sich mit ganzer Kraft dafür einsetzte. Und er war sich stets bewusst, dass die Projekte größer waren als er selbst und nur durch Gottes Wirken zustande kommen konnten.

Dieses tiefe Wissen und Vertrauen auf Gottes Eingreifen wollte Pater Berno auch seinen Nachfolgern in der Stiftung mitgeben. Und genau das will er mit Sicherheit auch uns weitergeben – mir als Schreiberin und Ihnen als Leser seiner Biografie: Diesen unerschütterlichen Glauben in Gottes Liebe – hier in dieser Welt genauso wie danach. Pater Berno hat das Ende seiner Reise auf dieser Erde nun erreicht und ich glaube, er wünscht sich, uns später einmal wiederzusehen. Denn letzten Endes war er ein Missionar mit einem klaren Auftrag, den er nicht nur mit Worten, sondern auf praktische, erlebbare Weise verkündete. Ich möchte dieses Buch gerne abschließen mit dem Leitvers der

Salvatorianer und von Pater Franziskus Jordan, der am 15. Mai 2021 seliggesprochen wurde: **„Das aber ist das ewige Leben: dass sie dich, den einzigen wahren Gott, erkennen und den du gesandt hast, Jesus Christus." (Johannes 17,3).** Dieses Bibelwort hat Bernos ganzes Leben geprägt, es ist der Kern seiner Mission und ich bete, dass jeder Leser dieses Buches davon genauso berührt und verändert wird wie er.

Die Autorin

Petra Trischler lernte Pater Berno im Rahmen der Hilfstransporte der „Brandstifter" aus Albershausen kennen, bei denen sie von 1992–2003 aktiv teilnahm. Besonders zwischen 1997 und 2003 war sie viele Male in Rumänien und in Timişoara, und wie viele andere auch war sie fasziniert und begeistert von Pater Bernos Wesen, seinem Engagement und seiner Leidenschaft für Gott und für Menschen.

Als freiberufliche Übersetzerin und Lektorin wurde sie im Herbst 2019 gebeten, die Biografie über den Pater aus Oberschwaben zu schreiben, auch wenn es ihr Debüt als Autorin war. Ihre eigenen Erlebnisse in Rumänien und mit Pater Berno halfen ihr neben ihren Erfahrungen in der Bucherstellung sehr bei der Fertigstellung dieses Werkes.

Chronologie
von Pater Bernos Leben

15.11.1935	Geburt von Karl Rudolf Maria Rupp, Sohn von Josef Rupp und Luise geb. Berlinger in Bergatreute
24.11.1935	Taufe in Bergatreute
8.4.1945	1. Heilige Kommunion
6.9.1946	Eintritt ins humanistische Gymnasium des Salvatorkolleg Bad Wurzach (Internat)
2.3.1955	Abitur in Bad Wurzach
1.5.1955	Beginn des Noviziats auf dem Klosterberg in Passau; Rudolf nimmt den Ordensnamen „Berno" an
1.5.1956	1. Profess und Beginn des Philosophiestudiums in Passau
15.10.1956	Fortsetzung des Philosophie- und Theologie-Studiums in Rom an der päpstlichen Universität Gregoriana; Abschluss am 16.6.1962
1.7.1962	Priesterweihe in San Marcello al Corso in Rom (mit 116 Gästen aus Meckenbeuren)
15.7.1962	Primiz in Meckenbeuren
19.7.1962	Trauung der Schwester Berta mit Josef Müller
1.9.1962 bis 16.4.1963	Pastorale Aushilfstätigkeiten in Passau auf dem Klosterberg
17.4.1963 bis 30.11.1965	Hilfspräfekt und Lehrer am Salvatorkolleg in Lochau/Österreich (Internat)

1.12.1965 bis **31.8.1968**	Kaplan in Stuttgart-Giebel
1.9.1968 bis **31.8.1969**	Volksmissionar mit Heimatstandort Passau, Klosterberg
1.8.–2.9.1969	Rotel-Reise nach Russland
1.9.1969 bis **31.8.1971**	Kaplan in München, St. Willibald
1.9.1971 bis **1.4.1991**	Volksmissionar mit Heimatstandort Passau, Klosterberg
2.4.–11.10.1975	Pilgerreise ins Heilige Land (4.200km)
1979	Pilgerreise nach Israel mit Pfarrer Scheel, P. Nikolaus Wucher und 32 Pilgern aus Meckenbeuren, unter anderem Bernos Mutter
1980	Pilgerreise mit Mitbrüdern anlässlich des 100. Jubiläums der Berufung des Ordens- gründers P. Franziskus im Hl. Land
2.06–12.8.1985	Pilgerreise nach Santiago de Compostela (2.700km)
ab 3.4.1991	Pfarrer in der Mehala in Timişoara (Rumänien)
18.12.1992	Rückgewinnung des Klosters der Salvatoria- ner im Stadtteil Elisabethstadt in Timişoara
24.12.1994	Beginn der Suppenküche im Kloster mit 7 Straßenkindern, die vor der Kirche im Kanal der Fernwärme hausten
5.6.–6.7.1995	Pilgerreise von Temeswar nach Rom (1.500km)
29.10.1996	Gründung der Schwesternordensgemein- schaft in Timişoara mit Sr. Rosa (I), Sr. Bernadette (Ö) und Sr. Friederike (D)
16.12.1998	Provisorische Eröffnung des Nachtasyls über den Winter
Sommer 1999	Kauf der Kolchose in Bacova zum Aufbau einer Jugendfarm

20.12.1999	Eröffnung des Mädchenhauses in Zusammenarbeit mit „Association Mana"
1.5.2000	Offizielle Eröffnung des „Pater-Jordan"-Nachtasyls im Dauerbetrieb
1.6.–26.7.2000	Vierte große Pilgerreise von Temeswar nach Trondheim (Norwegen) (2.700km)
1.5.2003	Einweihung des Frauenhauses „Maria von den Aposteln" (Betrieb bereits seit Januar 2003
2.6.2003	Offizielle Einweihung der Jugendfarm unter dem Namen „Pater-Paulus-Farm" (bereits seit Anfang 2000 neben den Renovierungen im Teilbetrieb aktiv)
Juni 2005	Pilgerreise nach Czenstochau (Polen), nach 8 Tagen wegen Meniskusriss kurz nach slowakischer Grenze abgebrochen (ca. 400km)
20.12.2005	Ernennung zum Ehrenbürger der Stadt Temeswar
1.1.2006	Verleihung der Ehrennadel in Gold in Meckenbeuren
Juli 2006	Fortsetzung der Pilgerreise nach Czenstochau; dieses Mal in Begleitung von Maria und Johann Pucher sowie P. Marton Gal (ca. 400km)
6.12.2006	Schwerer Autounfall im Kreis Göppingen mit Hirnverletzung, im Koma bis Weihnachten 2006; Krankenhaus und Anschlussrehabilitation bis 21.3.2007
Ostern 2007	Rückkehr nach Timişoara
2008	Offizieller Beginn des Integrationsprojekt für Obdachlose im Rahmen der Jugendfarm
28.3.2009	Einweihung der Kindertagesstätte „Casa Pater Berno", die von dem Verein „Direkte Hilfe für Kinder in Not e.V." finanziert wird
6.–7.2.2010	Erstes Treffen zur Gründung der Pater-Berno-Stiftung in Lochau (Ö)

13.6.2011	Gründung der Pater-Berno-Stiftung in Timişoara
7.12.2011	Verleihung des Menschenrechtspreises der Stadt Graz/Österreich
7.7.2012	Einweihung des Altenpflegeheims „Heiliger Johannes"
1.7.2012	50. Priesterjubiläum in Meckenbeuren
14.11.2015	Überreichung des Dt. Bundesverdienstkreuzes am Band, überreicht vom Deutschen Botschafter in Temeswar
13.–15.11.2015	Feier des 80. Geburtstags von Pater Berno in Timişoara mit Überreichung des Bundesverdienstkreuzes am Bande sowie der Silbernen Gerhardusmedaille der Diözese Temeswar
Oktober 2016	Schließung der Niederlassung der Salvatorianerinnen in Temeswar
19.9.2017	Einweihung des 2. Altenpflegeheims „Haus Franziskus" und Ernennung von P. Berno zum Ehrenbürger von Buziaş
26.9.2017	Todestag von P. Berno in Ravensburg
3.10.2017	Trauerfeier in Meckenbeuren
7.10.2017	Trauerfeier und Beerdigung in Timişoara

Begriffserklärungen

Allerheiligenlitanei liturgisches Wechselgebet mit Anrufungen verschiedener Heiliger (befindet sich im kath. Gesangbuch „Gotteslob")

Apostel, apostolisch Einerseits die 12 Jünger Jesu + Paulus, die in der Bibel als Apostel bezeichnet werden; andererseits jemand, der mit der Verkündigung des Glaubens beauftragt wurde (ein Gesandter, Bevollmächtigter)

Apostolat ein besonderes Betätigungsfeld innerhalb der Ordensgemeinschaft

Äthiopier Äthiopisch-Orthodoxe Kirche

Diakonat, Subdiakonat geistliche Ämter in der katholischen Kirche, zu denen jeder Priester vor seiner eigentlichen Priesterweihe geweiht wird; im Unterschied zum Priester kann ein Diakon verheiratet sein

Diözese (Diözesanbischof) Kirchenbezirk; bzw. der Bischof eines Kirchenbezirks

Diözesancaritas Caritasverband in einem bestimmten Kirchenbezirk

Ehrwürdiger Vater Titel für den Ordensgründer P. Franziskus Jordan

Eucharistie Abendmahlfeier in der katholischen Kirche (Sakrament); wörtlich: Danksagung; zweiter zentraler Teil eines katholischen Gottesdienstes, den nur ein Priester feiern darf

Erstkommunion/ Kommunion Fest in der katholischen Kirche, bei dem ein Kind zum ersten Mal am Abendmahl (der Kommunion) teilnehmen darf

Exerzitien geistliche Übungen, die abseits des alltäglichen Lebens zu einer intensiven Besinnung und Begegnung mit Gott führen sollen

Frater, Pater, Bruder Bezeichnungen für Ordensmitglieder: Frater ist man in den Jahren der Priesterausbildung, ab der

Priesterweihe wird man als Pater betitelt. Als Bruder wird jeder angesprochen, der in der Gemeinschaft lebt und arbeitet, aber nicht Pater (also Priester) ist.

Generaloberer/P. General Vorsitzender des Ordens

Generalat Leitungsgremium des Ordens (bei den Salvatorianern auf 6 Jahre gewählt)

Generalsekretär/ Konsultor verschiedene Ämter innerhalb der Ordensleitung

Generalvikar Stellvertreter des Ordensoberen oder eines Diözesanbischofs

Habit Ordenstracht, bei den Salvatorianer ganz in schwarz

Heiligste Dreifaltigkeit Vater, Sohn und Heiliger Geist (auch: Dreieinigkeit)

Hl. Vater Begriff für den Papst (Heiliger Vater)

Hostie Oblate, die bei der Kommunion (Abendmahlsfeier) ausgeteilt wird

Ikonostase eine mit Ikonen (Heiligenbilder) geschmückte Wand mit drei Türen in einer orthodoxen Kirche

Jugendschola Eine Art Jugendchor, der die liturgischen Gesänge im Gottesdienst vorträgt

Kandidatur, Kandidaten
Zeit der Prüfung (Anwartschaft), ob der Orden der richtige Platz ist

Kautelen Sicherheitsvorkehrungen, Bedingungen

Kleriker, Klerus Geistlicher, bzw. die Gesamtheit der Geistlichen

Konzelebrant Ein Geistlicher, der mit anderen die Eucharistie feiert, die ein anderer Priester leitet

Laien nichtgeweihte Mitarbeiter in der Kirche (im Unterschied zu den Klerikern)

Lizentiat akademischer Abschluss von kath. Theologen

Messe katholischer Gottesdienst mit Abendmahlfeier; aber auch musikalische Komposition, in der die Elemente des Gottesdienstes vertont wurden

Messgewand Kleidung der Priester während des Gottesdienstes

Metaphysik philosophische Lehre, die die Zusammenhänge des Seins hinter der Sinneswahrnehmung behandelt

Missionsprokura Verwaltungsstelle innerhalb des Ordens für die Missionsarbeit, die u.a. für Spenden zuständig ist

Mutterhaus Zentrale des Ordens, die bildlich als Mutter der anderen Häuser bezeichnet wird

Noviziat, Novize Vorbereitungsjahr nach dem Beitritt in einen Orden, in dem sich der „Novize" (=Neuling) prüft, ob das Leben in einem Orden tatsächlich sein Weg ist

Ordenskongregation Klosterverband

Pfarrcaritas Eine ehrenamtliche Gruppe innerhalb der Ortsgemeinde, die sich um notleidende Menschen kümmert und Hilfsdienste anbietet

(asketisches) Postulat Gebot, das ein bestimmtes Verhalten verlangt, in diesem Fall Verzicht und Enthaltsamkeit verlangt

Priesterweihe Vom Bischof vollzogene Weihung, bei der ein Priester die Bevollmächtigung für seinen Dienst in der Kirche erhält

Primiz, Primiziant erste offiziell in der Gemeinde gehaltene, meist feierliche Messe (s.o.) eines neuen Priesters (er ist der Primiziant) nach seiner Weihe

Profess Ablegen der Ordensgelübde; bei den Salvatorianern gibt es die erste, zweite und dritte Profess, die jeweils für ein Jahr abgelegt wird, und die ewige Profess, die auf Lebenszeit abgelegt wird

Provinz Region in einem Orden, zu der bestimmte Standort gehören; in Deutschland gab es bei P. Bernos Eintritt in den Orden zwei Provinzen: die Norddeutsche und die Süddeutsche; 2009 wurden sie wieder zu einer Deutschen Provinz zusammengelegt

Provinzial Leiter der Provinz, auf einen bestimmten Zeitraum gewähl

Provinzkapitel Versammlung von Repräsentanten eines Ordens in einer Provinz, die Beschlüsse fassen können (z.B. die Wahl eines Provinzials)

Refektorium Speisesaal in einem Kloster

Rosenkranz Einerseits eine Gebetskette und andererseits in ritualisiertes Gebet, das man anhand der Perlen der Kette betet; teilweise wird der Begriff auch nur für das Ave Maria (Gebet nach Lk 1,28.42) verwendet, das im Rosenkranz sehr oft gesprochen wird

Russicum Päpstliches Studentenwohnheim mit einem Priesterseminar der römisch-katholischen Kirche, in dem Priester auf den Dienst in der Sowjetunion vorbereitet wurden

Ruthenen Ruthenische Kirche; Teilkirche der römisch-katholischen Kirche

Salvator Retter oder Heiland (lateinisch)

SDS/Salvatorianer katholischer Orden, der Ende des 19. Jahrhunderts von Pater Franziskus Jordan gegründet wurde; auf Latein heißt der Orden „Societas Divini Salvatoris" (SDS), also „Gesellschaft des Göttlichen Heilands"

Seelsorge (kath.) Die Aufgabe eines Seelsorgers umfasst geistliche Begleitung und Unterstützung von Menschen insbesondere in Lebenskrisen, religiöse Unterweisung und die Leitung oder Mitgestaltung von Gottesdiensten (Wikipedia); ganzheitliche Verwendung: Die Begleitung und Betreuung von Menschen in Glaubensfragen, nicht nur Beratung in Krisen

Scholastiker junger Ordensgeistlicher während des philosophisch-theologischen Studiums

scholastische Philosophie Kirchliche Wissenschaft von der Erkenntnis des Sinns des Lebens, der Welt und der Stellung des Menschen in der Welt

Stundengebet, Stundenbuch Tageszeitengebet, das einen bestimmten, wiederkehrenden Ablauf hat, der im „Stundenbuch" aufgeschrieben ist; bei den Salvatorianern wird vor allem die Laudes (Morgengebet) und die Vesper (Gebet vor dem Abendessen) gemeinsam gebetet

Superior Vorsteher der Klostergemeinschaft an einem Ort

Tage geistlicher Berufe Besondere Veranstaltungen vor allem an Schulen, um den Jugendlichen Berufe in der Kirche und im Orden vorzustellen (auch Aktion geistlicher Berufe)

Titelkirche Kirche in Rom im Rang einer Pfarrkirche, die einem Kardinal zugewiesen ist.

Vigna italienisch für Weinberg; Bezeichnung eines Landgutes

Wortgottesdienst Der erste Teil eines katholischen Gottesdienstes, in dem die Verkündigung des Wort Gottes im Vordergrund steht; dieser darf auch von Laien gehalten werden

Anmerkungen

1 Aussprache: Timischwara

2 Auszüge aus: Geburtsbericht des Vaters, Bergatreute 16.11.1935 (Familienbesitz)

3 Bericht des Vaters: „Warum Rudolf erst nach 10 Tagen getauft wurde" (Familienbesitz)

4 RUPP_Lebenslauf handgeschrieben zum Eintritt ins Kloster Passau, Bad Wurzach 23.11.1954 (Archiv Salvatorianer München)

5 Brief des Vaters, Vaihingen 31.03.1945 (Familienbesitz)

6 Interview mit Marieluise Rupp, Meckenbeuren 14.11.2020

7 RUPP_Lebenslauf 1954

8 Brief von Rudolf an Familie, Bad Wurzach 19.10.1946 (Familienbesitz)

9 Brief der Mutter an Rudolf, Bergatreute 18.10.1946 (Familienbesitz)

10 Brief des Vaters aus der Gefangenschaft, 23.10.1946 (Familienbesitz)

11 Brief von Rudolf an die Mutter zum Namenstag, Bad Wurzach 20.06.1947 (Familienbesitz)

12 Brief an Familie, Bad Wurzach 15.09.1946 (Familienbesitz)

13 Karte an Familie, Bad Wurzach 06.10.1946 (Familienbesitz)

14 Brief Josef Rupp an P. Reinfried Schneider, Bergatreute 18.04.1947

15 RUPP_Lebenslauf 1954

16 Brief des Vaters, Bergatreute 04.05.1947 (Familienbesitz)

17 Brief an Familie, Bad Wurzach 27.04.1947 (Familienbesitz)

18 Karte von Heribert an Rudolf, Hochdorf/Riß 16.08.49 (Familienbesitz)

19 Brief des Vaters, Meckenbeuren 13.11.1953 (Familienbesitz)

20 siehe: Brief an Familie, Weghaus 21.08.1950 (Familienbesitz)

21 Karte vom Vater und Franz-Josef an Rudolf, Rom 02.11.1950 (Familienbesitz)

22 Brief an Familie, Bad Wurzach 19.11.1950 (Familienbesitz)

23 Lebenslauf handschriftlich, Meckenbeuren 17.03.55 (Archiv Salvatorianer München)

24 Brief des Vaters, Meckenbeuren 16.01.55 (Familienbesitz)

25 ebd.

26 Brief an Eltern, Bad Wurzach 05.02.1955 (Familienbesitz)

27 Brief von P. Sebastian Weih an Rudolf, Bad Wurzach 09.03.1955

28 Erinnerungen von P. Benedikt Laib an P. Berno (2019)

29 Brief an Franz-Josef, Passau 08.05.1955 (Familienbesitz)

30 Auszüge aus P. Bernos Aufzeichnungen in Noviziat und Studium, Exerzitien-Vortrag zum Thema „Was habe ich vor, wie soll mein Leben werden?", S. 9f (transkribiert von P. Leonhard Berchtold)

31 zitiert aus: 1. Noviziatsbericht, Passau, 25.02.1956, sowie 3. Noviziatsbericht, Passau 20.01.1956 (Archiv Salvatorianer München)

32 Brief Fr. Berno an Provinzial, Passau 24.02.1956 (Archiv Salvatorianer München)

33 übersetzt: Die Liebe ist vollkommen

34 Noviziatsaufzeichnungen von P.
Berno S. 138/139, 3. Mai 1956

35 Brief Fr. Berno an Provinzial,
Rom 17.12.1956 (Archiv Salvatorianer München)

36 Brief Fr. Berno an P. Sebastian,
Rom 18.12.1956 (Archiv Salvatorianer München)

37 Relatio Semestris Mense Martio
1957 (Semesterbericht März
1957) über Fr. Berno Rupp, Rom
25.03.1957 (Archiv Salvatorianer
München)

38 Brief Fr. Berno an Provinzial,
Rom 09.03.1957 (Archiv Salvatorianer München)

39 Erinnerungen von P. Günther
Mayer an P. Berno (2020)

40 Brief Fr. Berno an Provinzial, Castel Gandolfo 19.09.1957 (Archiv
Salvatorianer München)

41 Brief Fr. Berno an P. Provinzial,
Rom 05.09.1961 (Archiv Salvatorianer München)

42 AGS 0310_VI-1956 (1958.11.10)
RUESS_Bericht des Rektors
(Generalarchiv Rom)

43 Erinnerungen P. Günther Mayer

44 ebd. (aus Original zitiert, heißt
dort bewappnet)

45 Brief aus Castel Gandolfo

46 Brief Fr. Berno an Familie, Rom
20.07.1959 (Familienbesitz)

47 ebd.

48 Brief Fr. Berno an Provinzial,
Rom 22.03.159 (Archiv Salvatorianer München)

49 Brief Fr. Berno an seine Familie,
Rom 03.01.1691 (Familienbesitz)

50 ebd.

51 Brief Fr. Berno an Provinzial,
Rom 05.09.1961 (Archiv der
Salvatorianer, München)

52 Primizipredigt Leo Ruess,
Meckenbeuren 15.07.1962
(Archiv Salvatorianer München)

53 ebd.

54 Erinnerungen P. Benedikt Laib

55 Erinnerungen an P. Berno von
P. Leonhard Berchtold (2019)

56 Salvator-Missionen Heft
2/2016, S.16, http://ordens-
mann.de/downloads/2sm16/
SM%202-2016-web.pdf (Abruf
05.01.2021)

57 AGS 0310_VI 1956 RUPP: Brief
an P. General, Lochau 18.09.1965
(Generalarchiv Rom)

58 AGS 0310_VI-1956, RAST Brief
Empfehlung Russlandmission,
Rom 14.10.1965 (Generalarchiv
Rom)

59 Brief von P. Karl Förster, München 16.11.1965 (Archiv Salvatorianer München)

60 Erinnerungen P. Leonhard Berchtold

61 Erinnerungen von Karl-Heinz
Geiger aus Stuttgart-Giebel an
P. Berno. Mail 30.11.2020

62 Erinnerung von Dietmar Stollberg an P. Berno, Mail 22.12.2020

63 Brief von P. Karl Förster, München 01.08.1968 (Archiv Salvatorianer München)

64 Brief P. Karl Tress an Provinzial, Maria Steinbach 11.08.1969
(Archiv Salvatorianer München)

65 siehe: Brief P. Provinzial an P.
Berno, München 25.08.1969
(Archiv Salvatorianer München)

66 Brief P. Alexius Romer / P. Ulrich Kloos an P. Provinzial, Langenargen 15.09.1969 (Archiv Salvatorianer München)

67 Brief P. Karl Förster an P. Alexius, München 03.10.1969 (Archiv Salvatorianer München)

68 Erinnerungen P. Benedikt Laib

69 ebd.

70 ebd.

71 ebd.

72 Brief P. Alexius Romer an P. Provinzial, Passau 14.01.1971 (Archiv Salvatorianer München)

73 Brief P. Karl Förster an P. Alexius Romer, München 19.01.1971 (Archiv Salvatorianer München)

74 P. Eugens Erfahrungen mit Pater Berno (2019)

75 Erinnerungen P. Benedikt Laib

76 Erinnerungen P. Leonhard Berchtold

77 P. Eugens Erfahrungen

78 Bericht „Berno und die Wurzacher Einkehrtage" von P. Leonhard Berchtold (2019)

79 Brief P. Berno an P. Richard Zehrer, Passau 13.08.1981 (Archiv Salvatorianer München)

80 AGS 0310_VI-1956 (1981.10.10) DUQUE_Beantwortung des Gesuchs (Generalarchiv Rom)

81 Brief P. Berno an P. Richard Zehrer, Steinfeld 03.09.1981 (Archiv Salvatorianer München)

82 AGS 0310_VI-1956, WUCHER_ P. Berno-Freigabe für Taiwan, 25.02.1982 (Generalarchiv Rom)

83 Interview mit Winfried Kuhn, Albershausen 03.06.2020

84 Interview mit Johann und Maria Pucher, 03.11.2020 (telefonisch)

85 Zitate aus: Passau Bistumsblatt-Jg. 48_Nr. 25, S. 16

86 Brief bzgl. der Auflösung der Volksmission, Passau 07.09.1990 (Archiv Salvatorianer München)

87 ebd.

88 Interview mit P. Hubert Veeser, München 09.06.2020

89 Erinnerungen P. Benedikt Laib

90 alle Zitate aus: Brief an P. Provinzial, Passau 15.01.1969 (Archiv Salvatorianer München)

91 Erinnerungen P. Benedikt Laib

92 ebd.

93 Erinnerungen Dietmar Stollberg

94 Brief des Provinzial an P. Berno, München 25.03.1975 (Archiv Salvatorianer München)

95 In diesem Kapitel werden die Orte so benannt, wie sie damals hießen (heute tw. andere Namen)

96 Siedlungen von Mönchen, die jeweils einem Großkloster zugeordnet sind

97 0310_VI.1956 RUPP_Hl.-Land-Wallfahrt, Eintrag vom 06.04. (Archiv Salvatorianer München)

98 ebd., Eintrag vom 23.04.

99 Brief von Marieluise an Rudolf, Lindau 29.4.1975 (Familienbesitz)

100 Brief an Mitbrüder, Athen 06.05.1917 (Familienbesitz)

101 Brief von P. Markus, Rom, Pfingsten 1975 (Familienbesitz)

102 ebd.

103 Brief an Mitbrüder, Piräus 19.05.1975 (Familienbesitz)

104 ebd.

105 ebd.

106 Brief an Mitbrüder, Alexandroupolis 26.05.1975 (Familienbesitz)

107 Brief an Mitbrüder, Egirdir 05.06.1975 (Familienbesitz)

108 ebd.

109 ebd.

110 siehe: Karte an P. Manfred Kienle, Yalvac 08.06.1975 (Familienbesitz)

111 Brief an Mitbrüder, Mersin 23.06.1975 (Familienbesitz)

112 ebd.

113 ebd.

114 ebd.

115 ebd.

116 Brief an Josef Müller, 06.08.1975 (Familienbesitz)

117 Brief an Mutti, Jerusalem 26.07.1975 (Familienbesitz)

118 Brief an Mutti, Emmaus-Jerusalem 16.08.1975 (Familienbesitz)

119 Brief an Mutti, Sharm-el-Sheikn, 28.08.1975 (Familienbesitz)

120 Brief an Berta, Sinai 03.09.1975 (Familienbesitz)

121 ebd.

122 Brief an Mutti, Eilat 08.09.1975 (Familienbesitz)

123 Brief an Mutti, Emmaus 18.09.1975 (Familienbesitz)

124 Brief an Familie, Nazareth 29.09.1975 (Familienbesitz)

125 Brief an Tante Maria, Haifa 30.09.1975 (Familienbesitz)

126 Interview mit Marieluise

127 ebd.

128 Brief Pater Berno an die Notre-Dame-Schwestern in Jerusalem, Passau 30.11.1979 (Archiv Salvatorianer München)

129 Erinnerungen von P. Josef Wonisch, 17.12.2020

130 Erinnerungen von P. Eugen Kloos an die Heilig-Land-Reise, 20.12.2020

131 ebd.

132 SDS-Heftchen Wegbereiter, Ausgabe 3/1986, S.70–71 (Archiv der Salvatorianer)

133 ebd., S. 71

134 Brief an Neffe Ottmar, Jerusalem 24.07.1975 (Familienbesitz)

135 Brief an Marieluise, unterwegs nach Einsiedeln 1985 (Familienbesitz)

136 ebd.

137 SDS-Heftchen Wegbereiter, S. 73

138 ebd., S. 72

139 ebd., S. 72–73

140 Brief an Marieluise, 05.07.1985 (Familienbesitz)

141 ebd.

142 Brief an Marieluise, Frankreich 1985 (Familienbesitz)

143 Unabhängige Jubiläumszeitung zum 40. Priesterjubiläum von P. Berno, Meckenbeuren 15.09.2002 (von Familie erstellt)

144 SDS-Heftchen Wegbereiter, S. 73

145 ebd.

146 deutsch: Elisabethstadt

147 AGS 0310_VI-1956 (1990.12.05) KRÄUTER_Brief an P.General_Bischof Tim_Vorfeld (Generalarchiv Rom)

148 Brief von P. Berno an Provinzial, Waldburg 08.12.1990 (Archiv Salvatorianer München)

149 ebd.

150 ebd.

151 Brief von P. Richard Zehrer an P. Berno, München 04.12.1990 (14.12.?)(Archiv Salvatorianer München)

152 Erinnerungen von Erich Hornstein an Pater Berno, 24.05.2020

153 „Brief aus Rumänien – Brief aus dem Zug" Rundbrief von Pater Berno, 27.10.1991 (Familienbesitz)

154 Video „Firmfreizeit 2004 in Temeswar", Interview mit Pater Berno (Minute 05:38 – 13:29), https://www.youtube.com/

watch?v=9ZhyeiBr9K4&feature= youtu.be

155 ebd.

156 Interview mit P. Nikolaus Laus, Timișoara 16.08.2020

157 Video Firmfreizeit 2004

158 Runder Tisch zur Besprechung des Buchprojektes mit div. Mitgliedern der PBS und der Familie, Meckenbeuren, 22.11.2019

159 Rundbrief „Gruß aus Temeswar" Nr. 1.1 (Anfang 1997)

160 Interview mit P. Hubert Veeser

161 Interview mit Sr. Rosa Mair, 29.05.2020 (telefonisch)

162 ebd.

163 Video Firmfreizeit 2004

164 Video Firmfreizeit 2004

165 Interview mit Fr. Prof. Dr. Margit Serban, Timișoara 16.08.2020

166 Interview mit P. Nikolaus

167 ebd.

168 Rundbrieflein Nr. 19; Temeswar 15.12.1994

169 Interview mit P. Nikolaus

170 Rundbrief „Gruß aus Temeswar" Nr. 2, März 1997

171 Interview mit P. Nikolaus

172 Hilfswerk der katholischen Kirche in Deutschland zur Stärkung von Kirchen und Gesellschaften in Mittel-, Ost- und Südosteuropa (Quelle: Wikipedia, https://de.wikipedia.org/wiki/Renovabis; abgerufen 02.02.2021)

173 Rundbrief „Gruß aus Temeswar", Nr. 2.2, Oktober 1997

174 ebd.

175 Runder Tisch zur Besprechung des Buchprojektes, Timișoara 26.10.2019

176 zitiert: Runder Tisch Timișoara

177 Interview mit Doina Osorheian, Sânandrei 19.08.2020

178 ebd.

179 ebd.

180 Zitat von Pater Berno, dass er z.B. zu den „Brandstiftern" aus Albershausen sagte (eigene Erinnerungen)

181 Interview mit Fr. Dr. Serban

182 ebd.

183 ebd.

184 Interview mit Sr. Rosa

185 ebd.

186 ebd.

187 Rundbrief Nr. 2

188 ebd.

189 Rundbrief „Gruß aus Temeswar", Nr. 3, Dezember 1997

190 Rundbrief Nr. 3

191 Rundbrief „Gruß aus Temeswar", Nr. 22, Oktober 2005

192 z.B. Rundbrief Nr. 16, Dezember 2002; Rundbrief Nr. 19, Juni 2004

193 Brief an Tante Maria, Haifa 30.09.1975

194 Runder Tisch Meckenbeuren

195 Interview mit Marieluise

196 Jubiläumszeitung, Artikel von Gabriele u. Andreas Duelli, S.7

197 Interview mit Familie Müller (Christoph Müller, Wilfried Müller und Monika Scheeff), Meckenbeuren 14.11.2020

198 Interview mit Marieluise

199 ebd.

200 Jubiläumszeitung, Artikel von Gabriele und Andreas Duelli, S.7

201 Interview mit Familie Müller

202 ebd.

203 Interview mit Marieluise

204 Interview mit Familie Müller

205 Interview mit Marieluise

206 Interview mit Familie Müller

207 ebd.

208 Interview mit P. Hubert Veeser

209 Video Firmfreizeit 2004

210 Führer durch das Generalat der Salvatorianer, S.20, file:///C:/Users/PS/AppData/Local/Temp/Mutterhaus%20DE.pdf (Abruf 24.04.2021)

211 Runder Tisch Meckenbeuren

212 Interview P. Hubert Veeser

213 Erinnerungen P. Leonhard Berchtold

214 Interview mit Salvatorianer-Patres in München, 09.06.2020

215 ebd.

216 ebd.

217 Erinnerungen P. Günther Mayer

218 Rundbrief „Gruß aus Temeswar" Nr. 4, März 1998

219 Interview mit Familie Müller

220 Interview mit P. Hubert Veeser

221 Runder Tisch in Meckenbeuren

222 Erinnerungen Johann und Maria Pucher, 13.04.2020

223 Rundbrief „Gruß aus Temeswar Nr. 29, August 2008

224 Erinnerungen Puchers

225 Rundbrief „Gruß aus Temeswar" Nr. 30, 18.01.2009

226 ebd.

227 ebd.

228 ebd.

229 z.B. Rundbrief „Gruß aus Temeswar" Nr. 10, Herbst 2000

230 Helga und Gerd Ziche, Januar 2011; https://www.yumpu.com/de/document/read/51822051/aktionen-von-familie-ziche-pater-berno-stiftung, (Abruf 26.02.2021)

231 ebd.

232 ebd.

233 ebd.

234 Rundbrief Nr. 10

235 Lied von Winfried Kuhn, geschrieben 1999 für die Aktion der Brandstifter 1999/2000, http://glaubx.de/songs/warum.htm

236 RUPP_Lebenslauf 1954

237 Video Firmfreizeit 2004

238 Brief an Vater, Rom 16.03.1959 (Familienbesitz)

239 Brief des Vaters, Vaihingen 31.03.1945 (Familienbesitz)

240 Noviziatsaufzeichnungen von P. Berno

241 Interview P. Hubert Veeser

242 https://salvatorianer.de/mitmachen/sds-laie-werden/ (Abruf 04.05.2021)

243 aus: Interview Ehepaar Pucher

244 Jubiläumszeitung, Artikel von Markus Müller

245 ebd.

246 Eigene Erinnerungen an meine Zeit in Timişoara mit Pater Berno

247 Programm Gemeindemission in der Pfarrei Ellwangen, 19.–.29. Oktober 1986 (Archiv der Salvatorianer)

248 Interview mit Familie Müller,

249 Interview mit P. Hubert Veeser

250 Interview mit P. Marton Gal, 18.03.2021 (telefonisch)

251 Interview mit Dominic Samuel Fritz, Timişoara 19.08.2020

252 Interview Ehepaar Pucher

253 Runder Tisch Timişoara

254 Interview Ehepaar Pucher

255 Interview mit P. Nikolaus

256 Runder Tisch Meckenbeuren

257 Interview mit Doina Osorheian

258 Interview mit Sr. Rosa

259 ebd.

260 Runder Tisch Meckenbeuren

261 Rundbrief Nr. 3

262 Rundbrief Nr. 4

263 Runder Tisch Meckenbeuren

264 Rundbrief „Gruß aus Temeswar" Nr. 5, November 1998

265 ebd.

266 ebd.

267 ebd.

268 Rundbrief „Gruß aus Temeswar" Nr. 6, Ostern 1999

269 ebd.

270 Anmerkung für Nicht-Katholi-
ken: Die Vesper ist ein Stundengebet am Abend (siehe Glossar)

271 Rundbrief Nr. 10

272 Rundbrief „Gruß aus Temeswar" Nr. 7, August 1999

273 ebd.

274 Rundbrief „Gruß aus Temeswar" Nr. 8, Dezember 1999

275 Interview mit Herbert Grün,
Bacova 17.08.2020

276 Rundbrief Nr. 10

277 Rundbrief „Gruß aus Temeswar", Nr. 12, August 2001

278 Rundbrief „Gruß aus Temeswar" Nr. 15, August 2002

279 Rundbrief Nr. 5

280 ebd.

281 Rundbrief „Gruß aus
Timişoara", Nr. 9, Ostern 2000

282 ebd.

283 ebd.

284 ebd.

285 Erinnerungen von Christel
Tomaszek an Pater Berno,
13.12.2019

286 ebd.

287 Interview Dominic Fritz

288 Rundbrief „Gruß aus Temeswar", Nr. 14, Ostern 2002

289 ebd.

290 Rundbrief Nr. 15

291 Rundbrief „Gruß aus Temeswar" Nr. 17, April 2003

292 Rundbrief „Gruß aus Temeswar" Nr. 23, Januar 2006

293 Rundbrief Nr. 22

294 ebd.

295 siehe Rundbrief „Gruß aus
Temeswar" Nr. 19, Juni 2004

296 Rundbrief Nr. 9

297 siehe Kapitel 3

298 Rundbrief Nr. 10

299 Rundbrief Nr. 22

300 Rundbrief Nr. 23

301 ebd.

302 Interview Salvatorianer

303 ebd.

304 Interview Ehepaar Pucher

305 ebd.

306 Interviews mit P. Nikolaus

307 Interview Ehepaar Pucher

308 ebd.

309 aus: Interview mit P. Huber
Veeser

310 Rundbrieflein Nr. 20, Palmsonn-
tag 1995

311 ebd.

312 Brief an Marieluise, Ungarn
12.6.1995 (Familienbesitz)

313 ebd.

314 Stadt in Ungarn

315 Rundbrieflein Nr. 21, 6. Dezember 1995

316 ebd.

317 Rundbrieflein Nr. 20

318 Rundbrieflein Nr. 21

319 ebd.

320 Interview Sr. Rosa

321 Rundbrief Nr. 15

322 Rundbrief Nr. 12

323 Interview mit Marieluise

324 Interview mit Doina Osorheian

325 Rundbrief Nr. 2

326 Rundbrief „Gruß aus Temeswar" Nr. 11, März 2001

327 Rundbrief Nr

328 ebd.

329 Brief an Mitbrüder in Timișoara, Periam 01.06.2000, 21:40 Uhr (Familienbesitz)

330 Brief an Mitbrüder und Schwestern, Kecskemét 05.06.2000 (Familienbesitz)

331 siehe: Brief an Evi, 04.06.2000 (Familienbesitz)

332 Brief an Evi, Szödliget 08.06.2000 (Familienbesitz)

333 Brief an Evi, Studenca 18.06.2000 (Familienbesitz)

334 ebd.

335 Brief an Evi, Cottbus 22.06.2000 (Familienbesitz)

336 Brief an Mitbrüder, Jönköping 08.07.2000 (Familienbesitz)

337 aus: Brief an Evi, Vadstena 10.07.2000 (9:30 Uhr), umformuliert (Familienbesitz)

338 Brief an Evi, bei Aslonga 05.07.2000, bzw. 07.07.2000 (Familienbesitz)

339 Brief an Evi, Vadstena (9:30 Uhr)

340 Brief an Evi, 10.07.2000 (2. Brief) (Familienbesitz)

341 siehe: Brief an Evi, Degerfors 13.07.2000 (Familienbesitz)

342 Brief an Mitbrüder und Schwestern, Kongsvinger 17.07.2000 (Familienbesitz)

343 Brief an Evi, Ringebukirche, 20.07.2000

344 Brief an Evi, Trondheim 27.07.2000

345 Rundbrief Nr. 11

346 Interview Ehepaar Pucher

347 ebd.

348 Rundbrief Nr. 11

349 Rundbrief Nr. 3

350 Rundbrief „Gruß aus Temeswar" Nr. 24, Pfingsten 2006

351 Rundbrief Nr. 22

352 ebd.

353 ebd.

354 ebd.

355 Interview Ehepaar Pucher

356 Interview mit P. Marton

357 Rundbrief „Gruß aus Temeswar" Nr. 25, November 2006

358 Interview Ehepaar Pucher

359 ebd.

360 Interview mit P. Marton

361 ebd.

362 Interview Ehepaar Pucher

363 ebd.

364 Interview mit P. Marton

365 Interview Ehepaar Pucher

366 Rundbrief Nr. 25

367 Interview mit Doina Osorheian

368 Runder Tisch Meckenbeuren, Erzählung Gerlinde Rupp

369 Rundbrief „Gruß aus Temeswar" Nr. 27, Pfingsten 2007

370 Interview mit Doina Osorheian

371 Aufzeichnungen zum Unfall und Genesungsverlauf von P. Berno Rupp (Archiv Salvatorianer München)

372 Interview mit Sr. Rosa

373 Rundbrief „Gruß aus Temeswar" Nr. 26, Januar 2007

374 Bericht Walddorf-Zeil Klinik Wangen vom 07.02.2007 (Salvatorianer München)

375 Interview Doina Osorheian

376 Ausschnitt aus dem Gemeindeblatt Meckenbeuren 2007 (Ausgabe unbekannt)

377 Runder Tisch in Meckenbeuren, Aussage von Gerlinde Rupp

378 Brief P. Leonhard Berchtold an Rechtsanwalt, München 19.03.2007

ANMERKUNGEN

379 Rundbrief Nr. 27
380 Aufzeichnungen zum Unfall- und Genesungsverlauf
381 Interview mit Doina Osorheian
382 Interview mit Sr. Rosa
383 Interview mit Winfried Kuhn
384 ebd.
385 Rundbrief Nr. 27
386 ebd.
387 Rundbrief Nr. 29
388 Rundbrief „Gruß aus Temeswar", Nr. 31, 30.08.2009
389 ebd.
390 Rundbrief Nr. 31
391 Rundbrief „Gruß aus Temeswar", Nr. 32, 06.01.2010
392 Rundbrief Nr. 31 (auch alle nachfolgenden Zitate)
393 Runder Tisch Meckenbeuren
394 Rundbrief „Gruß aus Temeswar", Nr. 33, August 2010
395 Einladung Stiftungsgründung, 13. Juni 2011
396 Rundbrief Serie 2/1, Weihnachten 2012
397 https://www.pater-berno-stiftung.de/pater-berno, abgerufen am 27.03.2021
398 Rundbrief Nr. 29
399 Interview mit Herbert Grün, Timișoara 18.08.2020
400 siehe Rundbrief Nr. 29
401 Interview mit Herbert Grün Bacova
402 Rundbrief „Gruß aus Temeswar", Nr. 36; März 2012
403 ebd.
404 Runder Tisch Meckenbeuren
405 Rundbrief Nr. 36, 26.03.2012
406 Interview P. Leonhard Berchtold, München 11.06.2020
407 Interview mit P. Josef Wilfing, 30.12.2020 (via Skype)
408 Rundbrief Nr. 36

409 Interview P. Nikolaus
410 Interview mit Herbert Grün, Bacova
411 Interview mit Doina Osorheian
412 Rundbrief Nr. 30
413 Interview mit P. Josef Wilfing
414 Interview mit Doina Osorheian
415 Rundbrief Serie 2/3, Juni 2013
416 Interview mit Herbert Grün, Timișoara
417 ebd.
418 ebd.
419 Runder Tisch Timișoara
420 Interview Ehepaar Pucher
421 ebd.
422 Rundbrief Nr. 36
423 Schwäbische Zeitung, 25.06.2012 (Artikel von Roland Weiß)
424 ebd.
425 Rundbrief Serie 2/9, 01.08.2015
426 Laudatio zur Verleihung des Bundesverdienstkreuzes am Bande von Dominic Samuel Fritz, Februar 2015
427 Zeitungsartikel Banater Zeitung, S.7, 15.11.2018
428 Interview mit Familie Müller
429 Rundbrief Serie 2/10, Weihnachten 2015
430 ebd.
431 Zeitungsartikel zur Verleihung des Bundesverdienstkreuzes (Ausgabe Nr. 51/52, Blatt unbekannt) Passau/Temeswar Weihnachten 2015
432 Rundbrief Serie 2/11, 18.04.2016
433 Rundbrief 2/3
434 Rundbrief 2/11
435 Interview mit P. Marton
436 ebd.
437 Interview Sr. Rosa
438 Interview P. Josef Wilfing

439 Interview mit Herbert Grün, Timișoara
440 Interview mit P. Nikolaus
441 Interview mit Familie Müller
442 Interview P. Marton
443 Interview mit P. Nikolaus
444 Interview mit P. Josef Wilfing
445 Interview mit Sr. Rosa
446 Interview mit P. Josef Wilfing
447 Interview mit Sr. Rosa
448 Interview mit Familie Müller (auch alle nachfolgenden Zitate)
449 Interview mit Familie Müller
450 Interview mit Marieluise
451 ebd.
452 Interview mit Doina Osorhean
453 Interview mit Fr. Dr. Serban
454 Interview mit Doina Osorhean
455 Interview mit Herbert Grün, Timișoara
456 Interview mit Doina Osorhean
457 Interview mit Familie Müller
458 ebd.
459 Interview mit Sr. Rosa
460 Interview mit Marieluise Rupp
461 ebd.
462 ebd.
463 Interview mit Familie Müller, Erinnerungen Monika Scheeff
464 Interview mit Doina Osorhean
465 Interview mit Sr. Rosa
466 Runder Tisch Timișoara
467 Interview Pater Marton
468 Interview mit Marieluise
469 Karl Gälle, Schwäbische Zeitung, 04.10.2017
470 zitiert aus Programm der Trauerfeier
471 ebd.
472 ebd.
473 Interview mit P. Marton
474 Interview mit Fr. Dr. Serban
475 Film von der Trauerfeier in Timișoara, erstellt von Günter Kleutsch, Timișoara 07.10.2017
476 ebd.
477 Interview mit Fr. Dr. Serban
478 Film der Trauerfeier in Timișoara
479 ebd.
480 ebd.
481 Interview Dominic Fritz
482 Interview mit Doina Osorheian
483 Rundbrief Serie Nr. 2/16, 22.10.2017
484 Interview mit Stefanie Adam, München 09.06.2020
485 Interview mit P. Hubert Veeser
486 ebd.
487 ebd.
488 Interview mit Stefanie Adam
489 Interview Herbert Grün, Timișoara
490 Interview mit P. Hubert Veeser
491 Noviziatsaufzeichnungen von P. Berno